dobre suas receitas e fortaleça sua reputação

ESTRATÉGIA, REPUTAÇÃO, MARKETING, VENDAS E PERSUASÃO

CARLOS CAIXETA

LETRAMENTO

Copyright © 2022 by Editora Letramento
Copyright © 2022 by Carlos Caixeta

Diretor Editorial | Gustavo Abreu
Diretor Administrativo | Júnior Gaudereto
Diretor Financeiro | Cláudio Macedo
Logística | Vinícius Santiago
Comunicação e Marketing | Giulia Staar
Assistente de Marketing | Carol Pires
Assistente Editorial | Matteos Moreno e Sarah Júlia Guerra
Designer Editorial | Gustavo Zeferino e Luís Otávio Ferreira

Todos os direitos reservados. Não é permitida a reprodução desta obra sem aprovação do Grupo Editorial Letramento.

Dados Internacionais de Catalogação na Publicação (CIP) de acordo com ISBD

C138d   Caixeta, Carlos

             Dobre suas receitas e fortaleça sua reputação / Carlos Caixeta. - Belo Horizonte, MG : Letramento, 2022.
             258 p. ; 15,5cm x 22,5cm.

             Inclui bibliografia e anexo.
             ISBN: 978-85-68275-60-3

             1. Administração. 2. Marketing. I. Título.

2022-1464   CDD 658.8
                                              CDU 658.8

Elaborado por Vagner Rodolfo da Silva - CRB-8/9410

Índice para catálogo sistemático:
1. Marketing 658.8
2. Marketing 658.8

Rua Magnólia, 1086 | Bairro Caiçara
Belo Horizonte, Minas Gerais | CEP 30770-020
Telefone 31 3327-5771

editoraletramento.com.br   ▲   contato@editoraletramento.com.br   ▲   editoracasadodireito.com

Agradeço a Deus e minha família, forças para a caminhada e evolução permanentes. Agradecimento especial ao amigo Marcos Jansen, inspirador de artigos e aprendizados.

sumário

15	APRESENTAÇÃO
17	RESULTADOS EM ESTRATÉGIA, REPUTAÇÃO E *MARKETING*
19	ESTRATÉGIA E REPUTAÇÃO
24	**1. ESTRATÉGIAS EMPRESARIAIS**
27	**2. PLANEJAMENTO E GESTÃO ESTRATÉGICA**
28	**3. PLANEJAMENTO DE NOVOS NEGÓCIOS, PARA EXPANDIR SEUS MERCADOS, RECEITAS E REPUTAÇÃO**
28	**3.1.** ESTRATÉGIA DE CRESCIMENTO INTENSIVO
29	**3.2.** ESTRATÉGIA DE CRESCIMENTO INTEGRATIVO
29	**3.3.** ESTRATÉGIA DE CRESCIMENTO POR DIVERSIFICAÇÃO
29	**3.4.** REDUÇÃO DE NEGÓCIOS SUPERADOS
29	**4. CASO 3G CAPITAL**
30	**5. OBJETIVOS ESTRATÉGICOS COMO ROTEIRO DA REPUTAÇÃO**
32	**6. AÇÕES DE EXECUÇÃO: DETALHAMENTO**

34	POSICIONAMENTO ESTRATÉGICO: EIXO CENTRAL DA REPUTAÇÃO
37	**1. PASSOS PARA O POSICIONAMENTO**
38	**2. ESTRATÉGIAS DE POSICIONAMENTO**
39	**2.1. POSICIONAMENTO POR BAIXO PREÇO**
39	2.1.1. POSICIONAMENTO POR ALTA QUALIDADE E DESIGN
40	2.1.2. POSICIONAMENTO POR INOVAÇÃO
41	2.1.3. POSICIONAMENTO POR SERVIÇO SUPERIOR
42	2.1.4. POSICIONAMENTO POR DIFERENCIAÇÃO DE BENEFÍCIOS
43	2.1.5. POSICIONAMENTO CUSTOMIZADO (SOLUÇÕES ESPECÍFICAS)
43	2.1.6. POSICIONAMENTO DINÂMICO
45	**3. SINERGIA E RESULTADOS: ESTRATÉGIA E REPUTAÇÃO**
51	*MARKETING* DE RESULTADOS: AUMENTE SUAS RECEITAS E LUCROS
52	**1. *MARKETING* NÃO É APENAS FAZER PROPAGANDA!**

53	2.	**MARKETING NÃO É APENAS UM DEPARTAMENTO OU DIRETORIA**
54	3.	**CONCEITOS BÁSICOS DO MARKETING**
54	3.1.	MERCADO
55	3.2.	PRODUTO
56	3.3.	DEMANDA
57	3.4.	NECESSIDADE
57	3.5.	DESEJO
58	3.6.	SATISFAÇÃO
58	3.7.	ENCANTAMENTO
59	3.8.	*DREAMKETING*
60	4.	**COMPOSTO DE MARKETING**
60	4.1.	OS "4 PS"
60	4.1.1.	PRODUTO (BENEFÍCIO)
60	4.1.2.	PREÇO (VALOR)
60	4.1.3.	PRAÇA OU PONTO (DISPONIBILIDADE)
61	4.1.4.	PROMOÇÃO (COMUNICAÇÃO E PERCEPÇÃO)
62	4.1.5.	EXEMPLO DOS 4 PS
63	4.2.	OS "4 CS"
63	4.2.1.	CLIENTE (*CUSTOMER VALUE*)
64	4.2.2.	CUSTO (*COST*)
64	4.2.3.	CONVENIÊNCIA (*CONVENIENCE*)
64	4.2.4.	COMUNICAÇÃO (*COMMUNICATION*)
66	5.	**AMBIENTE DO MARKETING**
66	5.1.	TENDÊNCIAS PARA OS PRÓXIMOS ANOS
67	6.	**MARKETING DE SERVIÇOS**
68	6.1.	FATORES QUE INFLUENCIAM OS SERVIÇOS
68	6.2.	GESTÃO FOCADA EM SERVIÇOS

69	6.2.1.	LOCAL DA PRESTAÇÃO DO SERVIÇO
70	6.2.2.	PRESTADORES DE SERVIÇOS
70	6.2.3.	QUEIXAS COMUNS QUANTO AOS SERVIÇOS
71	6.2.4.	OUTROS CLIENTES INFLUENCIADORES
71	6.2.5.	ORGANIZAÇÃO E SISTEMAS INVISÍVEIS
72	6.3.	**CARACTERÍSTICAS DOS SERVIÇOS**
72	6.3.1.	INTANGIBILIDADE
73	6.3.2.	INSEPARABILIDADE
73	6.3.3.	VARIABILIDADE
73	6.3.4.	PERECIBILIDADE
74	6.3.4.1.	EM RELAÇÃO À DEMANDA
74	6.3.4.2.	EM RELAÇÃO À OFERTA
75	6.4.	**CLASSIFICAÇÃO DOS SERVIÇOS**
75	6.4.1.	BASEADO EM EQUIPAMENTOS
75	6.4.2.	BASEADO EM PESSOAS
75	6.4.3.	COM PRESENÇA DO CLIENTE
76	6.4.4.	SEM A PRESENÇA DO CLIENTE
76	6.4.5.	SERVIÇOS EMPRESARIAIS
76	6.4.6.	SERVIÇOS PESSOAIS
76	6.4.7.	COM FINS LUCRATIVOS
76	6.4.8.	SEM FINS LUCRATIVOS
76	6.4.9.	SERVIÇOS PÚBLICOS
77	6.4.10.	SERVIÇOS PRIVADOS
77	6.5.	**MARKETING INTERATIVO**
79	7.	**ABORDAGENS COMPLEMENTARES DE MARKETING**
79	7.1.	MODELO FUNCIONAL: OS 4 AS.
80	7.2.	**MARKETING DE PARCERIA**
80	7.3.	*ENDOMARKETING*
81	7.4.	DESCONSTRUÇÃO DE IMAGEM

81	7.5.	*MARKETING* TOTAL
82	7.6.	VAREJO FORA DAS LOJAS
82	7.6.1.	VENDA DIRETA
82	7.6.2.	*TELEMARKETING*
82	7.6.3.	VENDA POR MÁQUINA AUTOMÁTICA
82	7.6.4.	*MARKETING* DIRETO E DIGITAL
83	8.	**MARKETING DE RELACIONAMENTO**
84	8.1.	*MARKETING* DE RELACIONAMENTO E O CRM (*CUSTOMER RELATIONSHIP MANAGEMENT*)
85	8.2.	USE A EVOLUÇÃO DO PRODUTO PARA EVOLUIR COM O CLIENTE
88	8.3.	*MARKETING MIX*: AS 6 VARIÁVEIS CONTROLÁVEIS
88	8.4.	ENTENDENDO OS 7 ESTÁGIOS DOS "CLIENTES"
89	8.5.	CINCO PRINCÍPIOS DO *MARKETING* DE RELACIONAMENTO
90	8.6.	CRM: GESTÃO DO RELACIONAMENTO COM O CLIENTE
91	8.7.	MUDANÇA NAS RELAÇÕES DE CONSUMO
92	9.	**MARKETING DIGITAL**
96	10.	**COMPORTAMENTO DO CLIENTE**
97	10.1.	VISÃO DA ECONOMIA, COMO COMPLEMENTO AO *MARKETING* E VENDAS
97	10.1.1.	PREÇO DO BEM
97	10.1.2.	PREÇO DOS BENS RELACIONADOS
97	10.1.3.	GOSTO OU PREFERÊNCIA
97	10.1.4.	RENDA DE UM INDIVÍDUO

98	10.2.	MODELO DE ESTÍMULO E RESPOSTA
98	10.3.	O PROCESSO DE DECISÃO DE COMPRA
99	10.3.1.	RECONHECIMENTO DA NECESSIDADE
100	10.3.2.	IDENTIFICAÇÃO DE ALTERNATIVAS
100	10.3.3.	AVALIAÇÃO DAS ALTERNATIVAS
101	10.3.4.	COMPRA E DECISÕES RELACIONADAS
102	10.4.	COMPORTAMENTO PÓS-COMPRA
104	10.5.	FATORES QUE INFLUENCIAM A DECISÃO DE COMPRA
104	10.5.1.	INFORMAÇÕES E DECISÕES DE COMPRA
105	10.5.2.	AMBIENTE COMERCIAL / DIGITAL
105	10.5.3.	AMBIENTE SOCIAL
106	10.5.4.	CULTURA
107	10.5.5.	SUBCULTURA
108	10.5.6.	CLASSE SOCIAL
109	10.5.7.	GRUPOS DE REFERÊNCIA
110	10.5.8.	FAMÍLIA E UNIDADE RESIDENCIAL
111	11.	**FORÇAS PSICOLÓGICAS**
111	11.1.	**MOTIVAÇÃO**
111	11.1.1.	BEHAVIORISTA (COMPORTAMENTAL)
112	11.1.2.	COGNITIVISTA
112	11.1.3.	PSICANALÍTICA
112	11.1.4.	TEORIA DE HERZBERG
113	11.1.5.	TEORIA HUMANISTA
114	11.1.6.	PERCEPÇÃO
115	11.1.7.	ATENÇÃO SELETIVA
115	11.1.8.	DISTORÇÃO SELETIVA
115	11.1.9.	RETENÇÃO SELETIVA

116 11.2. APROFUNDAMENTO SOBRE AS TEORIAS BEHAVIORISTAS (COMPORTAMENTAL)

116 11.2.1. APRENDIZADO COGNITIVO

116 11.2.2. CONDICIONAMENTO CLÁSSICO

116 11.2.3. CONDICIONAMENTO INSTRUMENTAL

117 11.2.4. MOLDAGEM

117 11.2.5. CRENÇAS E ATITUDES

118 11.3. FATORES SITUACIONAIS

118 11.3.1. INFLUÊNCIA DA ESTAÇÃO, SEMANA, DIA OU HORA

119 11.3.2. OCORRÊNCIAS PASSADAS

119 11.3.3. PRESSÃO DO TEMPO SOBRE AS PESSOAS

119 11.3.4. ONDE OS CONSUMIDORES COMPRAM: O AMBIENTE FÍSICO E SOCIAL

120 11.3.5. CONDIÇÕES EM QUE O CLIENTE COMPRA: ALTERAÇÃO DO HUMOR

120 12. MAIS ESTÍMULOS, PARA DOBRAR SUAS RECEITAS

120 12.1. SIGNIFICADO DAS CORES

121 12.2. O *MARKETING* E O ODOR

122 13. SEGMENTAÇÃO DE MERCADO

123 13.1. *MARKETING* DE MASSA

123 13.2. *MARKETING* DE SEGMENTOS

124 13.3. CARACTERÍSTICAS DA SEGMENTAÇÃO

125 13.4. OS ERROS MAIS COMUNS NA SEGMENTAÇÃO

125 13.5. OS BENEFÍCIOS DA SEGMENTAÇÃO

126 13.5.1. NICHOS

127 14. DIFERENCIAÇÃO

128 14.1. ESTRATÉGIA DE EVOLUÇÃO PARA ATENDER NICHOS DE MERCADO

128 14.2. ESTRATÉGIA DE SERVIÇOS DIFERENCIADOS PARA O CLIENTE

128 14.3. ESTRATÉGIA DE COMUNICAÇÃO DIRECIONADA

129 14.4. ESTRATÉGIA DE PREÇO BAIXO

129 14.5. "MANTRAS" SOBRE DIFERENCIAÇÃO

129 14.6. COMO DIFERENCIAR-SE

130 14.7. CRITÉRIOS PARA A DIFERENCIAÇÃO

131 15. PLANO DE *MARKETING*

131 15.1. ANÁLISE DO CONTEXTO DE *MARKETING*

131 15.1.1. MACROAMBIENTE

131 15.1.2. MERCADO

132 15.1.3. CLIENTES E SEGMENTAÇÃO

132 15.1.4. MOTIVAÇÕES DO CLIENTE

132 15.1.5. NECESSIDADES NÃO-ATENDIDAS

132 15.1.6. CONCORRÊNCIA

132 15.1.7. SUA ORGANIZAÇÃO

133 15.2. ANÁLISE *SWOT* DO PLANO DE *MARKETING*

133 15.2.1. OBJETIVOS ESTRATÉGICOS DE *MARKETING*

134 15.2.2. ORÇAMENTO

134 15.3. IMPLEMENTAÇÃO E CONTROLE: MONITORAMENTO

134 15.4. RESUMO PRÁTICO – PLANO DE *MARKETING*

137 ABORDAGENS PODEROSAS DE VENDAS E PERSUASÃO

140 GESTÃO DE VENDAS

140 1. O QUE FAZ UM GERENTE DE VENDAS?

142 2. O CONSUMIDOR

142 2.1. COMO MEDIR A SATISFAÇÃO DO CONSUMIDOR

146 2.2. O COMPORTAMENTO DO CONSUMIDOR

147 2.3. VANTAGENS DA ORIENTAÇÃO AO CONSUMIDOR

148 3. O AMBIENTE DE VENDAS

148 3.1. MUDANÇAS NO AMBIENTE DE VENDA E *MARKETING*

150 3.2. GESTÃO E DESENVOLVIMENTO DA FORÇA DE VENDAS

153 3.3. ESTRUTURA E TAMANHO DA FORÇA DE VENDAS

155 4. ESTUDO DE CASO: O MODELO DE GESTÃO DE VENDAS DA UMA FABRICANTE MUNDIAL DE BEBIDAS

157 PRINCÍPIOS DA VENDA PESSOAL

157 1. A IMPORTÂNCIA DO *MARKETING* PESSOAL

160 2. O PERFIL DO PROFISSIONAL DE VENDAS

162 3. ESTRATÉGIAS DE NEGOCIAÇÃO

164 4. ESTUDO DE CASO: MODELO NATURA DE VENDAS

166 GESTÃO DA FORÇA DE VENDAS

166 1. O PAPEL DO GERENTE DE VENDAS

168 2. PLANEJAMENTO DA FORÇA DE VENDAS

170 3. DEFINIÇÃO DA ESTRATÉGIA DA FORÇA DE VENDAS

173 4. DESENVOLVIMENTO DA FORÇA DE VENDAS

173 4.1. ESTRUTURA DA FORÇA DE VENDAS

176 5. ESTUDO DE CASO: MULTILÓGICA E O SISTEMA DE AUTOMAÇÃO DE VENDAS PARA A IPORANGA

177 6. TREINAMENTO DOS VENDEDORES

179 7. MOTIVAÇÃO

179 8. RECRUTAMENTO

181 9. SELEÇÃO

184 10. REMUNERAÇÃO DA EQUIPE DE VENDAS

185 10.1. TIPOS DE REMUNERAÇÃO

189 11. AVALIAÇÃO DO DESEMPENHO

191 12. O QUE FAZER PARA MANTER A EQUIPE COMERCIAL À FRENTE DOS DEMAIS COMPETIDORES?

195 VALOR, ESTILO DA COMPRA E MODELO PARA GERENCIAMENTO DE VENDAS

195 1. **RELACIONAMENTO BASEADO EM VALOR**

197 2. **IDENTIFICAÇÃO DOS PAPÉIS DE COMPRAS**

200 3. **ESTILO DE COMPRA**

200 3.1. AS CARACTERÍSTICAS DA COMPRA

201 3.2. O QUE INTERESSA AO COMPRADOR

202 3.3. INFLUENCIANDO OS ESTILOS DE COMPRA

203 4. **MODELO PARA GERENCIAMENTO DAS VENDAS**

204 4.1. ESTRUTURA

205 4.2. SISTEMAS

209 4.3. ESTRATÉGIAS

210 4.4. PRÁTICAS GERENCIAIS

211 4.5. TECNOLOGIAS DA INFORMAÇÃO

212 4.6. INFORMAÇÕES PARA VENDAS

213 5. **O GERENCIAMENTO DAS INFORMAÇÕES SOBRE A ATIVIDADE DE VENDAS**

217 6. **INTELIGÊNCIA EM VENDAS**

219 DICAS PODEROSAS EM VENDAS, TIPOS DE CLIENTES E O PODER DA PERSUASÃO

219 1. **AS 7 ETAPAS DA VENDA**

219 1.1. PREPARAÇÃO E QUALIFICAÇÃO

220 1.2. PLANEJAMENTO DA PROSPECÇÃO

220 1.3. ABORDAGEM - PROSPECÇÃO ATIVA

221 1.4. APRESENTAÇÃO

221 1.5. SUPERANDO AS OBJEÇÕES (OBSTÁCULOS E RESISTÊNCIAS À VENDA)

222 1.6. FECHAMENTO

223 1.7. ACOMPANHAMENTO

226 2. **OS 8 TIPOS MAIS COMUNS DE CLIENTES**

227 2.1. O TIPO "RACIOCÍNIO LENTO"

228 2.2. O TIPO "BEM-HUMORADO E AMIGÃO"

228 2.3. O TIPO "IMPORTANTE E PRESUNÇOSO"

229 2.4. O TIPO "DESCUIDADO E CONFUSO"

230 2.5. O TIPO "DESCONFIADO E CURIOSO"

231 2.6. O TIPO "BEM-PREPARADO E INTELIGENTE"

231 2.7. O TIPO "TÍMIDO E CALADO"

232 2.8. O TIPO "BRIGUENTO E IRRITADO"

233 3. **A CIÊNCIA E O PODER DA PERSUASÃO: INFLUENCIE PODEROSAMENTE QUEM VOCÊ QUISER**

236 3.1. RECIPROCIDADE	**246** REFERÊNCIAS
237 3.2. COERÊNCIA E COMPROMISSO	**249** ANEXO I – HEDONISMO
239 3.3. APROVAÇÃO SOCIAL	
240 3.4. AFEIÇÃO	
242 3.5. AUTORIDADE	**251** ANEXO II – EPICURO
244 3.6. ESCASSEZ	**252** ANEXO III – GOSTO E AROMA
	254 ANEXO IV – EMBLEMAS DE MARCAS FAMOSAS DE CARROS

APRESENTAÇÃO

Este livro deve ser lido por quem está comprometido com o sucesso e quer fazer de modo consistente suas receitas aumentarem, focado na prosperidade dos seus negócios e atividades profissionais. Não é um livro conceitual expositivo e sim um livro dinâmico e prático baseado no saber, no saber fazer e no compartilhamento das experiências de sucesso. Utiliza uma linguagem fácil, com abordagens e dicas que realmente funcionam, testadas em centenas de organizações privadas e públicas de variados portes e setores, referências em suas respectivas áreas.

Ao longo da minha carreira profissional, iniciada em 1996, tive a oportunidade de conviver e aprender com muitos especialistas, professores e empresários brilhantes, no Brasil e exterior. Fui executivo de empresas de telecomunicações, bancos, indústrias, logística, energia, construção civil e atuei como consultor para mais de 160 empresas. Como professor e palestrante, estudei profundamente centenas de empresas de alto desempenho e formei mais de 20.000 líderes e profissionais, nas escolas de negócios mais respeitadas do país.

Na primeira parte, *Resultados em estratégia, reputação e marketing* apresento os principais temas da gestão estratégica, reputação, *marketing* de resultados, indicadores e metas, inteligência de mercado, marca, formação de preços, lucratividade, entendimento dos mercados e concorrentes, perfil e segmentação dos clientes, pesquisas, comunicação, distribuição, desafios do "mundo digital", instigadores da compra, cadeia de valor, inovação e posicionamento. De forma clara, oriento sobre as análises e implementações necessárias, de maneira que qualquer pessoa consegue compreender e fazer, pois o resultado vem da ação e não da intenção!

A segunda parte, "Abordagens poderosas de vendas e persuasão", traz o que você precisa saber sobre vendas e persuasão, de A a Z. Os principais tópicos referem-se ao entendimento e desafios da venda, gestão comercial, etapas da venda de sucesso, como lidar com objeções, formação e tamanho das equipes, indicadores e metas, construção de relacionamentos, imagem e *marketing* pessoal, apoiadores da compra, estratégias de negociação, perfis dos vendedores, seleção e treinamento, alternativas de remuneração, tipos de clientes e técnicas avançadas de persuasão.

A abordagem é dinâmica e atual, com exemplos e recomendações pragmáticas, integrando os assuntos a conteúdos digitais e ferramentas práticas. São iniciativas ajustáveis a todos os orçamentos e modelos de negócios, mesmo para as *startups*. Disponibilizo no *site* Carlos Caixeta[1] modelos fáceis de implementar, exatamente para que a execução garanta o maior sucesso no crescimento das suas receitas.

Ficarei feliz quando você adquirir esse livro, ao contribuir para sua prosperidade profissional e pessoal. Ficarei mais feliz ainda quando você se juntar à nossa rede de excelência (Facebook e Instagram: carloscaixetaonline) e contar suas experiências confirmando que suas receitas de fato aumentaram significativamente, como em vários relatos que recebo mensalmente! Esses retornos positivos, vindos de todos que se empenham em seguir as recomendações desse livro, com os quais também tenho aprendido muito nos últimos anos, me honram e incentivam a caminhada. Convido-lhe para ler também o livro *Dobre seus resultados: implemente estratégia, alto desempenho, liderança e decisão profissional*, evoluindo continuamente. Decida e siga em frente para o desafio de dobrar suas receitas e fortalecer sua reputação, lembre-se que estamos juntos!

---

1 CARLOS CAIXETA. Disponível em: www.carloscaixeta.com.br. Acesso em: 9 mar. 2021.

resultados em estratégia, reputação e *marketing*

ESTRATÉGIA E REPUTAÇÃO

– Gatinho amigo, que caminho devo seguir?
– Para onde você quer ir?
– Para qualquer lugar
– Ah… então qualquer caminho serve!

Lewis Caroll, *Alice no País das Maravilhas*

Em pesquisas sobre marcas no Brasil, empresas como Bradesco, Omo, Banco do Brasil, Petrobras, Ambev, Natura, Globo, Skol, Mercado Livre, Magazine Luiza, Brastemp e Sadia têm sido *top of mind* – líderes nas lembranças entre os consumidores brasileiros. O valor da marca de empresas como Apple, Google, Facebook, Tesla e Coca-Cola ultrapassa centenas de bilhões de dólares, razão das constantes análises e iniciativas para preservar esse importante ativo estratégico.

A marca deve transmitir informações e causar impressões, previamente estabelecidas pelo planejamento e estratégia de *marketing* para ocupar na mente do cliente uma posição especial desejada pela empresa. A marca é uma promessa que forma percepção e imagem, a reputação é a consolidação dessa imagem ao longo do tempo por meio do cumprimento das promessas feitas pela marca.

Quando há distorções ou ações descoordenadas, formam-se ruídos que prejudicam essa percepção desejada, provocando impressões de que o produto ou empresa não consegue cumprir o que foi prometido pela marca. Essa situação frustra o cliente, enfraquece os laços de confiança, prejudica a reputação, abre espaço para concorrentes, reduz ou inibe as vendas de forma muitas vezes irreversível.

A fala de Heitor, personagem da peça *Tróilo e Créssida* escrita entre 1601 e 1602 por William Shakespeare, traz a noção de *valor*, conceito que a estratégia empresarial persegue com o objetivo de oferecer aos clientes produtos e serviços que contenham a relevância que buscam. O rapto passional de Helena de Tróia causou uma violenta e heroica guerra, com o assédio dos troianos pelos pregos por oito longos anos. As condições de paz dos gregos citavam a devolução de Helena, raptada por Páris. Seu irmão Heitor concorda com os termos, pois julga que Helena não seja digna de tantos sacrifícios, mas Tróilo, Páris e Heleno não concordam:

> Heitor: Irmão, ela não vale o que custará para conservá-la.
> Tróilo: O valor de um objeto não é aquele que lhe é dado?
> Heitor: O valor não depende de uma vontade particular; seu mérito e sua importância provêm tanto de seu preço intrínseco quanto da avaliação do apreciador. Fazer o culto maior que o deus é louca idolatria e a paixão delira quando atribui qualidades de que é fanática a um objeto que não tem nem sombra desse mérito apreciado.
> Tróilo: Vale a pena que fiquemos com ela? Certamente, pois trata-se de uma pérola cujo preço fez com que lançassem mais de mil barcos ao mar, transformando reis coroados em comerciantes. Oh! Vilíssimo roubo! Roubar o que temos medo de conservar! Ladrões indignos daquilo que roubamos!

Na mesma cena, Tróilo explica que vai se casar:

> Vou casar-me hoje e minha escolha foi dirigida pela minha vontade... minha vontade foi inflamada por meus olhos e meus ouvidos, pilotos habituais entre as perigosas margens que separam a paixão do juízo.

Ao explicar por que se casaria, Tróilo antecipa o que vamos elaborar e estudar sobre tendências e comportamentos do mercado, pois uma das regras básicas do sucesso nos negócios é aprender continuamente sobre os clientes e mercados para se evitar riscos e devaneios, evoluindo nas ações rotineiras e estratégicas. A IBM, uma das melhores empresas do setor, é um caso clássico.

"Mas... afinal, para que serve isso?", foi o que disse um investigador da IBM em 1968 referindo-se ao *microchip*. Foi por esse deslize de visão e percepção de mercado que a IBM cometeu seu grande erro de avaliação quanto ao microcomputador que virou "PC" (*personal computer*), ironicamente o nome atribuído por ela. Várias décadas se passaram e a IBM ainda sente o peso desse erro estratégico.

A combinação entre estratégia, *marketing*, vendas e técnicas de persuasão é fundamental para reforçar sua reputação, base da confiança atual e futura, estímulo para a prosperidade presente e futura. Por esta razão, é fundamental a aplicação prática dessa combinação nos negócios, de todos os portes e setores, potencializando o entendimento e decisões que dobrarão suas receitas.

Contratar um serviço 0800, usar a inteligência artificial para direcionar informações, ter um *site* agradável, uma rede social dinâmica e relevante, aparecer em *blogs*, revistas e jornais, fazer campanhas digitais com o *slogan* "o cliente tem sempre razão", distribuir brindes de Natal e em datas especiais, testar descontos direcionados para determinado segmento de clientes ou potenciais clientes são esforços necessários para a construção de uma empresa. Esses esforços, no entanto, precisam ser direcionados por uma estratégia que direcione o todo para melhores resultados no curto e longo prazos.

Esse contexto definirá em qual dos dois tipos de empresas você estará: entre as que evoluem ou entre as que desaparecem. Será também decisivo para definir o tipo da sua organização dentre os três possíveis: as que se espantam com o que aconteceu (deslumbradas), as que observam as coisas acontecerem (passivas) e as que fazem as coisas acontecerem (ativas)...

Após a depressão econômica brasileira, em 2015 e 2016, com baixo crescimento a partir de 2017 e a forte recessão no período da pandemia, um dos principais aprendizados foi que empresários e gestores devem estar dispostos a um processo contínuo de questionamento e autodesenvolvimento. Precisam compreender que presente e futuro são construídos a partir dos aprendizados passados e da obsessiva vontade de fazer a cada dia melhor, de entregar mais valor e satisfação não só aos clientes, mas aos públicos envolvidos com o desempenho organizacional.

Nesse atual contexto hipercompetitivo, a reputação aparece como importante ativo estratégico porque é mais que a percepção externa ou imagem pontual formada pelos clientes, é o conjunto de tudo que as pessoas pensam e sentem relacionado ao passado, presente e futuro da organização, com base em informações ou desinformações que tenham tido sobre seus produtos, serviços, empregados, iniciativas sociais e ambientais, condutas éticas, parceiros, campanhas publicitárias, ações nas redes sociais e Internet, desempenhos passados ou perspectivas futuras. A reputação é a soma das opiniões e disposições de todos os *stakeholders* sobre a organização, relacionadas ao ambiente interno e externo, e isso comprovadamente tem um valor que faz da reputação um importante ativo estratégico e econômico.

Fortalecer a reputação, no entanto, requer clareza estratégica, gestão profissional, criação de um senso de prioridade e propósito essencial direcionador de todos. A definição dos resultados prioritários buscados pela organização são as alavancas da sinergia, eficiência, atração e retenção de talentos, desempenho operacional e financeiro, lucratividade e, consequentemente, do fortalecimento da reputação.

Em razão disso, vale a pena estabelecer pausas programadas para pensar no presente e futuro dos seus negócios e atividades, reunindo os principais funcionários e especialistas, levantando informações relativas ao desempenho da empresa, setor e concorrentes. Várias cabeças contribuem melhor quando estão focadas num mesmo objetivo. As atitudes que você toma antes da tempestade começar são o melhor parâmetro para determinar como será seu desempenho quando ela efetivamente vier a desabar. Aqueles que deixam de planejar e de se preparar com antecedência, para a instabilidade e o caos, tendem a sofrer mais quando seus ambientes mudam da estabilidade para a turbulência.

Estratégia é a busca permanente de vantagens competitivas sustentáveis, por meio de um conjunto de decisões integradas e coerentes, definindo e comunicando a visão em termos dos objetivos a longo prazo, a missão como propósito imediato, os valores como norteadores das atitudes e o negócio como os principais benefícios buscados pelos clientes e entregues pela empresa. Detalha os programas de ação e recursos disponíveis para a criação de valor para todos os grupos de interesse: sócios, acionistas, clientes, funcionários, fornecedores, meio-ambiente, mídia, terceirizados, parceiros e governos. Representa a definição do caminho mais adequado, para alcançar uma situação desejada no presente e futuro, consolidando a reputação organizacional.

Reúna os seus melhores profissionais, de dentro e de fora da empresa, discuta cada uma das perguntas abaixo e elabore de forma franca:

- Como podemos entregar um novo valor aos nossos clientes?
- Quem não é cliente e deveria ser?
- Quais as melhores formas de alavancar nossos ativos constituídos pela marca, reputação e base de clientes atual?
- Como devemos ser melhores e nos defendermos dos ataques de concorrentes?
- De quais novas capacitações necessitamos?
- Nossas fontes de receita atuais serão suficientes para o futuro?
- Como podemos vender mais? Ganhar maior fatia de mercado? Aumentar a produtividade?
- Onde podemos aplicar nossas atuais e novas tecnologias?
- Nossa proposição de valor é percebida como superior?
- De que forma as necessidades e desejos dos nossos clientes estão mudando?
- Quais novos concorrentes estão antecipando e atendendo essas necessidades?

- Existem alternativas melhores que as nossas para os clientes?

Para o desenvolvimento e a implementação da estratégia, uma das ferramentas mais utilizadas é o planejamento estratégico, que analisa e detalha a execução dos resultados prioritários escolhidos. Após definir o programa geral de ações de melhorias internas e externas, complementarmente deve-se elaborar os planos específicos de cada área: recursos humanos, logística, engenharia, tecnologia da informação, marketing e vendas, finanças e outras.

Abaixo a lista dos comportamentos associados a bons resultados na elaboração, execução e decisões para o sucesso da estratégia e reputação:

- hipervigilância e preocupação constante com mudanças que podem sinalizar perigo, permitindo o reconhecimento precoce das ameaças;
- ajuste na velocidade da tomada de decisão ao ritmo dos eventos: ir devagar quando possível, ser rápido quando necessário;
- tomadas de decisão de forma profissional, baseadas em fatos, dados e evidências;
- pensamento altamente disciplinado pela estratégia, inteligente para buscar soluções e identificar oportunidades, independentemente da velocidade;
- foco na excelência da execução, uma vez tomadas as decisões. Intensidade aumentada conforme necessário, para atender às demandas de tempo, mas sem comprometer a excelência.

Agora os comportamentos associados aos maus resultados na elaboração, execução e decisões da estratégia, prejudicando a reputação:

- arrogância, minimização ou ignorância do significado potencial das mudanças, reconhecendo tardiamente as ameaças;
- falha em ajustar a velocidade da tomada de decisão ao ritmo dos eventos: tomada de decisão muito lenta ou muito rápida, dependendo da situação;
- tomadas de decisão reativas e impulsivas, desconectadas dos resultados prioritários;
- pensamento pouco disciplinado e com baixo rigor estratégico, perdendo continuamente o foco;
- excelência da execução prejudicada pela velocidade, falha em aumentar a intensidade para garantir a excelência da execução, quando agir rápido é necessário.

Infelizmente uma parcela significativa dos planejamentos não obtêm o sucesso esperado... Estudos recentes e a experiência prática demonstram que a maior parte dos fracassos decorrentes das falhas da estratégia não se deve ao plano em si, mas sim a má gestão da execução do plano. Por essa razão, o monitoramento estratégico deve ser entregue a profissionais com muita disciplina na execução, flexibilidade inteligente para fazer as mudanças necessárias, senso de urgência, coragem para seguir adiante e humildade para aprender e reaprender sempre.

1. ESTRATÉGIAS EMPRESARIAIS

A organização deve desenvolver uma estratégia que seja diferente e difícil de ser copiada, para obter sucesso nos resultados e execução do seu planejamento. As empresas que identificam mercados com necessidades que podem atender de maneira diferenciada, e que seja percebida pelo cliente, geralmente têm estratégias capazes de promover seu crescimento.

Quando surgiu no mercado, a GOL Linhas Aéreas era dirigida de maneira diferente das empresas concorrentes e oferecia um produto com várias características que o mercado desejava, além de menor preço. Percebeu, antes dos concorrentes, alguns fatos interessantes como a baixa valorização da alimentação, por parte dos passageiros. Partindo desta premissa cortou vários custos provenientes do fornecimento de refeições, que pouco agradavam, mas custavam caro. Tornou seu voo mais ágil e limpo, passando mais tempo voando e reduzindo seus custos. Quanto à segurança, benefício desejado por todos os passageiros, investiu e divulgou que possuía a "frota mais nova do país". A palavra "segurança" não deve ser explicitada quando se trata de voar, pois realça o medo que ainda sentimos ao nos imaginar voando. Melhor manutenção preventiva e reativa, frota nova, pilotos mais experientes, equipe treinada para agilizar tudo no ar, menor tempo de permanência no solo, aviões do mesmo modelo para facilitar as manutenções, *site* ágil para estimular as compras e *check in on-line* etc. Essa estratégia produziu um efeito melhor e duradouro para o negócio.

A americana Harley Davidson, além das motocicletas, promove excursões e corridas para a comunidade que usa seus produtos, criando o estilo de vida Harley Davidson com roupas, jaquetas, relógios e restaurantes com sua marca.

A Apple estrategicamente escolheu ser uma empresa diferente ao competir no seu mercado, estruturando um modelo de negócio focado na premissa de que os computadores pessoais devem ser atraentes no *design*, simples e inteligentes com *softwares* capazes de gerar interfaces gráficas envolventes e sedutoras. Buscou implementar a ideia de que "os computadores podem ser divertidos e amigáveis".

O Google, em 1998, fez a ousada escolha estratégica de apostar no mercado de buscas na Internet com um modelo de negócio inovador e dinâmico, estimulando inovações radicais para tornar-se cada vez mais relevante. Aperfeiçoou-o ao longo do tempo, incluiu serviços complementares e rapidamente superou o pioneiro Alta Vista, que acabou sendo comprado pelo Yahoo em 2003.

A Intel mantém 10 eixos estratégicos desde 1985, primando pela especificidade, consistência e método, aprimorando seus projetos e ações em torno deles:

- Eixo estratégico 1

Concentração em eletrônicos integrados, que oferecem ao consumidor todas as funções como unidades que não podem ser reduzidas, com foco nos microprocessadores.

- Eixo estratégico 2

Reafirmação da Lei de Moore ao duplicar a complexidade de componentes por circuito integrado com custo mínimo em cada período de 18 meses a dois anos.

- Eixo estratégico 3

Atingimento da Lei de Moore por meio do aumento da capacidade do *chip* e redução dos defeitos aleatórios, inovações no circuito para maior densidade funcional e redução das unidades do circuito.

- Eixo estratégico 4

Desenvolvimento contínuo da próxima geração de *chips*, de modo a criar uma zona sem concorrência. Desenvolvimento de *chips* que os consumidores precisam ter, porque a Intel dispões de um produto melhor do que a geração anterior e estabeleceu um padrão no setor. Maximização dos benefícios da zona sem concorrência num ciclo de 4 etapas:

a. aplicar preço alto no início do ciclo;
b. ganhar volume e abaixar o custo unitário;

c. reduzir o preço quando a concorrência entrar e continuar a baixar o custo unitário;

d. concentrar os investimentos na próxima geração de *chips*, para criar a próxima zona sem concorrência.

- Eixo estratégico 5

Padronização da fabricação nos menores detalhes, encarando a fabricação de circuitos integrados como se fosse uma linha de produção de "balas de goma de alta tecnologia".

- Eixo estratégico 6

Reforço da reputação afinada com o posicionamento mercadológico cujo *slogan* é "Intel entrega" – Intel funciona, entrega resultados. Ampliação da base de clientes pela conquista da confiança de que sempre cumprirá as promessas, os compromissos de produção e de preço – segredo para conquistar e manter um padrão referencial no setor.

- Eixo estratégico 7

Não atacar uma montanha fortificada, evitando mercados com concorrência forte e encarniçada, típica de "oceanos vermelhos".

- Eixo estratégico 8

Prática do confronto construtivo, discordando e debatendo profissionalmente para o melhor resultado, independentemente de cargos. Quando uma decisão for tomada, total comprometimento com sua execução.

- Eixo estratégico 9:

Mensuração de tudo, com indicadores de desempenho, metas e visibilidade dos resultados.

- Eixo estratégico 10

Continuidade dos investimentos em pesquisa e desenvolvimento durante as recessões, para avançar com a tecnologia e deixar a concorrência para trás.

Para facilitar a definição e posterior implementação da sua estratégia, eixo central da sua reputação, determine os 3Vs do seu negócio:

1. Alvo de Valor.
2. Proposição de Valor.
3. Rede de Valor.

Consiste na objetiva definição do seu mercado-alvo, suas necessidades/desejos e o conjunto dos benefícios dos produtos e serviços ofertados. Essa proposição de valor precisa ser diferenciada dos concorrentes e "na medida certa" para o seu mercado-alvo, estruturando também uma rede de fornecimento distintiva e completa para atender à proposição de valor oferecida.

2. PLANEJAMENTO E GESTÃO ESTRATÉGICA

A globalização provocou interligações entre as economias dos diversos países e as repercussões nas reputações, negativas ou positivas, são rapidamente transmitidas e sentidas. Aliada a isso, a comunicação e as propagandas, tradicionais e digitais, divulgaram benefícios e qualidades de novos produtos de maneira ampla, disseminando e acirrando a competição entre empresas de vários setores, países, estados e cidades.

Por essa razão, os dados usados nos planejamentos tradicionais tornam-se voláteis, com curto período de vida. O plano estratégico, em 6 etapas (figura 1), foi idealizado para agir com proatividade e explorar novas informações, periodicamente. Trata-se de um planejamento dinâmico e mais adequado a um mundo instável, onde a mudança é a principal característica, onde a organização, independente se pequena, média ou grande, regional, nacional ou internacional, precisa ser ágil para se adequar com rapidez às mudanças.

Figura 1– Plano Estratégico, em 6 etapas

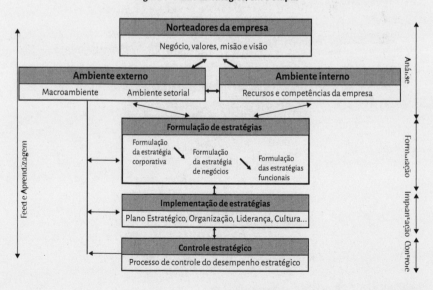

Fonte: Adaptação do autor e Harvard Business Review.

Mas apenas o planejamento estratégico já não é mais suficiente, para se consolidar a boa reputação é preciso ter uma *gestão estratégica*, onde todas as áreas, estruturas, líderes e equipes se empenham e fazem as mudanças necessárias ao sucesso da estratégia. Os programas de desenvolvimento das lideranças, as rotinas e os processos, os critérios de investimentos, os treinamentos funcionais, as remunerações e as bonificações, as estruturas hierárquicas, as alianças e as parcerias, os indicadores e as metas de desempenho, enfim, tudo precisa ser aperfeiçoado para reforçar os resultados prioritários definidos pelo planejamento estratégico. O grande desafio é implementar a gestão estratégica, e muito poucas empresas conseguem alcançar esse nível.

3. PLANEJAMENTO DE NOVOS NEGÓCIOS, PARA EXPANDIR SEUS MERCADOS, RECEITAS E REPUTAÇÃO

A estratégia permitirá também definir como a empresa aumentará sua participação no mercado, vendendo mais, consolidando a sua marca ou outras marcas, e aumentando as receitas. São três caminhos, explicados a seguir: estratégia de crescimento intensivo, estratégia de crescimento integrativo, estratégia de crescimento por diversificação e redução de negócios superados.

3.1. ESTRATÉGIA DE CRESCIMENTO INTENSIVO

Consiste na busca em melhorar o desempenho dos negócios existentes por meio da procura de novos mercados para os mesmos produtos, novos produtos para os mercados atuais ou desenvolvendo novos produtos e novos mercados. A figura abaixo apresenta as opções de desenvolvimento através do crescimento intensivo.

Figura 2 – Crescimento intensivo

	PRODUTOS	
	Atuais	Novos
MERCADOS — Atuais	Penetração no Mercado	Desenvolvimento de produtos
MERCADOS — Novos	Desenvolvimento de mercado	Diversificação

Fonte: Elaborado pelo autor.

3.2. ESTRATÉGIA DE CRESCIMENTO INTEGRATIVO

Busca promover a integração com o setor do qual faz parte, por meio da aquisição de um ou mais dos seus fornecedores (integração para trás), aquisição de atacadistas ou distribuidores do seu produto (integração para frente) ou através da aquisição de concorrentes (integração horizontal). Se a reputação e o volume de vendas continuar insuficiente, a empresa deve considerar o crescimento a partir da diversificação de mercado, entrando em novos negócios.

3.3. ESTRATÉGIA DE CRESCIMENTO POR DIVERSIFICAÇÃO

Se as opções anteriores não atenderam à demanda para ampliação das vendas, lucros e reputação, resta a alternativa da diversificação. A empresa pode produzir algo que tenha semelhança tecnológica ou que pertença ao mesmo mercado do seu produto atual (estratégia de diversificação concêntrica); procurar novos produtos que atendam aos seus clientes atuais mesmo que não tenham relação tecnológica com sua linha atual (estratégia de diversificação horizontal) e, finalmente, procurar novos negócios sem relação com a sua tecnologia, seus produtos e mercados (estratégia de diversificação conglomerada).

3.4. REDUÇÃO DE NEGÓCIOS SUPERADOS

A empresa precisa também enxugar sua estrutura reduzindo ou eliminando aqueles negócios que não estão dando os resultados esperados, liberando assim recursos para investimentos de melhor qualidade. Pense nisso, pois nem sempre o que deu certo no passado continua dando certo no presente. O seu único apego deve ser à prosperidade!

4. CASO 3G CAPITAL

Como orientação máxima ao fortalecimento de sua reputação, a empresa 3G Capital, que administra todas as empresas dos fundadores da Ambev — Jorge Paulo Lemann, Carlos Alberto Sicupira e Marcel Telles —, tem uma carta de princípios conhecida como "Os 10 Mandamentos da Excelência Empresarial", porque aborda diretrizes para o presente e o futuro, liderança pelo exemplo, eficiência operacional, busca obsessiva pelo corte de custos, prioridade dos resultados, melhoria contínua, proteção do caixa, atitude de dono, investimentos direcionados, meritocracia, equipes comprometidas e gestão simples que funciona.

- Princípio 1: somos movidos por um sonho grande e desafiador: ser a melhor e mais lucrativa companhia do mundo.
- Princípio 2: pessoas excelentes, livres para crescer no ritmo do seu talento e recompensadas adequadamente, são nosso ativo mais valioso.
- Princípio 3: devemos selecionar indivíduos que possam ser melhores do que nós. Seremos avaliados pela qualidade das nossas equipes.
- Princípio 4: nunca estamos plenamente satisfeitos com nossos resultados. É essa recusa em se acomodar à situação atual que nos garante vantagem competitiva duradoura.
- Princípio 5: resultados são a força motriz da empresa. O foco nos resultados nos permite concentrar tempo e energia no que é essencial.
- Princípio 6: somos todos donos da empresa. E um dono assume a responsabilidade pelos resultados pessoalmente.
- Princípio 7: acreditamos que bom senso e simplicidade são melhores que complexidade e sofisticação.
- Princípio 8: gerenciamos nossos custos rigorosamente, a fim de liberar recursos que ajudarão a aumentar o faturamento.
- Princípio 9: a liderança pelo exemplo pessoal é o melhor guia para nossa cultura. Fazemos o que dizemos.
- Princípio 10: não tomamos atalhos. Integridade, trabalho duro e consistência são o cimento que pavimenta nossa empresa.

Inspire-se nesses princípios para elaborar ou aperfeiçoar os da sua organização!

5. OBJETIVOS ESTRATÉGICOS COMO ROTEIRO DA REPUTAÇÃO

Os objetivos estratégicos sinalizam os eixos gerais dos resultados prioritários buscados pela organização. Precisam contemplar, pelo menos, quatro dimensões relacionadas ao negócio:

1. resultados econômico-financeiros;
2. resultados em clientes e mercados;
3. resultados em processos internos;
4. resultados em aprendizado e crescimento (tecnologias, pessoas, cultura organizacional, gestão do conhecimento e infraestruturas).

Se a sua organização é pública ou sem fins lucrativos, faça uma pequena adequação substituindo a dimensão econômico-financeira pela sua dotação orçamentária e doações recebidas.

O mapeamento do ambiente externo e a clara noção da situação interna direcionam a definição dos objetivos que nortearão a empresa no horizonte de tempo determinado (três a cinco anos). Defina entre 5 e 8 objetivos estratégicos gerais, até 2 para cada dimensão anteriormente apresentada, pois esta quantidade trará o senso de prioridade aos líderes e equipes que os implementarão. Para cada objetivo estratégico, defina pelo menos três indicadores e metas gerais de desempenho.

Posteriormente, cada objetivo estratégico deverá ser desdobrado em várias ações estratégicas de execução, envolvendo todas as áreas e líderes responsáveis. No final do processo, poderão existir por volta de 50 a 70 ações de execução, relacionadas a apenas 5 ou 6 objetivos estratégicos. Todas precisam ser implementadas! Não caia na armadilha de definir objetivos demais e implementar ações de menos, isso frustra a todos, desperdiça tempo e dinheiro, prejudica a própria execução e limita os resultados que são a essência da própria estratégia.

Seguem exemplos de objetivos estratégicos, podendo ser mais amplos ou já conter as metas e os prazos. Se forem mais amplos, necessariamente as metas, prazos e demais itens da implementação deverão ser detalhados nas ações estratégicas de execução:

- crescer 20% a base total de clientes, em 3 anos;
- adquirir 1.000 novos clientes em determinado mercado;
- expandir a atual linha de produtos, para atendimento a empresas;
- liderar em novos produtos para o segmento de clientes tal;
- ampliar a participação de mercado na região sul;
- diversificar os canais de distribuição, ampliando os digitais;
- reduzir 10% os custos operacionais, em 2 anos;
- liderar a inovação tecnológica, incremental e disruptiva no setor;
- Amentar a receita bruta em 15% e a margem líquida em 10%, nos próximos 5 anos;
- unificar os centros de compras e administração.

Importante reforçar que os objetivos estratégicos sinalizam os eixos gerais dos resultados prioritários definidos pela organização e base da reputação, sendo assim precisam se reforçar mutuamente. É impensável algum objetivo estratégico conflitar com outro, isso simplesmente não pode acontecer!

6. AÇÕES DE EXECUÇÃO: DETALHAMENTO

Definidos os objetivos estratégicos, com seus indicadores e metas gerais de resultados, que passaram pela análise das potencialidades e limitações da organização, é preciso detalhar as ações de execução para que sejam de fato implementados. Reúna o responsável e os profissionais mais competentes de cada área, apresente a estratégia e peça um conjunto de ações específicas e projetos que contribuirão para a implementação dos objetivos estratégicos, relacionados à respectiva atuação da área. A pergunta direcionadora é: com que projetos e ações podemos apoiar os resultados buscados pelos objetivos estratégicos, de modo a consolidar nossa reputação?

A partir do conjunto de ações e projetos propostos, escolhidos de acordo com a capacidade de implementação, são estruturados os planos de execução da estratégia vindos das áreas de finanças, controladoria, gestão de pessoas, logística, tecnologia, contabilidade, assuntos jurídicos, *marketing* e vendas etc. Defina os recursos necessários, os responsáveis e apoiadores, a explicação das etapas e passos da execução, os apoios externos necessários, investimentos financeiros, indicadores e metas, prazos e a periodicidade das reuniões para acompanhamento e correção de rotas – correção do que não está funcionando. Para facilitar, utilize o modelo "5Ws e 3Hs":

- *WHAT*: explicar a ação de execução. No que consiste a ação? Fazer o quê?
- *WHY*: fundamentar a ação. Por que devemos implantá-la? Quais benefícios trará para a empresa? Contribuirá para quais objetivos estratégicos?
- *WHO*: quem será o responsável? Precisará de quais pessoas para apoiá-lo?
- *WHERE*: onde será implementada? Em qual mercado? Em qual escritório ou unidade de negócio?
- *WHEN*: quando será implementada? Qual o início, meio e fim? Qual o prazo de execução?
- HOW: como a ação será feita? Envolve algum fornecedor específico? Envolve outras empresas?
- *HOW MUCH*: quanto vai custar o investimento, o valor financeiro e horas alocadas?
- *HOW MANY:* como medir o sucesso da execução da ação e definir os indicadores de desempenho e as metas?

As metas devem ser *SMART* (eSpecíficas, Mensuráveis, desafiadoras mas Atingíveis, Relevantes e Temporais), precisam direcionar para uma evolução constante e realista, não são um simples "direcionamento" ou "desejo positivo". Meta é para ser batida, não é mera intenção!

POSICIONAMENTO ESTRATÉGICO: EIXO CENTRAL DA REPUTAÇÃO

Um dos resultados da estratégia é a definição do posicionamento estratégico mercadológico, ou seja, como a organização se apresentará ao mercado como opção melhor que a dos concorrentes, fortalecendo a percepção geral sobre o negócio e sua reputação. O posicionamento é o ato de projetar de forma intencional, utilizando os meios de comunicação mais adequados, os diferenciais da empresa para que ocupe um lugar especial na mente dos clientes-alvo. Isso se faz por meio da marca institucional que representa a empresa, "marca mãe", como Unilever, mas também pode ser feito por meio das "marcas filhas" quando se deseja posicionar especificamente um produto do negócio, como Axe, Becel, Dove, Comfort, Omo, Lux, Rexona, Ades, Surf, Knorr etc.

Ao pensarmos sobre um produto, marca ou empresa, usamos a comparação com outros para identificarmos sua posição relativa: está acima ou abaixo no conjunto comparativo? Melhor ou pior com relação à experiência proporcionada? Traz soluções completas ou específicas? Fácil ou difícil de repor ou consertar? Provoca sentimentos bons ou ruins? Caso a empresa não se preocupe com essas questões, o consumidor pode percebê-la de uma maneira inadequada ou mesmo contrária aos seus interesses, prejudicando a conquista de mercados e expansão das receitas.

De forma objetiva, posicionamento não é o que se faz e sim a percepção que se constrói na mente dos atuais e potenciais clientes. A era "coisicista" centrada na comunicação transacional e fria sobre os diferenciais competitivos cedeu lugar ao posicionamento sofisticado onde cada empresa busca atingir a mente e o coração dos clientes. Isso explica por que os anúncios hoje falam menos das questões técnicas de desempenho e muito mais sobre os sonhos, sensações e aventuras a elas associadas. O posicionamento precisa transformar o produto ou serviço num sentimento positivo, algo desejado e de valor para quem decide pela escolha!

Com tantas opções, a batalha mercadológica enfoca a preferência e fidelidade dos clientes, energizando a formação de uma percepção emocionalmente vibrante. Se for poderoso, apenas um benefício pode ser destacado para diferenciar o negócio e a empresa, porque é ilusão acreditar que você terá sucesso prometendo tudo para todo mundo. Alguns posicionamentos que deram certo, ao longo do tempo:

- Axe: a primeira impressão é a que fica.
- Aquafresh: proteção anticárie, hálito fresco e dentes brancos.
- Mercedes: engenharia automotiva.
- BMW: prazer em dirigir.
- Volkswagen: você conhece, você confia.
- 3M: sinônimo de inovação.
- AVIS: quem não é o maior, tem que ser o melhor.
- Nestlé: amor por você.
- Skol: desce redondo.
- Brahma: a número 1.
- TIM: viver sem fronteiras.
- Crest: proteção anticárie.
- GOL: linhas aéreas inteligentes.
- VOLVO: o mais seguro.
- Jeep: encara tudo. A origem vem da pronúncia em inglês de G.P. (general purpose), modelo destinado a vários tipos de uso – utilitário.
- Bayer: se é Bayer, é bom.
- Bombril: 1001 utilidades.
- Coca-Cola: emoção pra valer.
- Doril: tomou Doril, a dor sumiu.
- Helmann's: a verdadeira Maionese.
- Pepsi: o sabor da nova geração.
- Philco: tem coisas que só a Philco faz pra você.
- Sandálias Havaianas: legítimas só Havaianas.

A organização deve destacar um benefício, ou um conjunto deles, e ser promovida como a melhor naquele item ou itens, requerendo um trabalho constante de gerenciamento para que o posicionamento continue fazendo sentido e cumprindo sua finalidade perante o público-alvo. Tenha resiliência e acompanhe a evolução dos tempos, pois se os mercados e as pessoas mudam, você igualmente precisa evoluir sempre.

Numa sociedade onde a quantidade de informações cresce absurdamente, o consumidor tende a lembrar melhor da "mensagem número um", pois "o primeiro a gente nunca esquece". Há alguns anos, a Avon desenvolveu um trabalho de reposicionamento dos seus produtos, que por um erro de posicionamento estratégico de mercado estavam sendo considerados como de segunda linha no Brasil. Como sua característica é a venda porta a porta, passou a usar o *slogan* "a gente conversa, a gente se entende".

A Claro, operadora de telefonia, reposicionou-se ao adotar o *slogan* "A vida em suas mãos" na época do lançamento do serviço Ideias TV, quando disponibilizou dez canais de televisão para os celulares, inovando no período de expansão do mercado de telefonia. O cliente podia escolher as notícias do dia na CNN, Bloomberg, ESPN ou assistir desenhos e documentários em sete outros canais. Apesar de já existir esse tipo de transmissão de conteúdo em tempo real, a Claro foi a primeira a conseguir disponibilizar tantos canais simultaneamente e se destacou, pois naquele momento específico não existia nada que se identificasse tanto com a ideia de "ter a vida nas mãos" como assistir à própria TV no celular.

Como recomendação importante para posicionar sua organização, eixo central da reputação, identifique claramente os principais benefícios buscados pelos clientes e concentre-se neles. Converse com pelo menos 20 clientes inteligentes e pergunte: "quais itens você considera e valoriza, do mais importante para o menos importante, quando escolhe a minha empresa e decide comprar meus produtos ou serviços? Por que são melhores que os dos concorrentes?". Compare as respostas e terá um ótimo guia para o seu posicionamento, de modo simples e absolutamente eficaz!

1. PASSOS PARA O POSICIONAMENTO

Uma empresa pode posicionar seu negócio, ou cada uma de suas marcas, sob vários aspectos: mais rápida no atendimento, soluções mais seguras, produto mais barato, mais conveniente, mais durável, melhor qualidade, maior valor agregado, melhor assistência técnica, melhor atenção ao cliente, melhor relação custo-benefício etc.

Ao definir vários itens de valor para seus clientes, certifique-se que são complementares e de fácil entendimento para evitar o risco de confundir a percepção enfatizada. Há vários casos de sucesso em que mais de um benefício foi destacado, como o caso da pasta de dentes Aquafresh, visto anteriormente. A seguir, veremos mais exemplos de outras empresas.

Escolha o benefício ou uma combinação deles, sobre o qual o seu negócio possa ser considerado "único" e enfatize esta diferença, por exemplo, a Volvo se posicionou na indústria automobilística: "o mais seguro". Se o produto não for julgado melhor sob algum aspecto significativo para um conjunto de clientes, estará mal posicionado e será menos lembrado, pois as pessoas se lembram das marcas que se destacam sob algum critério claro e fácil de compreender!

Importante analisar em profundidade as características dos seus clientes-alvo e definir seus perfis: hábitos e gostos particulares, preferências, aspectos mais valorizados e menos valorizados com relação ao seu negócio, opinião sobre as ofertas dos outros concorrentes, *sites* e assuntos prediletos, temas de leitura etc. Definidas as características e os perfis, identifique e comunique inteligentemente o "espírito" da mensagem e impressão que deseja passar para ser identificado e lembrado, a posição que quer ocupar na mente do seu público-alvo.

Você pode posicionar sua empresa e produtos a partir de três grandes pilares:

1. melhor produto da categoria;
2. mais eficiência nas operações;
3. o que melhor atende aos desejos.

Considere também 4 atributos de posicionamento: produto, preço, facilidade de acesso e serviços que agregam valor. Objetivamente, sua empresa pode dominar um dos atributos, ter um desempenho acima da média em outro e manter-se no padrão setorial nos outros dois atributos.

Se a beleza está nos olhos de quem a vê, a realidade é pura percepção, é a impressão que está na mente dos consumidores que compõem o mercado. Como cada ser humano acredita na realidade segundo suas impressões, é vital que você acompanhe periodicamente como o cliente está percebendo e se relacionando com a sua empresa.

2. ESTRATÉGIAS DE POSICIONAMENTO

Alguns posicionamentos são mais adequados para negócios intensivos em serviços, outros para negócios intensivos em produtos tangíveis. Uma rede de restaurantes popular, por exemplo, terá um posicionamento diferente daquela que optar por trabalhar com um perfil de público mais elitizado, ocorrendo o mesmo para uma empresa de turismo que tenha como segmento preferencial pessoas que desejam gastar pouco, posicionando-se de forma muito diferente caso optasse por pessoas exigentes quanto à qualidade do atendimento e passeios exóticos, sem se preocupar com o preço. Um fabricante de relógios também terá que optar por se posicionar da maneira mais conveniente, de acordo com seu público-alvo e características da sua atividade empresarial. Veremos a seguir algumas estratégias de posicionamento, mas antes mostraremos as mais comuns e seus opostos, como posicionamento por inovação e posicionamento por imitação.

Quadro 1 – Posicionamentos e seus opostos

Posicionamento	Oposto
Preço baixo	Preço alto
Nível tecnológico superior	Baixa tecnologia
Serviço superior	Serviço limitado
Inovação	Imitação
Diferenciação	Não-diferenciado
Customizado	Padronizado

Fonte: Elaborado pelo autor.

2.1. POSICIONAMENTO POR BAIXO PREÇO

Esse é um posicionamento perigoso, por ser fácil de copiar, bastando ao concorrente baixar o preço. Exige vantagem de baixo custo da empresa e capacidade financeira para suportar uma guerra de preços.

Nesse caso, é preciso organizar a busca de insumos e logística de distribuição, visando manter um custo mínimo e priorizar os segmentos de consumidores mais sensíveis ao preço. Buscar também ter processos sempre eficientes, eficazes e com melhoria contínua – TQC: controle de qualidade total. Alguns fazem o oposto: preços mais altos para criar uma aura de exclusividade, sendo necessário criar uma imagem de reconhecida superioridade.

Figura 3 – Posicionamento por baixo preço

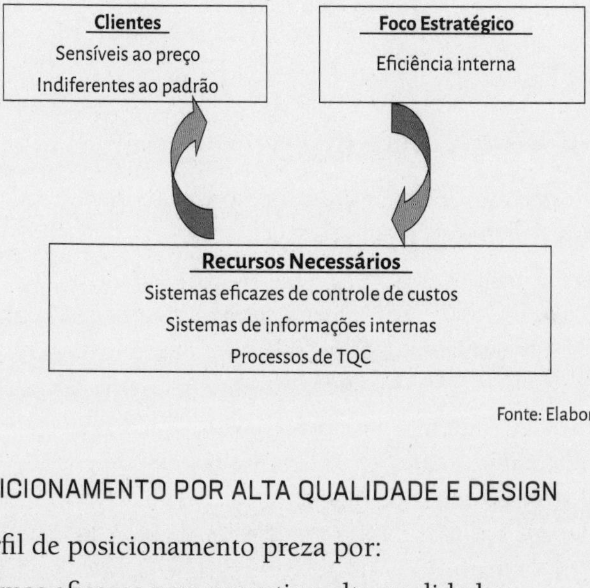

Fonte: Elaborado pelo autor.

2.1.1. POSICIONAMENTO POR ALTA QUALIDADE E DESIGN

Esse perfil de posicionamento preza por:

- sistemas eficazes para garantir a alta qualidade;
- competência técnica, especialmente na engenharia e *design*;
- capacidade moldada "de fora para dentro", ou seja, sensibilidade para perceber a qualidade sob o ponto de vista dos clientes, captar e oferecer as exigências do mercado;
- criação de programas de relacionamentos com o cliente;
- gestão da cadeia de fornecimento, garantindo insumos de qualidade;
- clientes dispostos a pagar mais pela qualidade superior, compensando os custos e investimentos da empresa;

- maior confiabilidade, durabilidade e *design* (beleza estética);
- fundamental: reforçar a imagem e gestão da reputação.

Figura 4 – Posicionamento por alta qualidade e design

Fonte: Elaborado pelo autor.

2.1.2. POSICIONAMENTO POR INOVAÇÃO

Exige velocidade para melhorar rapidamente e desenvolver produtos novos, habilidades técnicas e criativas:

- é preciso promover o "fracasso rápido de alguns produtos com tendência à obsolescência", encorajando o lançamento de novos produtos mesmo em fase de testes, sabendo que alguns podem fracassar;
- estimular o surgimento e não sufocar as ideias em fase de concepção;
- além da eficiência do *kaizen* (palavra de origem japonesa, metodologia de trabalho que permite baixar os custos e melhorar a produtividade), empresas japonesas estão inovando e adotando mudanças radicais para manter a competitividade;
- busca incessante pela inovação: aperfeiçoamento e renovação do que existe, criação do novo e fortalecimento marca. Assim trabalham as empresas inovadoras!
- estratégias possíveis: ser a primeira a lançar algo novo ou um dos primeiros seguidores, aproveitando os aprendizados vindos dos erros dos pioneiros, aperfeiçoando a oferta de valor ao mercado e evitando os desgastes desnecessários;
- fundamental: reforçar a imagem e gestão da reputação.

Figura 5 – Posicionamento por inovação

Fonte: Elaborado pelo autor.

2.1.3. POSICIONAMENTO POR SERVIÇO SUPERIOR

O cerne é entender como os seus clientes avaliam e quais aspectos do serviço valorizam mais: dimensões importantes e como se tornam perceptíveis.

Empresas competitivas se posicionam cada vez mais com base na oferta de um serviço superior, ou melhor, de um serviço desenvolvido especificamente para atender aos desejos e necessidades específicas do seu mercado-alvo.

Para proporcionar um serviço superior é preciso:

- capacidade para compreender continuamente seu mercado, permitindo identificar o tipo e o níveis superiores dos serviços;
- habilidade para criar e desenvolver relacionamentos com os clientes;
- sistemas de apoio na entrega dos serviços;
- habilidade para avaliar e gerenciar a satisfação e confiança dos clientes;
- prioridade às pessoas que atendem aos clientes, da seleção ao treinamento;
- serviços desenvolvidos para desejos e necessidades específicas do mercado-alvo;
- percepção aguçada das variações e níveis dos serviços oferecidos *versus* as diferentes exigências dos seus grupos de clientes;
- fundamental: reforçar a imagem e gestão da reputação.

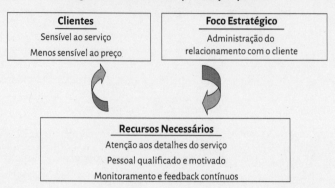

Figura 6 – Posicionamento por serviço superior

Fonte: Elaborado pelo autor.

2.1.4. POSICIONAMENTO POR DIFERENCIAÇÃO DE BENEFÍCIOS

Exige alta competência de fora para dentro:

- possuir habilidades (técnicas, humanas e tecnológicas) para identificar os benefícios desejados;
- identificar quais segmentos de clientes desejam quais benefícios, em cada mercado;
- focar em oferecer o que cada segmento quer e valoriza;
- ter capacidade de desenvolver novos produtos e soluções com os atributos relevantes para cada mercado;
- fundamental: reforçar a imagem e gestão da reputação.

Figura 7 – Posicionamento por diferenciação de benefícios

Fonte: Elaborado pelo autor.

2.1.5. POSICIONAMENTO CUSTOMIZADO (SOLUÇÕES ESPECÍFICAS)

Aplicado originalmente no arranjo de serviços qualificados. Para um posicionamento customizado eficaz, é necessário:

- competência de fora para dentro e de dentro para fora: identificar o que o segmento de cliente deseja e estabelecer um relacionamento contínuo de evolução com ele;
- capacidade de produção flexível, buscando a cocriação juntamente ao cliente: calibrar as entregas (intensidade e qualidade);
- obter as vantagens de custo e eficiência da produção segmentada, personalizando as ofertas e entregas;
- fundamental: reforçar a imagem e gestão da reputação.

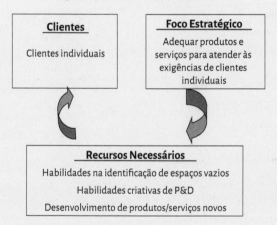

Figura 8 – Posicionamento customizado

Fonte: Elaborado pelo autor.

2.1.6. POSICIONAMENTO DINÂMICO

Esse tipo de posicionamento leva em conta, ao mesmo tempo, três dimensões: produto, mercado e empresa, estando o consumidor no centro de tudo. Para ficar mais fácil de implementar, pode-se substituir a dimensão mercado por relacionamento e partir do pressuposto que a integração entre produto e relacionamento tem como palco o mercado. Será no mercado que ocorrerá o verdadeiro teste entre as intenções da empresa, expectativas do consumidor e os resultados referentes à maneira como ocorrerá o posicionamento desejado.

Este posicionamento leva em conta os benefícios que o consumidor enxerga e obtém do produto (ou serviço), a partir da construção de um sólido relacionamento que permite à empresa acompanhar qualquer movimento que possa provocar aproximação ou distanciamento.

O consumidor, por meio das ações de relacionamento (programas de benefícios, descontos, atendimento prioritário, bônus por fidelidade etc.) e cumprimento das promessas de marca feitas pela empresa, construirá a imagem e o posicionamento pretendidos. Isto ocorre porque o relacionamento de todos os níveis da empresa com o mercado permite um *feedback* capaz de monitorar a percepção dos clientes com relação às ofertas da empresa, orientando ações para o mínimo de distorções.

Independente do posicionamento escolhido, o sucesso dependerá da sua competência em entender bem os pilares dos benefícios que propõe oferecer como cerne da sua atividade organizacional e fortalecimento da reputação, legitimados pela ideologia e norteadores da estratégia: missão, visão, valores e definição do negócio.

Figura 9 – Posicionamento dinâmico

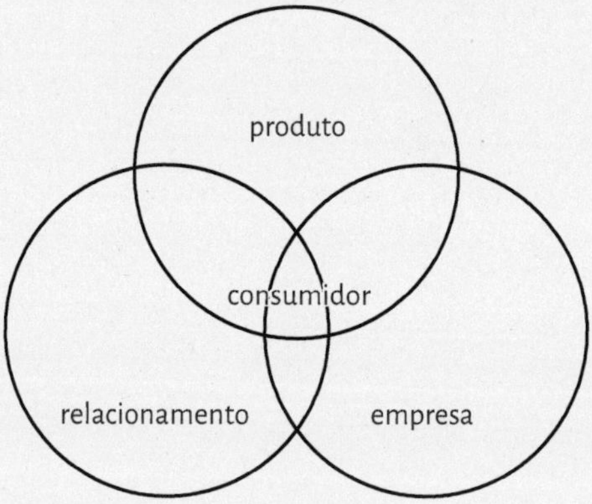

Fonte: Elaborado pelo autor.

3. SINERGIA E RESULTADOS: ESTRATÉGIA E REPUTAÇÃO

Principalmente nos momentos de turbulência, você precisa provar que o seu posicionamento de mercado, que as promessas de excelência feitas por meio da sua marca são realmente entregues aos seus clientes, não são meros discursos vazios. Manter a coerência entre o que a empresa promete e o que a empresa entrega de fato para os clientes, por meio dos seus produtos, serviços, pessoas e experiências, é a maneira eficiente para se construir uma relação de confiança – base da reputação corporativa. Essa consistência faz os próprios funcionários acreditarem na organização, sentirem-se "comprometidos de verdade" e não apenas friamente envolvidos com as ações propostas.

Entenda que a percepção positiva em torno da sua marca, bem como a forte confiança característica da boa reputação, é construída nos mínimos detalhes e contatos com os clientes e demais parceiros de negócios, onde todos são responsáveis diretos pelos resultados. Agir com coerência e consistência, alinhando a prática ao discurso, é fundamental para construir e manter uma boa imagem ao longo do tempo. E a construção e fortalecimento dessa boa imagem ao longo do tempo é exatamente o que ergue a reputação da organização, protegendo-a nos momentos difíceis e impulsionando-a nos momentos de bonança.

A partir da estratégia e posicionamento mercadológico, para gerenciar eficazmente a reputação, considere pelo menos sete dimensões, identificando o que e como melhorar em cada uma delas, bem como o impacto na percepção dos *stakeholders*:

1. Desempenho econômico-financeiro: retorno aos investidores, resultados financeiros, custos e despesas, investimentos, lucro líquido e perspectivas de crescimento.
2. Produtos e serviços: qualidade prometida e percebida pelos clientes, relação custo-benefício, alinhamento com as necessidades e desejos dos clientes.
3. Inovação: incentivo a ideias de melhorias e criação de novas soluções de valor ao mercado, pioneirismo, poder de adaptação a mudanças (resiliência).
4. Ambiente de trabalho: recompensa ao mérito e igualdade de oportunidades, promoção do bem-estar e saúde dos empregados.

5. Governança: transparência e disponibilidade das informações, ética nas decisões, indicadores e metas claras, idoneidade nos negócios.

6. Cidadania: responsabilidade ambiental, desenvolvimento social e apoio às causas comunitárias.

7. Liderança: coerência entre discurso e prática, líderes eficientes e eficazes, cumprimento das melhores práticas de gestão, visão clara e compartilhada do futuro.

O *checklist* a seguir é um guia para a definição da sua estratégia, implementação e gestão da reputação:

1. Quais benefícios e valores nossos clientes, ou grupos de clientes, buscam em nossos produtos, serviços e pessoas?

2. Como nosso negócio, ou atividade, será um sucesso no presente e futuro?

3. Qual é o nosso "sonho grande", que nos guiará para a posição futura desejada?

4. Quais princípios e valores guiam nosso entendimento de mundo e decisões, como direcionadores e fortalecedores da reputação?

5. Quais são os objetivos estratégicos (resultados prioritários), os indicadores e as metas de desempenho da nossa organização?

   a. resultados econômico-financeiros (aumento das receitas, lucro líquido, redução dos custos e despesas, investimentos, baixo endividamento etc.);

   b. resultados em clientes e mercados (produtos e serviços, marca e reputação, inovação, programas de relacionamento, preços, inteligência de mercado etc.);

   c. resultados em processos internos (produtividade, procedimentos padrões, melhor uso dos ativos, redução dos custos e despesas etc.);

   d. resultados em aprendizado e crescimento (infraestruturas, gestão do conhecimento, cultura organizacional, remuneração fixa e variável, formação das lideranças e equipes etc.);

6. Quais são os objetivos estratégicos (resultados prioritários), os indicadores e as metas de desempenho das unidades de negócio, áreas e indivíduos?

7. Qual será o posicionamento estratégico da organização (extensivo aos produtos e serviços), para construirmos a percepção de

mercado que desejamos – eixo central para a construção e fortalecimento da reputação?

8. Quais são nossos diferenciais competitivos, que nos colocam numa posição superior à dos principais concorrentes? Como trabalhamos essa percepção em nossos clientes e mercados?

9. Quais são os produtos e serviços mais adequados para cada segmento de clientes? Como trabalhamos essa percepção em nossos clientes e mercados?

10. Qual a melhor forma de acompanhar a evolução do comportamento, perfil e impressões dos segmentos de clientes e potenciais clientes?

11. Para gerenciarmos nossa reputação, quais informações internas e externas precisamos monitorar, com qual periodicidade, para antecipadamente identificarmos riscos, ameaças e oportunidades?

12. Como definir os orçamentos de manutenção e investimentos, para implementarmos bem a estratégia em todos os níveis da organização?

13. Com qual periodicidade e como os responsáveis pelos objetivos estratégicos apresentarão os resultados, para as padronizações e correções necessárias?

14. Quem são e como desenvolver continuamente nossos líderes para o alto desempenho, fortalecendo o amadurecimento profissional e pessoal?

15. Como desenvolver continuamente nossas pessoas e equipes para o alto desempenho, contribuindo para seu amadurecimento profissional e pessoal?

16. Como implementar um sistema de remuneração e premiação, para reconhecer as pessoas pelas entregas pactuadas de resultados (estratégicas, táticas e operacionais)?

17. Quais conhecimentos, habilidades e atitudes precisamos formar e estimular nossas pessoas, para avançarmos com coerência e consistência nos resultados, fortalecendo a reputação?

18. Como implementar e fortalecer nossas ferramentas e gestão profissional?

19. Quais parcerias e alianças estratégicas faremos, para potencializarmos nossa competitividade e resultados?

20. O que podemos fazer, no dia a dia, para evoluirmos e prosperarmos cada vez mais, estratégica e taticamente?

As crises recentes nos mostraram a fragilidade geral diante de um cenário de queda na confiança e incertezas sobre o futuro, mas aqueles que investem no fortalecimento da reputação sofrem menos e se recuperam mais rápido. É uma blindagem competitiva, construindo um poderoso elo psicológico entre a empresa e todos que com ela se relacionam baseados na admiração, confiança e estima. Seguem recomendações que fortalecerão seus negócios e resultados, diante das futuras crises:

- desenvolver uma cultura voltada para a inovação lúcida permanente, na medida certa, facilitadora da geração e compartilhamento do conhecimento entre os gestores, colaboradores e principais *stakeholders*;
- discutir e implementar estratégias bem definidas para absorver mecanismos de cocriação e retroalimentação a partir das redes colaborativas;
- implementar processos internos e externos coerentes com a boa governança corporativa, refletidas numa marca confiável e forte reputação organizacional;
- utilizar métodos de pesquisa e levantamentos cada vez mais avançados para capturar novas tendências e novos comportamentos, difundidos também pelas redes sociais;
- buscar um equilíbrio entre o uso de recursos produtivos, produtos e serviços com as demandas de sustentabilidade do planeta;
- entender a essência do consumidor digital e fazê-lo um coinovador proativo, fundamental à inovação;
- disponibilizar canais ágeis de atendimento *on-line*, em ambiente *web*, acessíveis por *smartphones*, *laptops*, *tablets* e outros dispositivos de acesso à Internet;
- criar espaços no *site*, ou *blog* específico da empresa, para os clientes e potenciais clientes interagirem diretamente com a empresa: sugestões, reclamações, elogios e dicas. Retornar todos os contatos feitos, demonstrando seriedade no entendimento e tratamento dessas interações;
- possibilitar a compra dos produtos e serviços por meio do *site* ou ambiente *web* específico, priorizando a praticidade e objetividade, com vídeos apresentando os produtos, serviços e espaço para depoimentos dos clientes;
- tornar o *site* e redes sociais da empresa agradáveis e integrados, fáceis de navegar e objetivos. Lembrar que a apresentação na

Internet é o primeiro impacto na impressão das pessoas: apresentação amadora = empresa amadora; apresentação profissional = empresa profissional.

- implementar um pós-venda ágil e proativo na comunicação. Retornar todos os contatos dos clientes: mensagens, *e-mails*, redes, WhatsApp etc.;
- priorizar conteúdos e ações de comunicação específicas e direcionadas para mídias digitais, atingindo segmentos selecionados de clientes e potenciais clientes;
- criar ambientes de convivência e experiência com a marca, para degustação dos produtos, serviços e estímulos sensoriais prazerosos: aromas, aconchego físico, sons, atendimento superior etc. O conectivo emocional fortalece a conexão e estima pela empresa;
- criar programas de relacionamento de longo prazo, recompensando as relações de proximidade, fidelidade, cocriação de valor e admiração;
- participar ativamente das redes sociais com as quais os clientes se identificam, para ações de visibilidade e monitoramento das percepções sobre a empresa, influenciando positivamente a imagem e reputação;
- comprometer a empresa com a sustentabilidade e causas sociais, estrategicamente importantes no médio prazo e admiradas pelos consumidores mais engajados;
- envolver os clientes e demais parceiros do negócio na melhoria dos atuais e desenvolvimento dos novos produtos e serviços, bem como dos demais itens da proposta de valor: atendimento, entrega, redes e pontos de venda, tecnologias, lojas tradicionais e virtuais, programas de relacionamento, descontos, benefícios, brindes etc.;
- monitorar constantemente a evolução do perfil e expectativas das gerações Y e Z, por meios de grupos de discussão, entrevistas em profundidade e espaços na *web* para interação, direcionando ajustes para aumentar a estima e identificação com a marca;
- estimular os funcionários talentosos a participarem com ideias sobre melhorias na gestão, novos produtos e serviços. Reconhecê-los e dar *feedbacks* constantes sobre o desempenho na criação de valor para o mercado, promovendo-os e premiando-os.

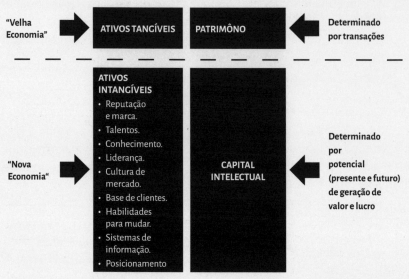

Fonte: Elaborado pelo autor.

Na vida existem os que observam, os que simplesmente analisam e aqueles que constroem. Como peça-chave das suas decisões pessoais e profissionais, decida e implemente com perseverança, trabalho árduo e disciplina. Genialidade sem "mão na massa" dificilmente gera resultados duradouros, porque a estatística do sucesso = 10% de talento (inspiração) + 90% de suor (transpiração).

MARKETING DE RESULTADOS: AUMENTE SUAS RECEITAS E LUCROS

Compreender como utilizar as ferramentas e ações de *marketing* como desdobramento da estratégia empresarial, processo de criação, comunicação e entrega de valor ao seu público-alvo, reduzirá seus problemas sobre um item crucial dos resultados: a receita. Por desconhecerem como utilizar o *marketing* de forma inteligente e prática, muitas organizações perdem clientes e mercados, amargam quedas nas receitas, desesperam-se e fecham fábricas e lojas, não conseguem pagar bons líderes e funcionários, reduzem drasticamente a estrutura e acabam encerrando as atividades. Se a receita vai bem, todo o resto pode ir bem!

O maior acesso a informações é a Internet e o surgimento de vários produtos nos últimos anos, que provocaram uma série de serviços que não existiam, pode nos levar a pensar que a mudança é um privilégio das últimas gerações, o que não é verdade. O que tem ocorrido é um desenvolvimento acelerado das oportunidades e desejos das pessoas, criados a partir da evolução tecnológica, provocando mudanças no comportamento do consumidor e nos vários segmentos de mercado.

O marketing tem procurado monitorar e fazer a gestão dessas mudanças, no sentido de gerar lucros para os negócios enquanto satisfaz os desejos e necessidades da sociedade. Vejamos o exemplo recente do YouTube, inconcebível de ocorrer no século passado devido às grandezas envolvidas. Esta empresa não existia até o início dos anos 2000, sendo criada em 2005 por Steve Chen e Chad Hurley, ilustres desconhecidos até então. Pouco mais de um ano depois, esse empreendimento foi vendido ao Google pelo valor de U$ 1,65 bilhão e recebe bilhões de visitas por mês, tornando-se mais um impressionante sucesso da Internet. Veja bem, não é a empresa que vai atrás das pessoas, são as pessoas que procuram o *site*, levados pelo *boca a boca*. Algo inacreditável há 20 anos, mas perfeitamente viável hoje em dia...

Este é o importante papel exercido pela relativamente nova ciência do marketing, que estabeleceu uma sólida parceria com vendas, estratégia e gestão visando aproveitar oportunidades de negócio conectadas aos novos tempos e consumidores. Para continuar cumprindo seu papel de gerar prosperidade crescente, as empresas precisam estar conectadas ao seu mercado, ao comportamento dos clientes, desenvolvimento das tecnologias e plataformas sociais, movimento dos concorrentes, inovações incrementais e drásticas, economia, políticas públicas etc. Tudo muda e, pela teoria do caos,[2] qualquer movimento irá, mais cedo ou mais tarde e de um jeito ou de outro, influenciar o seu negócio!

1. *MARKETING* NÃO É APENAS FAZER PROPAGANDA!

Marketing é um processo social e gerencial pelo qual indivíduos e grupos obtêm o que necessitam e desejam através da criação, oferta e troca de produtos de valor. Em termos práticos, é o processo de criação, comunicação e entrega de valor aos clientes, por meio dos produtos, serviços e experiências relacionadas à marca, de forma consistente e com lucro!

É comum as pessoas confundirem propaganda e publicidade, ações de comunicação e promoções com o *marketing*. As atividades de comunicação são, na verdade, uma pequena parte do *marketing*. Peter Drucker, num dos seus muitos momentos de brilhantismo, sintetizou toda a amplitude do *marketing* ao dizer que *"o objetivo do marketing é tornar supérfluo o esforço de vender"*.

Se o *marketing* cumprir com os seus pressupostos, o ato de vender será uma consequência natural. Realmente, se o cliente deseja um produto e o encontra no local que prefere, com o preço que entende ser o justo, na embalagem, cor, qualidade, peso e assistência que gostaria, não será difícil convencê-lo a adquirir o produto ou, em outras palavras, seu processo de decisão de compra será facilitado e instigado.

Para que isto aconteça, buscando manter e expandir as receitas, a empresa deverá garimpar as necessidades e os desejos não atendidos,

---

2 A teoria do caos revelou aos cientistas e pensadores a existência de ordem e padrão em sistemas que lhes pareciam sempre aleatórios e imprevisíveis.

fornecendo estímulos e soluções satisfatórias aos clientes, pois o *marketing* começa antes mesmo da concepção do produto. A venda ocorre depois de um longo processo que antecede a fabricação do produto ou preparação do serviço.

Os gastos do *marketing* devem ser considerados investimentos, não despesas, porque são ações destinadas a ampliar a produção, as demandas e receitas, tanto no curto quanto no longo prazo. Em casos extremos, há situações onde se faz necessário reprimir a demanda, então usamos o *"demarketing"*, termo utilizado quando o objetivo é provocar a diminuição de uma demanda não desejada, causada por exemplo por uma campanha publicitária para divulgar um novo produto. Quando não é possível atender ao excesso de demanda, pode-se retirar antecipadamente a campanha do ar ou reduzir o tempo de mídia. Isso deve ser feito para não deixar o cliente frustrado, tanto pelo fato de não encontrar o produto, quanto pelo atendimento de má qualidade causado pelo excesso de demanda.

2. *MARKETING* NÃO É APENAS UM DEPARTAMENTO OU DIRETORIA

Marketing é importante demais para ter limites físicos, lógicos ou virtuais. A essência do *marketing* precisa fazer parte do modo de pensar e agir, da cultura organizacional. Todos os departamentos devem estar sintonizados com o objetivo de entender e satisfazer aos clientes, dentro dos critérios de lucratividade impostos pelo negócio, contribuindo para a entrega de valor ao mercado. Contador, porteiro, telefonista, secretária, funcionários e diretores de todas as áreas, enfim, todos devem saber quais são os produtos, serviços, promessas de marca, propósitos e diferenciais ofertados, compreendendo como contribuir para orientar e atender bem aos clientes. Dessa forma, o "espírito do mercado" é atraído para dentro da organização, onde será assimilado e trabalhado, produzindo modificações e implementações que, retornando ao mercado, superarão suas expectativas.

Os vários parceiros do negócio também podem estar comprometidos, desde que haja um trabalho neste sentido, contribuindo com esta corrente de agradar e superar as expectativas dos clientes. Nesse grupo incluímos os fornecedores, terceirizados, distribuidores, órgãos públicos, ONG's, consultores, agências nacionais e internacionais.

3. CONCEITOS BÁSICOS DO *MARKETING*

3.1. MERCADO

No início, o mercado era um lugar físico onde comerciantes e compradores se reuniam para a comercialização (ou troca) de seus produtos. Ainda hoje, nas pequenas cidades do interior, é comum a existência deste lugar. Em capitais como Belo Horizonte (MG) e Belém (PA), por exemplo, temos "Os Mercados" que, pela variedade de bens comercializados, beleza e o colorido dos produtos, tornaram-se pontos de atração turística.

De modo geral, mercado é o lugar onde compradores e vendedores se encontram, onde os produtos são oferecidos para a venda e as transferências de posse ocorrem. Pode ser considerado também como a *demanda* de certo grupo de compradores, em potencial, por um determinado produto ou serviço.

Hoje o mercado transcende o local físico e pode existir em qualquer lugar, inclusive virtualmente no ambiente *web*, bastando existirem compradores e vendedores interessados no processo de troca de seus produtos e serviços. Uma das características mais marcantes dos mercados é a rapidez das mudanças, gostos, expectativas e demandas, por isso as empresas devem acompanhá-lo sistematicamente, realizando pesquisas e identificando potenciais ameaças ou oportunidades aos seus negócios. Fique atento!

Algumas características típicas do mercado:

- "local" onde estará o provável consumidor;
- este consumidor precisa desejar o produto ou serviço;
- têm características, desejos e necessidades que precisam ser atendidas;
- o consumidor está disposto a pagar um preço pela experiência oferecida;
- pode ser segmentado em região geográfica, classe social e econômica, tipo de profissional, faixa etária etc. (ver capítulo sobre Segmentação);
- a delimitação mais ampla de mercado chamamos "mercado de massa" e, no outro extremo, temos o "mercado 1 a 1", quando as ofertas são específicas para o indivíduo.

3.2. PRODUTO

Em *marketing*, o termo "produto" não se restringe a algo físico, tangível. Cada vez mais o *marketing* trabalha com "experiências" e "serviços", havendo a tendência mundial de se ampliar o produto físico acrescentando serviços gerais ou especiais, tornando-o mais amplo. Ao ajudar o cliente a usar seu produto, usufruindo de tudo o que ele pode oferecer, acrescente um serviço que tornará seu produto diferenciado e difícil de ser substituído.

Algumas redes de hotéis oferecem diversas marcas com preços e características distintas para atender vários tipos de mercados, isto é, oferecem opções de serviços diferentes. Há alguns anos, foi desenvolvido um produto turístico no Rio de Janeiro para explorar o charme histórico do tradicional bairro de Santa Teresa, oferecendo atrativos locais, hospedagem e alimentação nas casas residenciais. Existiam cinco opções de preço, desde o mais sofisticado até um produto com hospedagem em casas mais simples e de menor custo. A região era delimitada e segura, reduzindo a insegurança e violência, fraquezas preocupantes do Rio de Janeiro. Foi desenvolvido um *folder* colorido, em inglês e português, destacando todas as características do produto e inserindo a região no contexto histórico e tradicional do Rio. Assim procede a indústria automobilística e eletrônica, os vários modelos de veículos são desenvolvidos após um exaustivo estudo e pesquisa de mercado, onde para cada segmento é desenhado um veículo com as características desejadas: os modelos 1.0, mais baratos e compactos, atendem as necessidades de jovens casais, estudantes e indivíduos com menor poder aquisitivo; os modelos luxuosos e com motor turbo atendem os desejos de casais mais maduros e indivíduos com maior poder aquisitivo.

Lembre-se sempre que não é necessariamente o melhor produto que vende, mas o mais bem comercializado! As empresas não foram feitas para colecionar produtos, mas para vendê-los bem e cada vez mais. Veremos a seguir três conceitos de produtos na visão do economista e na do administrador, surgindo o *marketing* para integrá-los e evolui-los.

- Visão do economista: a empresa tem como propósito único produzir e distribuir algo de valor econômico. Este algo é chamado em economia de bem social e é necessário que tenha utilidade.
- Visão do administrador: o papel da empresa é produzir para tornar rentável uma *área de oportunidades* de *marketing*, com lucro.

- Confluência entre ambas: haverá uma integração entre as aparentemente conflitantes visões do economista e do administrador, ao reconhecerem que os lucros fluirão através da provisão de produtos que atendam às *necessidades e desejos* dos consumidores, tendo *utilidade* e constituindo um *bem social*. Este é o papel do *marketing*, criar valor para o cliente, oferecendo o que ele precise e deseje, pois só assim virá o lucro!

Nesse sentido, o processo de *marketing* deve criar quatro tipos de *utilidades*, também conhecidas como *pacote de utilidades*:

- Utilidade de Forma: satisfação obtida através das características físicas do produto: forma, função, estilo, cor, tamanho etc.
- Utilidade de Tempo: a aquisição de um bem deve ocorrer no momento ideal. Quando vamos comprar um sapato desejamos encontrá-lo no momento em que necessitamos dele, sem muito trabalho para procurar, pois o *tempo* é uma utilidade que compõe o produto.
- Utilidade de Lugar: além do tempo e da forma, deseja-se encontrar o produto o mais próximo ou no local mais adequado para a sua aquisição, físico ou virtual.
- Utilidade de Posse: o cliente deseja adquirir o produto, pagar por ele e ter a sua posse.

Todo este empenho, de preencher os desejos do cliente e oferecer utilidade em suas aquisições, ocorre quando a organização utiliza o conceito de *marketing*: ênfase no mercado e orientação para o cliente! O *marketing* integrado, que considera a harmonização de todas as atividades empresariais por meio do planejamento estratégico e sua execução, é socialmente necessário e faz a junção da visão do economista e do administrador.

3.3. DEMANDA

A demanda é o montante de bens que pode ser absorvido em um mercado selecionado, derivada do comportamento do consumidor. No século XVIII, Adam Smith, conhecido como o pai do liberalismo, esboçou a lei da oferta e procura, som o contexto de mercados simples e quantidades restritas de produtos. Para ele, *demanda* era a quantidade de determinado produto, normalmente uma *commodity*,[3] que os compradores estariam dispostos a comprar por um determinado preço. Sob

---

3 Normalmente refere-se a um produto primário com grande participação no comércio internacional, como café, algodão, minério de ferro, etc. Mas já estamos nos

este enfoque, o preço e a participação no mercado seriam os fatores básicos para vencer a concorrência.

A demanda, no entanto, é um fenômeno muito mais complexo, depende da necessidade ou desejo dos consumidores e suas características, disponibilidade de produtos substitutos e seus respectivos preços, renda do consumidor, canais de distribuição preferidos, disponibilidade de crédito, conveniência da compra e expectativa do consumidor em relação ao crescimento econômico. A economia está ciente dessas influências, mas precisa dar-lhes a devida importância em relação ao preço porque, na prática, são tão ou mais importantes no processo de escolha do cliente.

Na economia global, com o acelerado fluxo de informações nas mais variadas formas e contínuas evoluções tecnológicas, a demanda tornou-se altamente dinâmica, acompanhando o acelerado surgimento de novos produtos e serviços. A recente ascensão e queda de muitas empresas da Internet confirmam as bruscas e catastróficas mudanças, para aqueles que não levam isso a sério.

3.4. NECESSIDADE

Faz parte da condição humana e está relacionada a situações de privação, algo essencial que carecemos para nosso bem-estar físico ou psicológico.

Podem ser:

- Físicas básicas: alimentação, vestuário, habitação, segurança.
- Sociais: afeto e sensação de pertencimento.
- Individuais: conhecimento e auto realização.

Quando as necessidades são particularizadas passam a fazer parte da cultura e personalidade do indivíduo, tornando-se um desejo.

3.5. DESEJO

Aspiração humana diante de algo que corresponda ou supera o esperado, que toca os sentidos psíquicos e não apenas os físicos. O desejo é permanente e menos crítico que uma necessidade, instigando outros desejos em camadas superiores ou complementares. Beber água quando está com sede evidencia uma necessidade, beber cerveja gelada indica um desejo, de modo que o que uma geração vê como luxo, sob

---

referindo a vários produtos comuns e com pouca diferenciação, como componentes eletrônicos e certos tipos de chips, como commodities.

a ótica do desejo, *a próxima pode* interpretar como necessidade, pois esse desejo foi superado por outro ainda maior...

3.6. SATISFAÇÃO

Equivalente ao "*marketing* de resposta", que advém das facetas funcionais e psicológicas de um bem ou serviço, preenchendo necessidades e desejos. O carro, por exemplo, nos transmite uma sensação de conforto, proteção e domínio: ar-condicionado, som, marca, bancos de couro, *air bags*, teto solar, ambiente integrado, tecnologia, vidros escuros, blindagem etc. Observe como os últimos itens refletem preocupações sociais: irradiação solar e segurança, compondo um produto cujo *núcleo* é o transporte.

Pagamentos com comodidade e segurança (Internet, telefone, aplicativos etc.) somam as experiências relacionadas aos serviços prestados pelos bancos. Uma agência de viagens que oferece pacotes turísticos completos, em que o cliente pode se dedicar integralmente à atividade escolhida ou mesmo hotéis que possuem apartamentos, serviços, diversão e passeios adequados ao perfil do hóspede, também são bons exemplos do completo atendimento das necessidades e desejos do consumidor.

Perceba que, ao serem identificados os serviços e produtos que o cliente-alvo deseja e lhes dá prazer, a empresa trabalha no sentido de preencher e realizar seus sonhos e expectativas, respondendo com ofertas de valor adequadas e integradas. Pois bem, trabalhe nesse sentido para aumentar as suas vendas e garantir que fará um trabalho melhor que seus concorrentes!

3.7. ENCANTAMENTO

Consiste em disponibilizar mais que a expectativa do cliente, ir além do convencional, além do que está acostumado a receber dos concorrentes e empresas similares.

Encantar realizando, por exemplo, o sonho com as origens e o contato com a natureza: hotéis-fazenda completos, produtos sem agrotóxicos, safári fotográfico. Encantar pela eliminação de alimentos gordurosos e aumento da beleza: pesquisas de medicamentos para redução do colesterol, aumento da longevidade, neutralizadores de gordura, aceleradores do metabolismo, estimuladores da jovialidade e beleza etc.

Compreender os conceitos do *marketing* possibilitará o maior alcance dos resultados relacionados à manutenção e aumento das receitas, satisfação dos clientes, força da marca, influenciação da escolha dos clientes, atração de novos clientes, bloqueio da ação dos concorrentes e evolução permanente do diferencial do negócio. Implementar a gestão estratégica com forte liderança, competência para a tomada de decisão e inteligência mercadológica fará a sua organização estar entre as que mais crescem, lucram e sobrevivem!

3.8. *DREAMKETING*

Existe um excesso de oferta de produtos e serviços diferenciados, isso é fato! Para sair da vala comum, tem-se que ir além do mero atendimento das necessidades dos clientes. A Ferrari não vende carros, mas a ideia de liberdade proporcionada pela ilusão causada pela velocidade. Já a Volvo vende conforto e segurança ao dirigir, enquanto o Ritz posiciona-se como um palácio de esplendor e refinamento. O *"marketing* dos sonhos" deve induzir estados de espírito, postula que a diferenciação deve interpretar e materializar os desejos mais profundos dos clientes. Parte do pressuposto que as empresas vendem sonhos, um mundo ideal, sendo os produtos e serviços apenas um meio de estimular esses mais profundos desejos e estados de espírito. Uma coroa transcende o objeto em si para despertar o desejo de reinar. A marca Nike, mais que calçados, é uma declaração de um estilo. O Viagra, mais que uma pílula, é uma realização de poder e confiança na performance sexual.

Descobrir os sonhos dos consumidores e apelar para a paixão, atraindo-os para a empresa, é o princípio do *dreamketing*. Existem três sonhos principais:

- Reconhecimento social: atrair a atenção e o respeito dos demais.
- Liberdade: transcender as limitações, muitas vezes auto impostas.
- Heroísmo: identificar-se com personagens muito admirados.

Como você e a sua empresa estão aproveitando esse tema, essa oportunidade para alavancar as receitas? Pense a respeito e desenvolva ações nesse sentido.

4. COMPOSTO DE MARKETING

Descreve o conjunto de ferramentas que a empresa tem à sua disposição para atuar de forma inteligente e aumentar as vendas, combinando variáveis controláveis para oferecer a melhor experiência aos clientes, também conhecida por "*Marketing Mix*" ou "4 Ps": preço, praça, produto e promoção. A abordagem dos "4 Cs" (cliente, custo, comunicação, conveniência) complementa satisfatoriamente essa abordagem, cujo objetivo é conhecer e influenciar os desejos dos consumidores, proporcionando o máximo de satisfação na aquisição e experimentação dos seus produtos e serviços.

4.1. OS "4 PS"

É a combinação de variáveis controláveis que uma empresa oferece aos seus consumidores: produto, preço, promoção e praça ou ponto (canal de distribuição). Originam-se, respectivamente, do inglês *product, price, promotion* e *place*. Representa o ponto de vista da empresa, estando o cliente no centro de tudo.

4.1.1. PRODUTO (BENEFÍCIO)

Qualquer coisa que pode ser ofertada a um mercado para aquisição, utilização ou consumo e que satisfaça aos desejos e necessidades dos clientes.

O produto, quando se trata do *marketing*, é algo amplo que engloba serviços, interações humanas, experiências, valores, sentimentos e sensações provocadas.

4.1.2. PREÇO (VALOR)

Quantidade de dinheiro necessária para a aquisição de um bem ou serviço. Deve ser projetado de modo a proporcionar lucro à empresa.

4.1.3. PRAÇA OU PONTO (DISPONIBILIDADE)

É o canal para chegar ao consumidor final do seu produto, no sentido amplo. Por exemplo, no caso do negócio restaurante, o ponto apresenta características interessantes. Podemos dizer que, enquanto o local onde funciona o restaurante é tangível, por ser um imóvel com cores, mesas etc., o ponto é intangível, por ser um recurso que apresenta outras características como localização, adequação ao público e mudanças à medida que se alteram os gostos do público-alvo. Ponto é um conceito composto por um conjunto de variáveis que deverão ser continuamente avaliadas pela administração, devendo se adequar à ideia construída para o negócio. Dessa ideia ou conceito fazem parte o cardápio, a localização, o segmento a ser atendido, o padrão do serviço, a faixa de preços e os sistemas tecnológicos (aplicativos, redes sociais etc.).

Para Abílio Diniz, fundador do grupo Pão de Açúcar, fatores como uma loja estar de um lado da rua ou de outro parecem ser pouco importantes, mas contam muito no fato de venderem mais ou menos.

Para a rede Mc Donald's, o ponto é fundamental tanto para a venda dos seus produtos, em razão dos fluxos de gente e facilidades de acesso, quanto pela valorização imobiliária potencial e influenciada pela própria marca. O Mc Donald's ganha tanto com a venda de *fast food* quanto com a valorização dos seus imóveis.

4.1.4. PROMOÇÃO (COMUNICAÇÃO E PERCEPÇÃO)

São atividades de comunicação (propaganda, relações públicas, venda pessoal, *marketing* direto, *sites* e redes sociais) que buscam dar visibilidade às ofertas da empresa para estimular as vendas. Também serve como reforço temporário para aumentar o interesse na aquisição de um produto ou serviço por meio da oferta de valores inferiores aos praticados: descontos temporários, bônus, ofertas especiais, concursos, sorteios, "liquidação relâmpago" etc.

Os avanços tecnológicos criam novas e interessantes oportunidades para o "P" de promoção:

- tecnologias acessíveis para transmissão de voz e dados, possibilitando que o atendimento aos clientes e serviços digitais ocorram *on-line*;
- *Smart TV*, que permite ao consumidor interagir com o fornecedor durante uma propaganda e utilizar o aparelho como um computador;
- GPS e aplicativos integrados, que transformam os aparelhos em instrumentos inteligentes e interativos capazes de prover serviços e aumentar a divulgação direcionada;

- convergência e conectividade entre câmeras, celulares, computadores e outros aparelhos que permitem a conexão de equipamentos sem a necessidade de fios, independentes do local;
- dinheiro digital que, entre várias facilidades, permite o pagamento por meio de dispositivos móveis e outras plataformas.

Com a Internet das coisas, a utilização conjunta das tecnologias disponíveis permite que a geladeira providencie, no estabelecimento cadastrado, a aquisição de uma margarina de determinada marca, antes mesmo que acabe. Veja o modelo completo na Figura 5.

Figura 11 – Os "4 Ps"

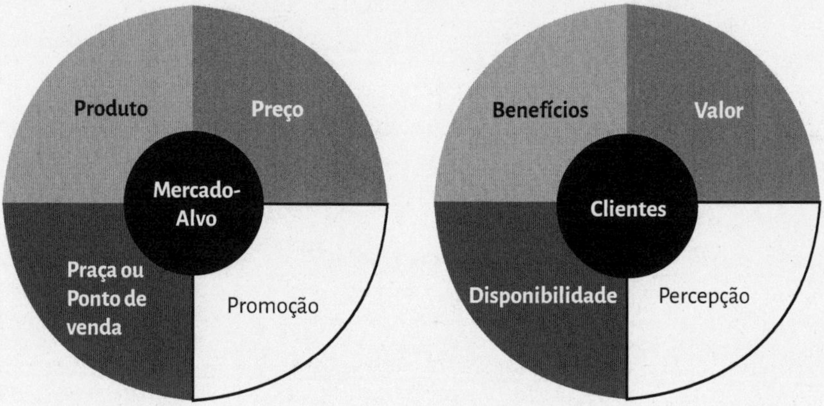

Fonte: Kotler (2019) e adaptação do autor.

4.1.5. EXEMPLO DOS 4 PS

Considere uma empresa que produza sandálias e que tem atendido, até então, senhoras que procuram um calçado resistente e confortável. A empresa resolve então estender seu produto para jovens garotas na faixa de 12 a 17 anos, criando a marca Beauty Teen. Usando a mesma linha de produção, desenvolve um pequeno adereço e mais duas cores apreciadas pelo novo segmento jovem, aprimorando o seu produto.

Identifica o *site* "Mundo Teen" e o canal de televisão MTV como os mais vistos pelo público jovem, para fazer a divulgação das sandálias. Observa que as garotas estão sempre nos shoppings, fazendo a exposição dos produtos com algumas redes de sapatarias femininas nas lojas instaladas nesses estabelecimentos. Em vez das tradicionais caixas de sapato, desenvolve uma embalagem colorida, num saco plástico emborrachado e de cores alegres que darão orgulho às jovens ao adquirir o produto, postando fotos nas redes sociais e desfilando pelo shopping com a embalagem. Para compensar os investimentos e o aumento dos custos, calculou que seria possível um preço superior de 15%, comparado ao segmento tradicional.

Esse é um exemplo simples de como se pode alterar o "pacote de valores", adequando-o a um novo segmento. Configura-se então um novo produto, no conceito do composto de *marketing*, mesmo que a sandália seja praticamente a mesma! Entender bem para atender melhor e vender ainda mais! Tenha sempre essa frase em mente e aja para potencializar suas receitas usando todo esse arsenal de *marketing*.

Figura 12 – Mix de marketing

Fonte: Kotler (2019) e adaptação do autor.

4.2. OS "4 CS"

4.2.1. CLIENTE (*CUSTOMER VALUE*)

Nesse modelo, a empresa complementa o foco do produto com o do cliente, completando de forma brilhante os 4Ps. O produto passa também a ser conceituado a partir do seu valor para o consumidor, causando uma evolução na gestão do *marketing* e nas atividades da empresa como um todo.

Por exemplo, quando se pensa também no aluno como cliente, nas escolas, haverá uma conceituação mais poderosa e complementar ao entendimento de que os clientes são apenas os pais, que escolhem o colégio e efetuam o pagamento das mensalidades, aquisição de material e linha didática.

4.2.2. CUSTO (*COST*)

Considera o conjunto dos custos percebidos pelo cliente: físicos, temporais, psicológicos e monetários (preço).

4.2.3. CONVENIÊNCIA (*CONVENIENCE*)

Quando o ponto de venda (local), onde será disponibilizado o produto, é complementado pela ideia de "conveniência", escolhem-se os melhores acessos físicos e digitais aos clientes: conforto, comodismo, praticidade e segurança.

4.2.4. COMUNICAÇÃO (*COMMUNICATION*)

A comunicação implica a participação do cliente, parte mais importante pois recebe e é impactado pela mensagem, sendo esclarecido e instigado. Mudanças no *mix* de *marketing* serão processadas e comunicadas ao mercado, sempre no sentido de tornar interessante a participação ativa do consumidor. Inclui propaganda tradicional, propaganda específica via Internet, mala direta, ações digitais, *merchandising*, vendas diretas e de massa, *folders*, redes sociais, influenciadores etc.

Figura 13 – Relação entre os "4Ps" e "4Cs"

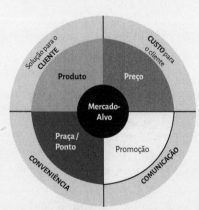

Fonte: Kotler (2019) e adaptação do autor.

É possível atuar na composição dos 4 Ps e 4Cs para se obter um aumento das vendas. Você pode, por exemplo, aumentar suas promoções e a comunicação direcionada sobre as maiores conveniências dos seus produtos ou serviços e diminuir seus preços. Pode também aumentar gastos com publicidade e propaganda, seletivamente a visibilidade de certas lojas, utilizando meios digitais, e assim direcionar o crescimento das vendas. É possível várias combinações com os 4 Ps e 4 Cs no sentido de atender os objetivos de resultados do *marketing* (Figura 7).

Algumas considerações sobre os quatros Ps e quatro Cs:

- há uma sinergia entre eles. Se você tem um bom produto e melhora seu ponto de venda, aumentando a conveniência e os custos de deslocamento para os clientes, o resultado pode sofrer uma influência significativa. Por exemplo, se ao seu *produto* você atribui o valor de 1 e ao *ponto* também o valor 1, caso melhore o seu *ponto* passando para 2, o resultado final poderá ser maior que 3;

- dependendo do estágio de vida de um produto ou serviço, os Ps e Cs poderão ser utilizados de forma mais ou menos dinâmica. No lançamento de um produto, a importância da propaganda e publicidade é inquestionável para que o consumidor seja atraído por algo inda desconhecido. As promoções de vendas podem ser usadas quando o produto sofre uma concorrência direta e também durante a maturidade do produto. Na fase de declínio das vendas, por obsolescência funcional ou percebida, deve-se diminuir os investimentos em propaganda e publicidade, mas aumentar as promoções direcionadas para os "clientes conservadores".

Importante destacar que o *mix* de *marketing* deve ser gerenciado de maneira integrada, para se obter os melhores resultados. Em muitas empresas, os elementos do *mix* de *marketing* estão em áreas diferentes, dificultando a integração e decisões assertivas. Por exemplo, o departamento de *marketing* de uma companhia aérea pode sentir a necessidade de melhorar o nível de atendimento dos seus funcionários durante o voo, por meio de um treinamento específico, mas esta área pode estar em outro departamento. Evite essa separação! Seu objetivo deve ser conhecer os desejos dos clientes e influenciá-los de modo integrado, proporcionando a máxima satisfação na aquisição e experimentação dos seus produtos e serviços.

5. AMBIENTE DO *MARKETING*

O ambiente do *marketing* é representado pelo conjunto de todos os fatores que possam influenciar as operações e receitas, praticamente constituído pelo "ambiente externo" do planejamento estratégico. Observamos que a internacionalização da economia, bem como o maior acesso à Internet e plataformas integradas, tem alargado as fronteiras desse ambiente e tornado complexo seu entendimento e decisões.

O *marketing* precisa monitorar continuamente esse ambiente, identificando proativamente oportunidades e ameaças ao negócio, recomendando implementações, melhorias preventivas e soluções – inteligência de mercado.

5.1. TENDÊNCIAS PARA OS PRÓXIMOS ANOS

Abaixo estão os principais tópicos sobre tendências do consumo e soluções para o século XXI, retirados de vários estudos atuais sobre o tema. Identifique quais impactam mais os seus negócios, crie planos de ação para aproveitar as oportunidades e se defender das ameaças.

- O investimento em lazer e cuidados pessoais tendem a crescer, principalmente com o aumento da longevidade e satisfação das necessidades básicas tradicionais (moradia, saúde, alimentação etc.);
- queda nos preços dos produtos básicos, com barateamento progressivo dos alimentos industrializados, possibilitando o consumo de bens antes inacessíveis para a parcela mais carente da população;
- a demanda por mão de obra qualificada e a competitividade de mercado aumentam cada vez mais os gastos com educação;
- entretenimento, turismo e construção civil serão cada vez mais demandados por um consumo individualizado (para ser desfrutado sozinho) e de mais alto padrão;
- a composição da comida sofrerá mais mudanças, em razão das pressões ambientalistas. Crescerá a valorização dos produtos menos industrializados, como os orgânicos;
- os jovens viverão por mais tempo na casa dos pais para estudar e se preparar para a vida adulta. Sempre que possível consumirão produtos típicos de sua faixa etária como viagens, carros e diversão em geral;
- com a ajuda da tecnologia, ocorrerá um aumento da segmentação individualizada de produtos e serviços, direcionada às necessidades de uma única pessoa ou de grupos pequenos de pessoas com características muito parecidas;

- aumentarão as vendas pela Internet: *sites* específicos e redes sociais;
- crescerá o consumo de produtos especiais e serviços de lazer para pessoas com mais de 65 anos;
- aumentará a quantidade de casais que optam por não ter filhos, heterossexuais ou homoafetivos, com potencial de renda voltado para cultura, artes e lazer;
- questões sobre sustentabilidade, respeito étnico e espiritualidade estarão nas pautas das empresas, escolas e sociedade;
- maior uso da inteligência artificial e algoritmos para apoiar as decisões;
- busca científica por tratamentos tecnológicos (como nano robôs) que envolvam especificidades genéticas para aumento da longevidade, prevenção e tratamento de doenças.

6. *MARKETING* DE SERVIÇOS

O setor de serviços vem se destacando há bastante tempo, em especial a partir da década de 1990, pois é praticamente impossível produzir algo sem agregar algum serviço, seja no seu consumo ou na sua comercialização. Por essa razão, o *marketing* de serviços torna-se cada vez mais importante, existindo certas peculiaridades que merecem um tratamento à parte e abordados nesse capítulo.

No dinamismo do mundo contemporâneo é praticamente impossível a existência de empresas produtoras de bens que não estejam prestando serviços também, como transporte, disponibilização de crédito, rastreamento digital, plataformas *web* para acesso a informações sobre produtos e transações, assistência técnica, reposição de peças, manutenção preventiva, consultoria pontual e outros. A empresa GE, sob o comando de Jack Welch, deu um grande salto na década de 1980 e 1990 enfocando a expansão dos serviços agregados aos seus produtos.

O *serviço* pode ser definido como qualquer ato ou desempenho, essencialmente intangível, que uma parte oferece a outra e não resulta na propriedade de nada, podendo estar ou não vinculado a um produto concreto. Observa a dificuldade de se definir serviço, pois na maioria das vezes fazem parte de algum produto e são vendidos juntamente com ele: um computador com a instalação e assistência técnica, um restaurante com o prato decorado e o atendimento, uma viagem turística com transportes integrados, hotéis contratados, atendimento médico, roteiros exclusivos, guias e lembranças.

Importante você fazer uma lista dos serviços que acompanham os seus produtos, compará-los aos dos seus concorrentes e avaliar em quais a sua empresa se destaca, aprimorando-os, criando novos e aperfeiçoando aqueles com desempenho e avaliação ruins. Há um potencial enorme de aumento das suas receitas vinculadas a um bom trabalho relacionado aos seus serviços principais e complementares; então priorize-os!

6.1. FATORES QUE INFLUENCIAM OS SERVIÇOS

A intensa competitividade e o aumento da globalização têm levado as empresas a buscarem novas maneiras de permanecerem nos negócios, com lucros crescentes. Os serviços, cada vez mais exigidos à medida que a sociedade se torna mais fluida e rica, tem sido a fonte onde as organizações procuram novas maneiras de se tornarem diferentes, pois relevância e inovação permanente são regras de sobrevivência nos negócios.

Quando a empresa opta pela prestação de serviços e o coloca como foco, procura diferenciar-se da concorrência. O *marketing* tradicional nasceu para a indústria, trabalhando no sentido de desenvolver maneiras de enriquecer empresas que produziam coisas tangíveis, posteriormente evoluindo para o *marketing* de serviços para se adequar aos desafios da contemporaneidade e dinâmica dos negócios intangíveis. Veremos a seguir os fatores que influenciam os serviços.

6.2. GESTÃO FOCADA EM SERVIÇOS

O *marketing* de serviços é adotado como uma maneira objetiva de diferenciar a empresa da concorrência, pois os produtos podem mudar, mas os relacionamentos com os clientes devem permanecer. No passado, os clientes dos videocassetes da marca Toshiba mudaram para os DVD's, mas, como havia um bom relacionamento com o fabricante, continuaram fiéis à marca. Dicas práticas:

- a ênfase deve ser dada ao recrutamento e treinamento do pessoal, com foco na solução completa para o cliente e não apenas na venda específica do produto;
- procurar um sistema de remuneração que privilegie o desempenho de cada nível da empresa, conectando-o à fidelização e satisfação dos clientes;
- reconhecer os benefícios dos programas de treinamento, fazendo-os periodicamente;

- os produtos e serviços devem entregar pacotes de benefícios que foram identificados como realmente desejados pelo segmento de clientes atendido;
- aprofundar o conhecimento sobre cada segmento de clientes, compreendendo sua evolução para proativamente oferecer soluções mais adequadas às sua realidade;
- investir em sistemas robustos de tecnologia da informação que suportem a armazenagem e análise de grandes quantidades de informações coletadas e disponíveis – *big data*.

Uma das primeiras mudanças numa empresa que pretende adotar estratégias de serviços é a ênfase na chamada "cultura voltada ao cliente", onde cada área compreende que desempenha uma entrega de valor relevante, compondo partes ou articulando melhorias que serão avaliadas, em última instância, pelo mercado. Indicadores de satisfação, retenção, fidelização e índice geral de confiança dos clientes devem fazer parte de *todas* as áreas, direcionando ações específicas, projetos e premiações pagas.

6.2.1. LOCAL DA PRESTAÇÃO DO SERVIÇO

O local da prestação do serviço é definido como as evidências físicas ou digitais usadas para criar o ambiente dos serviços, tais como:

- condições ambientais (temperatura, música, cheiro): definir, sempre de acordo com o segmento de clientes escolhido, as melhores condições para tornar a experiência agradável, de preferência inesquecível;
- objetos (móveis, equipamentos comerciais): importante manter a coerência com o público a ser atendido e com o posicionamento da empresa. Equipamentos obsoletos para uma empresa que se posiciona como *top* em tecnologia é o mesmo que alguém de *smoking* usando sandálias havaianas ou chapéu de palha;
- outras evidências (quadros, troféus, certificados, apetrechos pessoais como retratos, coleções e outros símbolos): é cada vez mais relevante a programação visual de uma empresa, implicando procedimentos que mantenham a coerência entre as cores, diagramações, distribuição de móveis e equipamentos, quadros, cartazes, uniformes e vestimentas. Qualquer dissonância pode causar ruídos na percepção do cliente e tornar o serviço desfocado, sem personalidade;
- bens tangíveis que compõem o serviço: é fundamental para o *marketing* a tarefa de procurar referências tangíveis para os serviços,

por definição intangíveis. Um bom exemplo é quando um consultor elabora uma apresentação de alto nível para aconselhar um procedimento, usa um terno bem alinhado e caro, sapatos e relógio importados que referenciam o seu sucesso, coloca as folhas escritas numa bela e rica pasta, faz a entrega desse trabalho acompanhada de outros artifícios tangíveis como um pequeno livro ou objetos artísticos que destacam as sugestões apresentadas. Assim, torna tangível o seu serviço, que é intangível. Os clientes observam evidências físicas na avaliação do desempenho dos serviços.

Conforme vimos anteriormente, temos a tendência de nos apoiar em evidências físicas ao avaliar um determinado serviço. O local agrega valor, melhora a percepção sobre o serviço e reduz a dissonância cognitiva, de modo que o ambiente físico em que se desenrola a prestação do serviço fará parte das variáveis consideradas em sua avaliação, assim como o palco onde os atores expõem sua arte.

6.2.2.PRESTADORES DE SERVIÇOS

Quem aparece nos serviços são os prestadores de "cérebro e mão de obra", pois estão onde o serviço é produzido ou onde é prestado: salão, consultório, sala virtual, aplicativo de comunicação, barbearia, sala de aula, palco, aeroporto, consultório, loja etc. Outras vezes, a interação entre consumidor e prestador do serviço ocorre em casa ou no escritório: jardinagem, massagem, reparo de uma torneira, consultoria, instalações elétricas, pinturas e treinamentos específicos.

Independentemente da localização da prestação do serviço, a interação entre consumidor e prestador é lugar comum, sendo fundamental o impacto do prestador do serviço sobre a experiência do consumidor, fazendo-o se conectar ao que está sendo oferecido e percebendo verdadeiramente os benefícios e valores experienciados.

6.2.3.QUEIXAS COMUNS QUANTO AOS SERVIÇOS

Pesquisas recentes de grandes institutos de pesquisa e empresas de consultoria identificaram as críticas mais comuns em relação aos serviços, listadas abaixo:

- apatia dos funcionários;
- sentimento de rejeição por parte do cliente;
- frieza dos atendentes, parecendo não se importarem com o que o cliente realmente quer ou precisa;

- ar de superioridade dos atendentes, agindo como se o cliente fosse um "idiota";
- "robotização", quando os clientes são tratados como "números" em um sistema que deve ser processado;
- excessiva referência ao "livro de regras da empresa", sem nenhuma flexibilidade;
- jogo de empurra quando o cliente é passado para outro funcionário, que procura fazer o mesmo.

6.2.4.OUTROS CLIENTES INFLUENCIADORES

São clientes presentes e que influenciam os demais, onde ocorre o serviço, podendo causar impacto na experiência de um indivíduo ou grupos. Essa influência pode ser positiva ou negativa, ativa ou passiva, como quando um cliente ajuda outro na escolha de um produto, na especificação ou cuidado sobre determinados procedimentos, fazendo um depoimento positivo pessoal ou alertando-o sobre benefícios adicionais. Mas pode também influenciar negativamente, como quando reclama, é grosseiro e mal-educado, torna o ambiente desagradável, atrasa para a consulta e influencia negativamente a percepção geral sobre a empresa ou atendentes.

Quando não é possível eliminar as possibilidades das influências negativas, pode-se atenuar os impactos ruins, como administrar o tempo de espera por meio de senhas, juntar pessoas do mesmo segmento e faixa etária, disponibilizar serviços adicionais, devolver o dinheiro, oferecer a categoria superior, instalar em locais especiais etc.

6.2.5.ORGANIZAÇÃO E SISTEMAS INVISÍVEIS

São as infraestruturas e diretrizes da empresa de serviços como: regras de conduta, regulamentos gerais, programas específicos e processos que impactam a experiência do serviço, mas que não são vistos pelo cliente. Há empresas com eficientes sistemas que garantem a entrega dos produtos na hora e local acertados, ou providenciam a solução rápida utilizando redes interligadas de tecnologia e equipes bem-preparadas que apoiam os atendentes e vendedores, como: manutenção, entrega, segurança, redirecionamento de esforços etc. Como tudo ocorre nos "bastidores", o cliente simplesmente não enxerga.

Esses esforços geralmente envolvem fortemente o componente humano, demandando adequada seleção e o recrutamento, políticas de RH, bonificações por resultados e treinamentos intensivos.

6.3. CARACTERÍSTICAS DOS SERVIÇOS

Os serviços possuem quatro características que demandarão programas de *marketing* diferenciados, ou melhor, características que influenciarão na elaboração do Plano de *Marketing*: intangibilidade, inseparabilidade, variabilidade e perecibilidade.

6.3.1. INTANGIBILIDADE

Os serviços são intangíveis, isto é, sua percepção ou entendimento foge um pouco do convencional pelo fato de não poderem ser tocados. Igualmente não podem ser ouvidos, cheirados ou provados antes de serem adquiridos, diferentemente de um produto tangível, como um carro no qual você pode fazer um *test drive* antes da compra.

Os compradores procuram sinais de qualidade antes da aquisição do serviço, geralmente nas instalações e ambientes virtuais, pessoas, equipamentos, material digital, rede social, *sites*, aplicativos, peças de comunicação, referências sobre a marca, depoimentos de ex-funcionários, avaliação dos clientes atuais e preços.

Por essa razão, o prestador de serviços deve administrar essas evidências, procurando dar tangibilidade ao intangível, agregando imagens e fatos concretos às ofertas abstratas: pessoas uniformizadas, a logomarca transmitindo sensação de segurança e a própria sede da empresa podem transmitir informações capazes de influenciar a percepção sobre os serviços. Um relatório, como trabalho final de uma consultoria, precisa ser apresentado numa reunião formal e ambiente sofisticado, com apresentação visualmente agradável e impactante, material encadernado e impecável, arquivos digitais seguindo a identidade da marca, consultores elegantes e bem-vestidos – aspectos tangíveis que potencializam a percepção positiva dos clientes.

Interessante observar que no *marketing* de produtos ocorre o processo inverso, isto é, procura-se agregar *ideias abstratas e emocionais* aos produtos tangíveis, sendo comum a associação das viagens de férias a sonhos e leveza, produtos para crianças ao amor e alegria, automóveis ao conforto e segurança, cosméticos à beleza e jovialidade, cursos de idiomas à liberdade e interconectividade, grifes de roupa ao sucesso e atratividade, joias à sofisticação e bom gosto etc.

6.3.2. INSEPARABILIDADE

Os serviços são produzidos e consumidos simultaneamente, ao contrário dos produtos que podem ser fabricados, estocados e distribuídos para serem consumidos no futuro. Em serviços, tanto o prestador quanto o cliente afetam o resultado pois ambos fazem parte da experiência.

Num show musical, o interesse em determinado "prestador do serviço" é bastante claro e específico, sendo praticamente insubstituível. Além da inseparabilidade, um cantor, médico, dentista, consultor ou advogado tem o preço do seu serviço aumentado em razão da limitação do seu *tempo*, construindo uma "aura" de raridade, de modo que precisa treinar para que possa fazer cada vez mais no mesmo período de tempo, ou preparar pessoas para apoiá-lo a contornar essa limitação, como é feito em bancos, escritórios de advogados, consultorias e clínicas, entre outros.

6.3.3. VARIABILIDADE

A variabilidade dos serviços deve-se ao fato de que dependem de quem o executa, de onde são produzidos e de quando são fornecidos. Há médicos pacientes, outros nem tanto; dentistas muito bem-preparados, outros não; motoristas habilidosos e alguns que são ruins.

Essa característica dos serviços pode ser melhorada, e as empresas o estão fazendo por meio de pelo menos três maneiras:

I. processos rigorosos de contratação e treinamento de pessoas;
II. criação de processos de execução de serviços padronizados em todos os setores da organização;
III. acompanhamento da satisfação do cliente por meio das reclamações, sugestões, pesquisas, *benchmarkings* (referência pelas melhores práticas) e instrumentos do *marketing* de relacionamento.

6.3.4. PERECIBILIDADE

Os serviços não podem ser estocados. Um paciente que não possa estar presente numa consulta torna o serviço perdido, da mesma maneira que um voo que decola com poltronas vazias jamais poderá recuperar aqueles assentos.

Os problemas financeiros acarretados pela perecibilidade agravam-se quando a demanda oscila, pois obriga a empresa a se estruturar para os *picos* da demanda. Isto é comum no transporte urbano em que as transportadoras têm seus equipamentos em número suficiente para atender os clientes na hora do *rush*, deixando-os ociosos nos outros períodos e assim deixando de fazer receitas. O mesmo acontece com equipamentos turísticos, restaurantes, hotéis nas baixas e altas temporadas.

E o que fazer? Você pode utilizar algumas estratégias de sucesso para atenuar as oscilações sazonais e aumentar suas receitas, testadas com sucesso ao longo do tempo.

6.3.4.1. EM RELAÇÃO À DEMANDA

- Preços diferenciados

Estratégia comum nas prestadoras de serviços, que apresentam promoções para os períodos em que a frequência ou utilização dos serviços diminuem. Cinemas com meia-entrada nas quartas-feiras, bufês com preços mais baratos durante os dias de semana ou horários específicos, tarifas mais baixas para horários fora do pico de uso dos serviços.

- Aproveitamento dos períodos de baixa demanda

Pacotes para fins de semana em hotéis e "pacotes turísticos" em locais onde não tenham muitas atrações turísticas.

- Serviços complementares

Serviços desenvolvidos para oferecer alternativas aos clientes em momentos de pico. Há restaurantes que disponibilizam um bar onde os fregueses tomam um aperitivo enquanto aguardam para serem atendidos. Os bancos contratam jovens para abordarem os clientes nas filas e conduzi-los para o atendimento devido, facilitarem o serviço ou adiantarem uma operação. Os caixas eletrônicos também são úteis nos momentos de pico nas agências.

- Sistema de reservas

Usados habitualmente por companhias aéreas, hotéis, consultórios e restaurantes.

6.3.4.2. EM RELAÇÃO À OFERTA

- Funcionários de meio período

Contratados para tender variações de demanda: professores, garçons, motorista, vendedores etc.

- Rotinas especiais

São rotinas desenvolvidas para os momentos em que há excesso de demanda. Funcionários são deslocados para desempenhar tarefas essenciais ou ajudar nas áreas específicas em que ocorre um gargalo pelo excesso de demanda. Por exemplo, paramédicos auxiliam os médicos em períodos de alta demanda e calamidades.

- Maior participação do cliente

É fundamental estimular o cliente a participar, no sentido de melhorar o fluxo dos serviços, por isso pacientes preenchem fichas nos consultórios, clientes embalam compras em supermercado e compradores de carro preenchem as próprias fichas. As companhias aéreas têm envolvido seus passageiros na limpeza das aeronaves, convidando-os a jogar o lixo nos sacos que são passados pelas aeromoças, para perderem menos tempo em solo e adiantarem os próximos embarques em seus voos.

6.4. CLASSIFICAÇÃO DOS SERVIÇOS

6.4.1. BASEADO EM EQUIPAMENTOS

Nesse tipo de serviço, há um uso intenso de equipamentos como: lavagem automática de veículos, máquinas de venda, lavanderias *self service* etc.

6.4.2. BASEADO EM PESSOAS

Aqui o que vale são as pessoas. Nesse tipo de serviço, as pessoas que o executam podem ser especialistas ou não, como o caso de um contador, piloto de avião, especialista em limpeza de casa, empacotamento num supermercado etc.

6.4.3. COM PRESENÇA DO CLIENTE

O serviço será prestado na presença do cliente ou mesmo nele, como os cortes de cabelo, uma cirurgia, um tratamento de pele.

Quando é necessária a presença do cliente, é primordial o cuidado com as instalações e o atendimento. Um restaurante que recebe as pessoas para as refeições deve se preocupar com o ambiente onde ocorrerá a alimentação: luz, decoração, música, temperatura, limpeza, qualidade do pessoal de atendimento, odor do ambiente que estimule o apetite ou que não interfira nas sensações olfativas.

6.4.4. SEM A PRESENÇA DO CLIENTE

Não é necessária a presença do cliente na execução do serviço. Por exemplo: conserto de um carro, de uma TV e análise de um balanço patrimonial.

6.4.5. SERVIÇOS EMPRESARIAIS

Aqueles serviços prestados a uma pessoa jurídica, como a manutenção de uma linha de montagem, serviços de contabilidade, consultoria e desenvolvimento de um *software* específico.

6.4.6. SERVIÇOS PESSOAIS

Prestado a pessoas físicas como orientação de investimentos, mentoria, psicoterapia, confecção de uma roupa sob medida e manicure.

As prestadoras de serviços desenvolvem programas de *marketing* adequados para os serviços pessoais e empresariais, como os planos de saúde, alguns pacotes de viagens, fundos de investimento específicos etc.

6.4.7. COM FINS LUCRATIVOS

As empresas prestam serviços visando a obtenção de resultados financeiros positivos, visando o lucro. Dizemos que essas empresas têm fins lucrativos.

6.4.8. SEM FINS LUCRATIVOS

Da mesma maneira que existem empresas com fins lucrativos, existem aquelas cujos fins são outros, como as ONG's, fundações, associações de classe etc.

6.4.9. SERVIÇOS PÚBLICOS

São os serviços prestados por entidades públicas, órgãos das três esferas do governo e que, via de regra, não são pagos por sua utilização, o que não quer dizer que não tenham custo, como as escolas públicas, postos de saúde e universidades públicas.

6.4.10. SERVIÇOS PRIVADOS

São prestados por empresas privadas, como barbeiros, médicos, lavanderias, oficinas mecânicas. Em relação às ofertas do *mix* (conjunto) de *marketing*, podemos classificá-las nas seguintes categorias:

* Bem tangível

Constituída essencialmente de bens tangíveis sem a prestação simultânea de nenhum serviço. Exemplo: açúcar, sabão, sal, pasta dental etc.

* Bem tangível e serviços

Acontece quando associamos a venda de um bem tangível a um serviço. O desenvolvimento tecnológico tem incrementado esta categoria. Ex.: veículos, computadores, telefone celular e *tablets*. Os fornecedores desses produtos oferecem, simultaneamente, prestação de assistência técnica, entrega e instalação.

* Híbrida

Oferta composta tanto de bens quanto de serviços. É o caso de restaurantes onde adquirimos a comida e o serviço de atendimento; postos de enfermagem, onde adquirimos uma vacina, a sua aplicação e fazemos um curativo, que consiste dos produtos mais os serviços de enfermagem.

* Serviço puro

A oferta consiste em uma prestação pura de serviço: babá, psicoterapia, consulta médica, massagem.

Considera-se também a categoria serviço principal associado a bens ou serviços secundários, como no caso dos transportes aéreos, ônibus, navios, raios-x, eletrocardiograma, tomografia computadorizada etc., onde o cliente recebe um serviço que utiliza o equipamento principal, normalmente de alto custo, e ao qual estão associados serviços e bens, como cafezinho e refeições no caso de viagens, filmes e substâncias contrastantes no caso dos exames.

6.5. *MARKETING* INTERATIVO

Em razão da complexidade do *marketing* de serviços, será necessário acrescentar aos procedimentos comuns de *marketing*, identificados como *externos* (direcionados ao cliente, ou mercado), outras ferramentas como o *marketing* interno, ou *endomarketing*. No *marketing* externo serão desenvolvidos os processos de determinação de preço, melhoria dos serviços, distribuição e promoção de um serviço aos clientes. Entendemos então ser o *marketing* interativo a junção dos instrumentos tradicionais do *marketing* que, por meio de uma equipe de funcionários altamente motivados, dará um atendimento especial ao cliente da empresa. Este é o famoso conceito do "*Marketing* Total", envolvendo todos os conceitos do *marketing* em todas as áreas da empresa (Figura 8).

Figura 13 – *Marketing* **total**

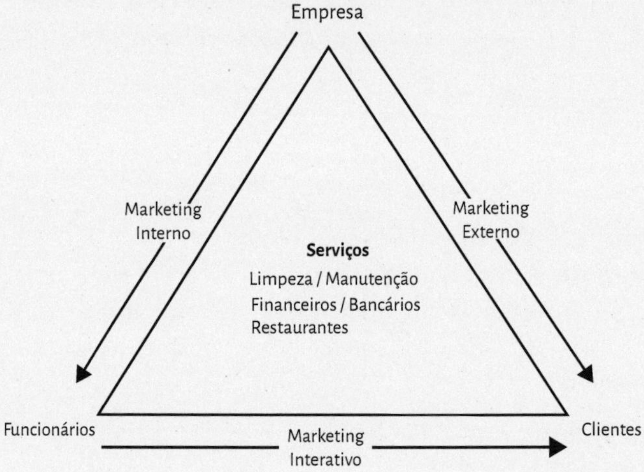

Fonte: adaptação do autor.

É muito importante, nesta etapa, você elaborar um entendimento dos pontos fortes e pontos fracos sobre os serviços prestados pela sua empresa ou você mesmo, comparativamente aos seus concorrentes. Faça uma lista de todos os seus serviços, converse com pelo menos 10 clientes inteligentes e peça para darem notas de 0 (mínima) a 5 (máxima) para cada um dos serviços. Logo após, peça para darem notas aos mesmos serviços, relativamente aos seus 2 ou 3 maiores concorrentes. Com essa análise fácil de fazer você saberá onde agir para melhorar o seu nível de prestação de serviços, o que precisa criar e o que pode reduzir ou mesmo encerrar pois representam pouco valor para os seus clientes. Tenha disciplina ao implementar as ações que definir. Suas receitas aumentarão significativamente e você poderá ainda economizar dinheiro, investindo no que realmente faz a diferença para o seu negócio.

7. ABORDAGENS COMPLEMENTARES DE *MARKETING*

Os assuntos abaixo trazem outras abordagens sobre o *marketing*, contribuindo para o crescimento consistente das suas receitas.

7.1. MODELO FUNCIONAL: OS 4 AS.

Conheça agora outro modelo, complementar aos demais vistos (4 Ps e 4 Cs), denominado os 4 As.

Figura 14 – Os quatro As

Fonte: Elaborado pelo autor.

A ordem lógica das funções apresentadas no modelo é no sentido inverso aos ponteiros de um relógio, iniciando com a *análise*. Pesquisando o mercado e buscando entender o negócio, a organização identifica seu produto, considerando todas as forças, competências e deficiências do mercado, entre diversos outros fatores.

O segundo passo é a adaptação do produto, adequando a oferta ao mercado que está sempre em transformação. Observar as diversas características (*design*, embalagem, cor, preço etc.) assim como a distribuição, assistência técnica, pós-venda, uso e qualquer outra característica que possa melhorar o produto.

Ativação é o próximo passo. Garantir que o mercado-alvo será impactado por ações de comunicação que instiguem a curiosidade e o desejo, nos locais físicos e digitais adequados, com frequência e forma corretas. Após ativar, é preciso fazer o produto ou serviço chegar aos clientes, com a distribuição e venda alinhadas à comunicação, capazes de suprir o interesse e a demanda gerada.

Lançado o produto, é o momento de iniciar a avaliação, que visa exercer controle sobre a comercialização, determinar indicadores, metas desafiadoras de resultados, análise constante de todo o processo e introdução dos aperfeiçoamentos que se fizerem necessários.

Este ciclo não termina, está sempre se recompondo, recebendo informações, tomando medidas e provocando alterações de melhorias. Assim como o mercado é mutável e complexo, a organização está em constante busca de melhoria e evolução contínuas.

7.2. *MARKETING* DE PARCERIA

Implica na utilização dos instrumentos de *marketing* em relação aos seus fornecedores. Origina-se de uma concepção mais abrangente em que o fornecedor é considerado um parceiro e deve ser tratado como tal. Esse tratamento, diferentemente do que acontecia no passado, quando o vendedor era maltratado e o fornecedor considerado um inimigo, foi substituído por uma visão mais inteligente do processo, numa relação de "ganha-ganha". O comprador deve preservar, ter uma relação de parceria com seu fornecedor e zelar para que ele consiga obter resultados positivos para melhor atender às suas necessidades e gerar prosperidade aos negócios.

7.3. *ENDOMARKETING*

Os fatores produto e gestão tradicional não estavam aproveitando todo o potencial gerado pela globalização. Fatores novos, como valores éticos, envolvimento emocional dos funcionários, direção estratégica e capacidade de agregar relações afetivas adquiriram peso maior no desenvolvimento das empresas, como complemento ao tradicional: qualidade industrial do produto, preço e percentual de participação no mercado (*market share*). Uma nova aplicação dos conceitos do *marketing*, o *endomarketing*, conseguiu libertar o potencial contido nas pessoas de uma empresa.

Endomarketing é definido como ações gerenciadas de *marketing* eticamente dirigidas ao público interno (funcionários) das organizações e empresas focadas no lucro, das organizações sem fins lucrativos, governamentais e das do terceiro setor, observando condutas de responsabilidade comunitária e ambiental.

Não se compreende uma empresa de sucesso em que os funcionários tenham um tratamento ruim ou fora dos parâmetros saudáveis para um relacionamento profissional e humano. Aliás, é praticamente consenso entre especialistas de gestão, empresários de sucesso, professores de escolas de negócios e consultores renomados o entendimento de que as pessoas formam o pilar do sucesso empresarial. "Primeiro quem, depois o restante". Tenha certeza de que a qualidade dos resultados do seu negócio é diretamente proporcional à qualidade dos seus funcionários e líderes. Pessoas medíocres, resultados e empresa medíocres. Pessoas excelentes, resultados e empresas excelentes.

O termo *endomarketing* abrange as atividades de *marketing* direcionadas aos funcionários da empresa. O "*marketing* total", como o próprio nome sugere, considera os funcionários como parceiros importantes e que precisam de um relacionamento profissional no mais alto nível de consideração e respeito.

7.4. DESCONSTRUÇÃO DE IMAGEM

Usamos o termo "desconstrução de imagem" quando se deseja inibir o consumo de produtos, por exemplo, prejudiciais à saúde. Isto vem acontecendo em relação ao tabaco e às gorduras, dentre outros produtos.

7.5. *MARKETING* TOTAL

É a constatação que o *Marketing* não deve ficar restrito a determinadas áreas da empresa, como comercialização e desenvolvimento de produtos e serviços. Todas as áreas, todas as atividades de uma organização devem estar impregnadas pelo espírito do *marketing* pois não existem limites para suas atividades. O *Marketing* Total perpassa todas as diretorias, áreas funcionais e estruturas, saindo da empresa para o fornecedor, comunidade e, logicamente, para o cliente.

Com o foco no cliente, o "espírito do mercado" é atraído para dentro e positivamente impregna a cultura organizacional, onde será assimilado e trabalhado, produzindo modificações e implementações que retornarão ao mercado e atenderão às suas expectativas.

7.6. VAREJO FORA DAS LOJAS

7.6.1. VENDA DIRETA

É o contato pessoal entre um vendedor e um consumidor fora da loja. Influenciaram no desenvolvimento da venda direta a mudança no papel da mulher, o sistema de vendas porta a porta, as apresentações de vendas em grupos por meio de reuniões entre prováveis vendedores e compradores, como utilizado pela Amway, Natura e Avon, por exemplo.

7.6.2. *TELEMARKETING*

É a venda por telefone, em que o vendedor inicia o contato e fecha a venda pelo aparelho.

7.6.3. VENDA POR MÁQUINA AUTOMÁTICA

Não existe nenhum contato pessoal entre comprador e vendedor. A máquina faz tudo, muito comum em aeroportos e hospitais de grande porte.

7.6.4. *MARKETING* DIRETO E DIGITAL

É a utilização da propaganda e proposta direta digital para entrar em contato com os consumidores que, por sua vez, compram produtos sem ir a uma loja física de varejo. Mídias mais comuns: rádio, TV, jornais, revistas, catálogos, mala-direta, Internet (redes sociais e *e-mail*). Shoptime e Polishop são duas empresas que cresceram usando este tipo de *marketing* com suporte da TV. A empresa brasileira B2W, que detém as marcas Americanas, Submarino e a própria Shoptime, aparece entre as maiores empresas de venda *on-line* do mundo, com faturamento acima de bilhões de dólares, mostrando o poder de crescimento das vendas pela Internet.

8. *MARKETING* DE RELACIONAMENTO

O *marketing* de massas era mais eficiente quando o consumidor tinha poucas opções de escolha, mas atualmente tudo evoluiu e é preciso aumentar a vida útil dos clientes, fazendo-os comprar mais e sempre. Estão mais maduros, exigem alternativas e inovações com uma velocidade muito grande. Ao entender e atender bem cada cliente ou grupos de clientes, ficam cativados pelo bom atendimento e ofertas específicas direcionadas a cada um. Além disso, a empresa terá informações relevantes sobre seus gostos, tornando-os dependentes (no bom sentido) deste conhecimento e ofertas direcionadas.

A indústria automobilística teria condições de montar um carro específico para cada um, se quisesse e fosse economicamente viável. As informações sobre os gostos e preferências dos clientes ficam armazenadas e o fornecedor a qualquer momento pode ser acionado para prover as peças e partes necessárias para se montar um veículo. Um restaurante pode elaborar os cardápios que seus clientes preferem, individualizados. Com equipamentos, tecnologias, base de dados na nuvem e diálogos, vai-se garimpando informações que aumentam a competitividade e prosperidade do cada negócio. Em média, o esforço financeiro para se conquistar um novo cliente chega a ser cinco vezes maior que o de reter um cliente atual, por isso vale a pena investir na fidelização e desenvolvimentos da base de clientes conquistada.

O *marketing* de relacionamento considera todos os esforços coerentes e integrados que a empresa faz para desenvolver relacionamentos profissionais com seus clientes, evoluindo de acordo com as necessidades e a evolução do próprio cliente, seja pessoa física ou pessoa jurídica.

As ações de relacionamentos podem contemplar, por exemplo, o desenvolvimento de uma base de dados sobre os clientes atuais para sempre mantê-los informados das novas ofertas e promoções da empresa, entrar em contato em datas especiais e aniversários, pesquisar informações sobre seus produtos prediletos e níveis de satisfação, manter a comunicação integrada, desenvolver bonificações para clientes que compram mais, fazer campanhas específicas, oferecer benefícios exclusivos, estimular contatos com a marca e outras experiências positivas.

8.1. *MARKETING* DE RELACIONAMENTO E O CRM (*CUSTOMER RELATIONSHIP MANAGEMENT*)

As vendas não dependem apenas da obtenção de novos clientes, mas da retenção e desenvolvimento dos clientes atuais. O *Customer Relationship Management* (CRM) é o conjunto de procedimentos para gerenciar o relacionamento da empresa com os clientes e garantir os propósitos do *marketing* de relacionamento. Falaremos mais à frente sobre o CRM.

Uma reclamação é uma preciosa fonte de informações gratuitas que deve ser tratada com atenção, pois pode apontar deslizes de procedimentos gerenciais e operacionais que precisam ser corrigidos. Reclamações repetidas sobre o mesmo tema já refletem certa incompetência gerencial, pois não foi realizada a correção nas causas dos problemas do procedimento, produto ou serviço.

É preciso surpreender o cliente que nos leva uma reclamação, mostrar interesse em atender e resolver, mas isso precisa ser transmitido de maneira forte e sincera, pois é muito alto o esforço financeiro para se conquistar um novo cliente e uma decisão inteligente manter os clientes lucrativos atuais.

Precisamos fidelizar os clientes que temos e receber todos os dados de quem reclama, para analisar detalhadamente e armazenar. Nosso produto deve incorporar estas sugestões, pois o cliente é o maior ativo da empresa! Fique preocupado se não ouvir reclamações porque pode significar distância por parte dos clientes, que simplesmente estão indo para o concorrente sem dizer nada.

Quem adota essa filosofia do relacionamento em sua gestão, sabe que o bem mais precioso da organização não é apenas o produto ou o serviço que oferece, mas também o cliente. Basta pensar um pouco nas seguintes questões: o que é mais caro, o cliente perdido ou o relacionamento? Quem é mais difícil, o novo cliente ou aquele que já comprou uma vez? O que é necessário para gerenciar clientes? Relacionamento é saber quem, como, onde, quando e porque compra seus produtos e serviços.

As premissas do relacionamento é o respeito e a confiança. Respeito ao contrato e normas estabelecidas de comum acordo e, fundamentalmente, respeito às características individuais de cada um dos envolvidos com a outra parte. Confiança no cumprimento das promessas feitas, entrega de valor coerente e contínua. Essa filosofia deve ir além da relação empresa-cliente, também abraçando as relações empresa-fornecedor e com outras empresas, considerando potenciais sinergias com concorrentes, como faz a Ambev.

Objetivamente, há dois tipos de clientes, no que diz respeito às reclamações: os que fazem suas reclamações diretamente à empresa e os que reclamam da empresa para os outros, incluindo os não clientes. Estes são os mais perigosos, pois podem minar a estrutura da organização sem que esta saiba o que deve ser corrigido.

Aquele que reclama diretamente com a empresa está, no fundo, atuando como uma espécie de "consultor de melhoria" e deve ser escutado com atenção. Ao entrar em contato com a empresa, demonstra que ainda acredita na instituição e quer dar mais uma chance para ouvido e atendido, mas principalmente ser ouvido. Provavelmente continuará como cliente, divulgando e consumindo seus produtos e serviços.

Dicas importantes:

- saiba realmente quem é o seu cliente;
- descubra o que ele quer, seus hábitos e preferências;
- fabrique o mais próximo de que ele quer e entregue no prazo acertado;
- produza com qualidade compatível à do concorrente, depois personalize.

As tecnologias atuais dos bancos de dados e "na nuvem" permitem que se armazene todas as informações que estejam ligadas aos clientes, de todos os clientes! Você pode atuar fortemente de acordo com o *marketing* de relacionamento e fazer a diferença os negócios.

8.2. USE A EVOLUÇÃO DO PRODUTO PARA EVOLUIR COM O CLIENTE

Produto é algo que pode ser oferecido a um mercado, para sua apreciação, aquisição, uso ou consumo, podendo satisfazer a um desejo ou uma necessidade. Além da concepção comum do produto no seu aspecto físico, como automóvel, ovos, livros, aparece também:

- Serviços: pacotes de satisfação que proporcionam utilidades objetivas e subjetivas, como corte de cabelo, concertos, férias.
- Pessoas: Chico Buarque, compramos seus discos, livros, shows, filmes.
- Lugar: Nova York, Bahamas, Ouro Preto, Londres, Paris, São Paulo.

- Organização: Cruz Vermelha, ONU, Médicos Sem Fronteira etc.
- Ideia: planejamento familiar, proteção à natureza, combate à corrupção.

Produto básico é o que o comprador está realmente comprando, aparentemente. O produto básico deve ser convertido em um produto real que pode ter cinco elementos: nível de qualidade, características, estilo, marca e embalagem.

O especialista de *marketing* trabalha com o conceito de produto ampliado, que são os serviços adicionais e benefícios que serão acrescentados ao produto tangível, como a garantia.

O produto potencial consiste no que é potencialmente viável e capaz de atrair e manter os clientes, considerando os benefícios que poderão ser agregados ao produto, sempre que possível. Características são o que o produto incorpora, benefícios são o que motivam o comprador, entendidos como algo positivo.

Vejamos um exemplo de produto ampliado: uma propaganda de rádio de um consórcio de veículos usava nitidamente o conceito de produto ampliado. O locutor chamava a atenção do ouvinte para que observasse a diferença entre um Volkswagen, que se ouvia perfeitamente acelerando ao fundo, e um outro Volkswagen também acelerando em segundo plano. O ouvinte não percebia qualquer diferença e então o locutor complementava: "É claro, o Volkswagen é o mesmo, a diferença está no consórcio!" Neste exemplo, vemos claramente o automóvel como o produto tangível sendo acrescido de algo mais, sendo "ampliado", o que levará a um acréscimo no seu valor.

Outro ótimo exemplo é o telefone celular, que chegou a um nível imenso de ampliação do produto original. Falar e ouvir já se perdeu entre tantos outros benefícios disponíveis no aparelho, que atualmente é uma plataforma multimídia, multitarefa, repleta de aplicativos e que interage com o mundo todo – *smartphone*.

Figura 15 – O produto ampliado permite acrescentar um diferencial ao produto

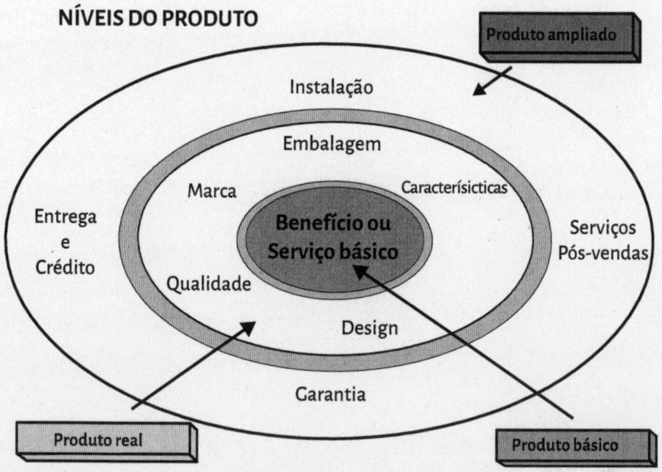

NÍVEIS DO PRODUTO

Produto ampliado

Instalação

Embalagem

Marca

Caracterísicticas

Entrega e Crédito

Benefício ou Serviço básico

Serviços Pós-vendas

Qualidade

Design

Garantia

Produto real

Produto básico

Fonte: Elaboração do autor.

Resumidamente, na Figura 10, podemos identificar uma evolução em cinco níveis de produto: benefício central, produto básico, produto esperado, produto ampliado e produto potencial. Segundo seu conceito, esses níveis mostram um crescimento do valor do produto à medida que sai de um produto básico e chega ao produto ampliado, visto na seção anterior.

O nível básico em que encontramos o produto na sua forma bruta, o núcleo do que compramos, denomina-se benefício central, como algo para protegermos os pés ao andarmos, por exemplo. No nível seguinte deve-se transformar o benefício central num produto básico, como sapatos, botas, tênis, entre outros. No terceiro nível, deve-se procurar conhecer o que o cliente espera do produto, ou seja, é o produto esperado. Se for adquirido um sapato e você atende a um público mais sofisticado, ele espera que tenha um *design* moderno, seja confortável, durável e outros atributos que seu segmento dê valor e deve ter sido motivo de análise pela empresa.

O quarto nível, o produto ampliado, é aquele onde a empresa deve mostrar que realmente faz a diferença. É o nível no qual os competidores se diferenciam e a competitividade ocorre. Nessa etapa se constrói o momento da verdade e a mesmice não tem espaço. Por este conceito devem-se exceder as expectativas do cliente. Conhecer seus desejos não é suficiente, deve-se ir além: procurar descobrir e entender os sonhos dos clientes, antecipá-los, transformá-los em experiências reais. Oferecer coisas e experiências que eles não imaginavam existir, com os quais não contavam. É difícil, mas é possível, lembre-se da Disney, da Apple, da Ferrari, da Nasa, do garçom do seu bairro que "lhe conhece como ninguém e faz tudo exatamente como você gosta...".

8.3. *MARKETING MIX*: AS 6 VARIÁVEIS CONTROLÁVEIS

No *marketing* de relacionamento, as variáveis controláveis a serem consideradas são as quatro tradicionais (produto, ponto, promoção, preço) mais pessoas e *pictorismo*. As pessoas são relevantes quando tratamos de relacionamento, e não poderia ser de outra maneira, pois são a essência das relações.

O *pictorismo* refere-se aos signos que podemos utilizar para atrair, conquistar e reter nossos clientes. A semiótica estuda a construção de significado pela comunicação, através dos símbolos.

8.4. ENTENDENDO OS 7 ESTÁGIOS DOS "CLIENTES"

Utilizamos os seguintes conceitos para os respectivos *status* do cliente:

- *Suspect*: aquele que faz parte do seu segmento-alvo, mas não foi ainda prospectado.
- *Prospects*: faz parte do seu segmento-alvo e já foi prospectado, isto é, de alguma maneira já foi informado sobre sua empresa/ produto, mas ainda não comprou.
- *Experimentador*: experimentou uma vez a sua oferta (produto ou serviço).
- *Repetidor*: experimentou e repetiu, comprou novamente seu produto ou serviço.
- *Customer*: seu cliente, já considera sua oferta como opção regular de compra.
- *Fidelizado*: dá preferência à sua oferta quando quer comprar, vc está sempre entre as primeiras opções.
- *Defender*: sua oferta é a primeira opção de compra em praticamente todas as vezes, sendo o cliente um defensor da sua marca, produtos e serviços.

Definidos os vários níveis dos clientes, é importante serem desenvolvidas ações diferentes para cada nível, sempre com a visão do relacionamento e fidelização.

8.5. CINCO PRINCÍPIOS DO *MARKETING* DE RELACIONAMENTO

- A qualidade do relacionamento empresarial é a chave do sucesso

Esse primeiro princípio define bem a importância do relacionamento, ligando-o à obtenção, ou não, do sucesso, de acordo com a qualidade do relacionamento. Relacionamento requer confiança, cumprimento das promessas feitas, é a base do presente e dos futuros comportamentos.

- *Marketing* de relacionamento real pressupõe contatos no presente e no futuro: dos *suspects* aos *defenders*

A aplicação do relacionamento será uma constante a partir do momento em que o *marketing* de relacionamento é adotado. Vamos nos referir ao *marketing* de relacionamento usando a sigla CRM (*Customer Relationship Management*), que trata do gerenciamento do relacionamento com o cliente, um pouco mais específico, porém mais adequado ao propósito.

- Atendimento especial, humanizado e constante nunca é investimento sem retorno

A experiência mostra que existe um crescimento dos negócios ao se adotar o CRM, em especial porque o ser humano se mostra cada vez mais carente e reconhece as empresas que se esforçam para melhor tratá-lo e servi-lo.

- A qualidade de relacionamento com os clientes deve superar conceitos hierárquicos, posicionais, sistemas internos e burocracias.

Ao adotar o CRM, o relacionamento passa a ser o centro do processo gerencial, evitando-se o hábito infeliz, comum em muitas empresas, de deixar o cliente como coadjuvante, quando deveria ser a estrela principal.

- É necessário fazer da "manutenção de relacionamentos" uma política profissional de cada colaborador

No CRM, todos terão uma coisa em comum, seja um engenheiro, administrador, gerente ou supervisor: o dever de "manter o relacionamento de confiança e alta satisfação dos clientes." Não poderia ser de outra maneira, pois os princípios do CRM são baseados nos relacionamentos profissionais, duradouros e prósperos.

8.6. CRM: GESTÃO DO RELACIONAMENTO COM O CLIENTE

Até 1990, o foco da maioria das empresas era direcionado unicamente para o produto. Observando que, enquanto os produtos eram copiados e superados pela tecnologia e os serviços substituídos, as necessidades dos clientes permaneciam ou aumentavam. Daí a razão em se complementar o foco do atendimento das necessidades, por meio da entrega de produtos e serviços, para o aprimoramento do relacionamento com o cliente. Tê-lo envolvido com a empresa é garantia de fornecimento de qualquer produto que lhe seja útil, no presente ou futuro, gerando uma receita recorrente e potencialmente maior. Desde então, o *marketing* de relacionamento vem desenvolvendo estudos e processos visando aprimorar este contato com cliente, tornando-o constante.

O CRM é a integração entre a estratégia, o *marketing* e a tecnologia da informação para prover a empresa de meios mais eficazes e integrados para entender, atender, reconhecer e cuidar dos diversos perfis de clientes, em tempo real. Transforma dados em informações e decisões relevantes, possibilitando que o cliente seja "conhecido" e cuidado por todos.

Para tantas atividades envolvendo o cliente, torna-se evidente que, além da tecnologia necessária para armazenar e gerenciar todos os dados necessários, os recursos humanos têm um papel de destaque. É algo inconcebível alguém, independentemente da posição que ocupe na empresa, estar mal preparado ou indisposto a proporcionar um atendimento digno ao cliente. Isso é o mínimo do bom relacionamento, devendo as empresas caminharem na direção de formar a cultura interna nessa direção. A meta mais adequada seria desenvolver um nível de atendimento envolvente e encantador, capaz de tornar a experiência inesquecível e fidelizar cada cliente. Seria incumbência também dos recursos humanos o treinamento necessário para a ótima utilização dos recursos tecnológicos já disponíveis, visando aperfeiçoar continuamente o atendimento.

Os processos utilizados na gestão do relacionamento e que fazem uso da tecnologia existente precisam ser difundidos em todos os níveis da organização. O CRM não é um órgão como o coração ou estômago, assemelha-se mais ao sangue que necessita irrigar todo o sistema para mantê-lo vivo! CRM deverá integrar-se à cultura da empresa e dela fazer parte prioritária, moldando mentes e decisões para a excelência na evolução e fidelização dos clientes. As receitas agradecem!

8.7. MUDANÇA NAS RELAÇÕES DE CONSUMO

Nos últimos anos, tem havido uma aceleração nas mudanças das expectativas e relações de consumo, em especial a partir do maior acesso à Internet iniciado em 1995. Fique atento aos impactos, oportunidades e ameaças ao seu negócio:

- Produtos cada vez mais parecidos

O *benchmarking* (concorrentes se monitoram para copiarem as melhores práticas uns dos outros) e as técnicas de engenharia reversa (empresas desmontam produtos para entenderem como são feitos e criarem melhores meios de produzi-los) têm tornado a vida de produtos inovadores cada vez mais curtas. Enquanto no passado, para cada tipo de produto, havia alguns poucos fabricantes, hoje milhares de empresas concorrem entre si com produtos cada vez mais parecidos, em todos os sentidos. Procurar uma diferença com valor diferenciado para determinado segmento de cliente tem sido uma tarefa cada vez mais difícil.

- Clientes mais exigentes e menos sensíveis ao preço

Vários fatores, entre eles o maior acesso a bens industrializados e relativo aumento do poder de compra da classe média mundial, têm tornado as pessoas melhor informadas e mais exigentes quanto às ofertas das empresas, deixando muitas vezes o preço em segundo plano. O preço conta na escolha, evidentemente, mas em muitos casos não é mais o fator preponderante da escolha final.

- Busca por valor agregado como diferencial

Num mundo de produtos semelhantes, há que se diferenciar e comunicar a diferenciação! E não pode ser uma diferença qualquer, mas algo que tenha valor para o segmento alvo.

- Reputação como ativo estratégico

A força da marca e a capacidade real de entregar as promessas de valor por meio de um modelo de negócios coerente e sustentável, precisa ser referência positiva tanto dentro como fora da empresa, construindo um elo psicológico poderoso com o mercado e todos que participam desse propósito.

- Globalização (Internet de tudo)

A Internet conseguiu acelerar o processo de globalização aproximando de uma maneira nunca vista fornecedores, consumidores e sociedade. O *e-business* vem proporcionando uma queda no custo das vendas, experiências complexas e interrelações entre vários tipos de setores, empresas, serviços, produtos e informações.

- A oferta maior que a procura

O maior poder de produção e a aceleração da concorrência têm aumentado a oferta em proporção maior que o aumento da demanda. A busca de mercados em crescimento, fugindo daqueles onde já se atingiu a saturação, tem sido a grande alternativa.

- Integração do mundo físico e mundo virtual

O mundo real é uma combinação do mundo físico e mundo virtual, onde a maiorias das pessoas buscam informações, fazem compras, comparam ofertas, relacionam-se, trocam ideias, elogiam, criticam, participam de debates, criam ou fecham empresas e influenciam decisões. O real nunca foi tão digital e material como nos dias atuais.

Novamente, é muito importante, neste ponto, você elaborar um entendimento sobre os seus pontos fortes e pontos fracos relacionados aos itens abordados. Reúna as pessoas que mais entendem do seu negócio, pelo menos 10 a 15 de dentro e de fora da empresa, apresente estes temas abordados e peça para que listem tudo o que está bom (pontos fortes que precisam ser mantidos) e tudo que está ruim ou nem existe (pontos fracos e pontos de melhoria imediata). Após decidir o que fazer, reúna os profissionais relacionados à implementação das decisões e crie "Ações de Melhoria" com definições claras do que precisa ser feito, como fazer, prazo de conclusão, responsável direto, equipes de apoio, indicadores de desempenho, metas e investimentos necessários. Dobrar as receitas é tarefa que exige muita inteligência, coragem para mudar e disciplina para executar!

9. *MARKETING* DIGITAL

Constantemente escuto as pessoas referirem-se ao mundo real como se apenas os aspectos materiais, as questões tangíveis fizessem parte da realidade das empresas, governos e outras instituições. Esquecem-se, ou perigosamente ignoram, que a cada dia mais e mais pessoas estão sendo educadas em plataformas digitais, possuem perfis nas redes sociais, compram e vendem *on-line*, publicam artigos e opiniões, buscam informações e parceiros, influenciam e são influenciados, exigem que as empresas abram espaços para que enviem suas críticas, elogios e sugestões pela Internet. O mundo, caro leitor, é tanto físico quanto virtual!

Desprezar o poder da *web*, essa poderosa rede que interliga tudo e todos, é desperdiçar oportunidades preciosas de negócios e relacionamentos.

A Internet também pode ser utilizada para assuntos e ferramentas de *marketing*, pesquisas rápidas, monitoramento dos concorrentes, formação de redes de contatos profissionais (*networking*), interação com clientes e outros públicos, acesso a fornecedores nacionais e internacionais, formação da percepção sobre a sua empresa e sobre você mesmo. Não usar esse potencial é nadar contra a maré, limitar o impacto e competitividade dos seus negócios, tornando-os mais ineficientes e ultrapassados.

Comece rastreando o que andam dizendo sobre sua empresa, escolha um *site* confiável de buscas como o Google e digite o nome da empresa. Separe todas as coisas boas e todas as coisas ruins que encontrou, identificando os respectivos *sites* e autores. É muito importante rastrear sempre a sua empresa porque muitos clientes e potenciais clientes procuram referências tanto sobre a organização quanto sobre as pessoas que a representam! Tudo precisa jogar a favor do negócio, fortalecendo a confiança de quem procura informações sobre ele.

O mundo não é o que é, o mundo é a impressão que as pessoas constroem sobre ele, sendo interpretado e ganhando significado na mente de cada um. A realidade é uma questão de percepção, por isso uma versão muitas vezes repetida pode se tornar para muitos a realidade dos fatos, mesmo não sendo. Quanto mais você agir conscientemente nessa "guerra de percepções", fortalecendo e mostrando tudo de positivo sobre a sua empresa, maiores serão suas chances de sucesso! Não se canse, divulgue sempre e repetidamente tudo de positivo que tiver. Se não for dito de novo, de novo e de novo, como as pessoas saberão aquilo que queremos que elas saibam? Quem não é visto nem ouvido, não é lembrado.

Sobre as referências negativas, contrate um especialista para não serem referenciadas pelos *sites* de buscas. Se estiverem em redes sociais, desenvolva ou contrate alguém para explicar e informar a posição da empresa, influenciando favoravelmente as percepções. Entenda que você nunca terá 100% de aprovação, isso não existe, tenha em mente que se tudo der certo, entre 10% e 15% sairá errado, logo uma boa avaliação por mais de 85% do público envolvido está excelente! Fundamental você compreender as causas dessas más notícias e impressões, agindo em cada causa relacionada ao negócio: processos, pessoas, lideranças, comunicação interna e externa, ações com clientes e mercados, ações de vendas e *marketing*, finanças, alianças, parcerias etc. Atuando nas causas você resolverá os efeitos geradores das más notícias. Repita esse ciclo de monitoramento da Internet e gestão da percepção pelo menos uma vez por mês.

Outro exercício interessante é simular ser um potencial cliente e procurar nos *sites* de buscas pelos produtos e serviços da sua empresa. Por exemplo, uma clínica de estética e beleza precisa aparecer no Google quando alguém procurar por produtos de beleza, cosméticos, cabelos bonitos, embelezamento, limpeza de pele, beleza facial, autoestima, beleza verdadeira, rejuvenescimento, etc. Foi exatamente isso que fizemos para aumentar a visibilidade e receitas de uma clínica de estética numa cidade no interior de São Paulo. A estrutura física interna e externa eram lindas, o atendimento excelente, os funcionários cordiais e bem treinados, tudo estava certo, mas as receitas não cresciam. A empresa havia chegado no limite de 40% da sua receita máxima projetada e não passava daquilo.

Após alguns dias de análises do potencial do mercado regional, conversas com clientes atuais, funcionários e novos clientes, a questão da falta de visibilidade ficou clara. Algumas pessoas viajavam mais de 150 quilômetros até São Paulo, pois não sabiam que bem perto havia uma clínica com tudo que precisavam. Fizemos várias ações para aumentar a divulgação e visibilidade da empresa, numa distância de até 100 quilómetros da cidade, com destaque para a reformulação do *site*, redes sociais especificas adequadas ao negócio e orientações para que fosse encontrada no Google quando alguém procurasse pelos produtos e serviços prestados nessa distância delimitada. Tudo foi desenvolvido por especialistas, em total sinergia com o perfil dos clientes e do mercado de atuação.

O *site* ficou com um *design* convidativo e agradável, cores leves e várias fotos profissionais de alta definição – serviu de referência para as redes sociais. Todos os produtos e serviços eram apresentados, bem como a história da empresa, localização e como chegar, depoimentos favoráveis de clientes e formadores de opinião, equipes de atendimento, programas de relacionamento para estimular a fidelidade dos clientes, diferenciais da clínica, espaço para sugestões e reclamações, prêmios recebidos e comunidades nas redes sociais. Com um ótimo *site*, redes sociais com muitos seguidores e referência em destaque no Google, dentre outras ações, em menos de 2 semanas as vendas voltaram a crescer!

Nas redes sociais foram lançadas, mensalmente, campanhas e promoções estimulando que as pessoas as replicassem para suas próprias redes e amigos. Criamos o "mês da limpeza de pele", o "mês dos cabelos lindos", o "mês das mãos de seda" e vários outros. Clientes que indicassem pelo menos 2 novos clientes ganhavam uma oferta especial surpresa. Desenvolvemos campanhas do tipo "leve 3 e pague 2", "indique um parente e ganhe um presente" e "oportunidade do *kit*: compre antecipadamente 5 vales limpeza de pele e ganhe mais 1 vale limpeza totalmente grátis". Semanalmente, o *site* e as redes sociais eram atualizados com belíssimas fotos dos produtos e clientes mostrando o "antes e depois", comprovando a eficácia dos tratamentos oferecidos. Alegria + satisfação + aumento da autoestima + expectativas superadas foram os sentimentos e percepções propositalmente provocados pelas abordagens e ações. O poder multiplicador e de visibilidade foi enorme!

Para nossa grande surpresa, pessoas de São Paulo começaram a aproveitar a estada na cidade para conhecerem a clínica. Após 2 anos, a empresa já contava com mais 2 unidades, tendo triplicado suas receitas em menos de 30 meses. Essa experiência ensinou que muitas vezes quase tudo está certo, falta apenas a visibilidade certa, no local certo, do jeito certo, para as pessoas certas e no tempo certo. O mundo é uma guerra de percepções, trabalhe duro e influencie fortemente para vencer cada batalha!

A seguir estão os principais conceitos relacionados ao *Marketing* Digital:

- *Inbound Marketing*: criação de conteúdos úteis e agradáveis para o seu público-alvo, atraindo tráfego para o *site* e *blog* da empresa. Ótima oportunidade de captar informações, converter ações e fechar vendas. Alternativa mais efetiva, quanto mais jovem o público e mais dinâmico o negócio, que a compra de espaços publicitários para anúncios ou envio de *e-mail marketing* sem permissão.

- Conteúdo: material criado para atrair seu público ou instruí-lo sobre algo interessante, instigando-o a saber mais sobre determinado assunto. Normalmente são apresentados na forma de *blogs*, mídias sociais, vídeos, *webinars* (conferências via *web*), *e-books* e outros.

- Design Responsivo: tudo que for disponibilizado na Internet pela empresa precisa ser facilmente carregado, visto e usado em qualquer plataforma tecnológica: *desktops, laptops, tablets* e *smartphones*.

- Teste A/B: serve para determinar qual das 2 opções (A ou B) de *layouts* de um *e-mail marketing*, posts impulsionados em mídias sociais ou *calls-to-actions* (chamadas para ação) teve melhor desempenho em campanhas, orientando assim a escolha das cores, estética, chamadas e fotos para a peça final.

- SEO (Search Engine Optimization): é a otimização de mecanismos e técnicas de busca para a sua e empresa aparecer nas primeiras posições, em destaque em sites como o Google.
- *Persona* (pessoa): conhecido também como *buyer* persona (comprador típico) é uma representação fictícia do consumidor típico de seus produtos ou serviços, com características comportamentais, demográficas, econômicas e psicológicas. O objetivo é especificar informações sobre esse tipo de público para o desenvolvimento de estratégias de *marketing* mais efetivas e criação de conteúdos mais interessantes e úteis.
- Palavras-chave: podem ser tanto frases quanto palavras isoladas. Por meio delas os mecanismos de busca identificam os conteúdos e assuntos contidos nas páginas da Internet. Essas páginas são indexadas em ordem de relevância, utilizando-se um algoritmo complexo como o do Google, por exemplo. Assim, quando escreve-se as palavras-chave "como dobrar os resultados" o buscador consegue perceber quais páginas poderão oferecer o melhor conteúdo para essa pesquisa específica.
- O *marketing* digital é fundamental, pois, além do retorno desse investimento ser muito significativo, pesquisas recentes apontam que menos de 10% das pessoas que nasceram entre 1980 e 2000 (Geração Y) acreditam em publicidade, preferindo abordagens mais relevantes, específicas e diretas. O mundo é cada vez mais digital.

10. COMPORTAMENTO DO CLIENTE

O comportamento do cliente envolve todas as atividades diretamente envolvidas em obter, consumir e dispor de produtos e serviços, incluindo os processos decisórios que antecedem e sucedem estas ações.

Por esse processo passam indivíduos ou grupos, quando selecionam, compram, usam ou dispõem de produtos, serviços, ideias ou experiências para satisfazerem necessidades e desejos. É um processo que antecede o ato de troca (ou compra) e continua depois da compra. Comprar e consumir geralmente reflete uma combinação de benefícios utilitários e hedonistas, relacionados ao prazer da experiência. É bom observar que uma categoria de pessoas influentes tem desenvolvido um consumo destinado a atender sua satisfação, com ênfase para o prazer em sua maior expressão. Ver sobre o hedonismo e Epicuro no anexo ao final deste livro.

10.1. VISÃO DA ECONOMIA, COMO COMPLEMENTO AO *MARKETING* E VENDAS

Tradicionalmente, no estudo da economia, dizemos que a demanda de um indivíduo por um bem ou serviço depende de quatro fatores.

10.1.1. PREÇO DO BEM

A demanda por um bem aumenta à medida que diminui o seu preço. Os indivíduos estão dispostos a comprar menos quando o preço aumenta e vice-versa. Isto foi mostrado no estudo da chamada "lei da oferta e procura".

10.1.2. PREÇO DOS BENS RELACIONADOS

Quando o produto tem algum outro bem que possa substituí-lo, este vai influenciar na decisão de compra. Se o substituto tem o preço menor, haverá uma tendência maior para sua aquisição. Daí a importância do desenvolvimento de *marcas* que tornem o produto diferenciado ou opções de marcas para produtos mais baratos.

10.1.3. GOSTO OU PREFERÊNCIA

É nesse item que o trabalho do *marketing* pode obter mais êxito ao desenvolver bens que atendam aos gostos e às preferências do segmento a ser atendido. O comportamento do consumidor deve ser conhecido e utilizado na formatação do *mix* de *marketing*!

10.1.4. RENDA DE UM INDIVÍDUO

Quanto maior a renda de um indivíduo, maior sua disposição para o consumo. No entanto, à medida que aumenta a renda, a proporção destinada ao consumo aumenta menos que a destinada à poupança pois estará cada vez mais satisfeito.

10.2. MODELO DE ESTÍMULO E RESPOSTA

Os estímulos ambientais e de *marketing* penetram no consciente do consumidor, influenciando profundamente o seu processo de decisão.

Um comprador com um certo conjunto de características é influenciado no seu processo de decisão a escolher determinado produto, no lugar de outro. Sabendo disto, cabe ao *marketing* entender o que acontece no consciente e inconsciente do consumidor, entre a chegada do estímulo e a decisão de compra.

10.3.O PROCESSO DE DECISÃO DE COMPRA

O processo de decisão de compra representa uma espécie de mapa da mente do consumidor que permite compreender como toma a decisão e porque escolhe determinado fornecedor ou produto. São seguidos por um indivíduo ou por um grupo de pessoas e se constituem de cinco passos conforme o quadro "Processo de Decisão de Compra" na figura a seguir.

Figura 16 – Mapa da mente e processo de decisão de compra

Forças Sociais
Cultura
Subcultura
Classe social
Grupos de referência
Família e unidade residencia

Forças psicológicas
Motivação
Percepção
Aprendizado
Personalidade
Atitude

Informação
Fontes Comerciais
Fontes Sociais

Processo de Decisão de Compra
Reconhecimento das necessidades
Identificação de alternativas
Avaliação das alternativas
Compra e decisões relacionadas
Comportamento pós-compra

Fatores situacionais
Quando os consumidores compram
Onde os consumidores compram
Por que os consumidores compram
Condições sob as quais os consumidores compram

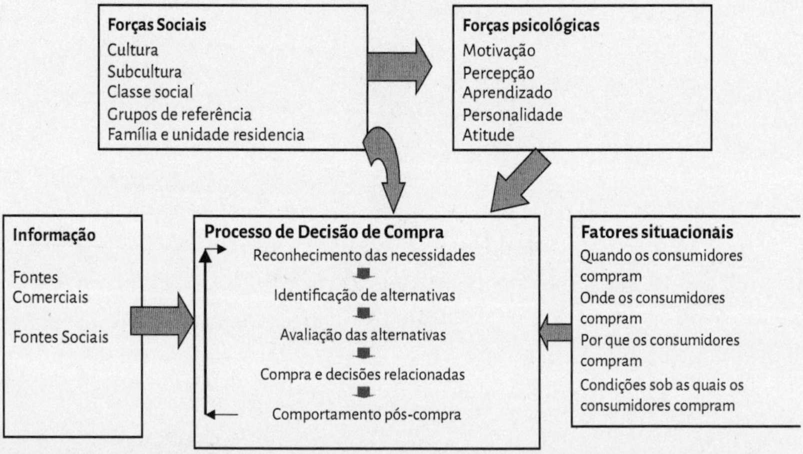

Fonte: Elaborado pelo autor.

Na realidade, são seis os passos do processo de decisão de compras, pois faltou incluir o último, o descarte.

Mais que curiosidade, existe certa obsessão por conhecer os caminhos pelos quais segue um consumidor ao comprar algo. O que se passa em sua cabeça, quais os princípios que segue. Próximo a Paris, mais precisamente em Saint-Quentin-en-Yvelines, construíram uma espécie de "laboratório" que tem por finalidade estudar como o consumidor se comporta numa loja ou supermercado. Através de uma parede falsa de vidro, onde não são vistos, uma equipe de profissionais composta por psicólogos e sociólogos observa cada passo e atitude do consumidor. Um equipamento chamado de *eye movement recorder* (gravador de movimento dos olhos), utilizando a refração de raios infravermelhos sobre a retina do consumidor, registra quais os artigos que mais o atraem e o tempo que seus olhos se detêm sobre o produto. Entre as conclusões, podemos citar que os eletrodomésticos, como têm embalagem maior, ficarão na entrada da loja onde o carrinho de compras ainda estará vazio. Ao circular entre as outras mercadorias já estariam na memória os preços maiores dos eletrodomésticos, o que, por comparação, transmitiria a sensação de que os outros preços são baixos. A partir dessas observações surgiram propostas de mudanças de *layouts*, cores, iluminação, largura de corredores etc. Estudos em supermercados observaram que os corredores mais largos têm maior afluência de mulheres enquanto os homens transitam mais pelos corredores estreitos. Veremos os passos do processo a seguir.

10.3.1. RECONHECIMENTO DA NECESSIDADE

O reconhecimento pelo cliente de uma necessidade é a diferença entre aquilo que quer para si e o que percebe de sua situação atual – mundo ideal *versus* mundo real.

A necessidade o conduz a uma ação em que sua intenção é aliviar a tensão provocada por reconhecer uma necessidade não satisfeita. Este reconhecimento cria um desconforto psicológico e a maneira de se resolver a situação de desconforto é eliminando sua causa. Todos os passos do processo de decisão de compra têm o objetivo de resolver esse incômodo: adquirindo o bem, concluindo que ele não atende ou verificando que não é possível adquiri-lo. A fome gera uma tensão e cria um desconforto que será sanado ao se alimentar. A fome surge internamente, mas há necessidades adormecidas e que surgem por *estímulos* externos. Esses estímulos são provocados por:

- propaganda;
- visão do produto;
- ao acabar um produto que se está usando (tinta de uma caneta, pilha de um equipamento, um sabonete etc.);
- insatisfação com o produto em uso.

Como há várias necessidades ao mesmo tempo, o simples fato de tomar conhecimento de uma necessidade não é suficiente. Há uma competição entre a noção da quantidade das necessidades e a definição de quais atender, instalando-se um *tradeoff* (situação em que há um conflito de escolhas) entre as necessidades não atendidas.

10.3.2. IDENTIFICAÇÃO DE ALTERNATIVAS

Reconhecida a necessidade, o cliente precisa identificar as várias formas de satisfazê-las, geralmente iniciando pelas alternativas dos produtos e marcas disponíveis. Ele faz isso a partir da lembrança de alguma experiência na satisfação da necessidade ou por uma pesquisa externa. Nessa fase, coleta informações basicamente de três fontes: fontes digitais (buscadores, redes sociais, *sites* e *blogs*), referências sociais (família e amigos) e fontes comerciais (vendedores, professores, consultores e especialistas).

A busca das alternativas é influenciada pelas experiências anteriores, assim como pela confiança nas informações coletadas e experiências vividas.

10.3.3. AVALIAÇÃO DAS ALTERNATIVAS

Coletadas as informações, avança-se para a fase de avaliação das diversas opções selecionadas, ou seja, o cliente mede a relação entre o custo e os benefícios das alternativas. Leva em conta um ou vários critérios para avaliar cada alternativa.

Por exemplo, se vai comprar uma refeição congelada pode avaliar, entre várias opções, o preço, sabor e facilidade de preparo. Pode avaliar somente pelo preço, tornando a decisão mais simples, como pode combinar os três fatores. Para complicar mais ainda, esses fatores não terão pesos iguais podendo ser a facilidade de preparo preponderante em relação ao sabor, ou ao contrário. Os "pesos" de cada critério são diferentes, dependendo do perfil de quem escolhe.

O *marketing* deve fazer regularmente pesquisas com os clientes para determinar quais critérios de escolha usam para escolher os produtos. Como esses critérios mudam conforme o perfil, renda, escolaridade, momento do país, dentre outras circunstâncias, e são cruciais para a determinação da compra, precisam ser monitorados para orientar as ações estratégicas e táticas de *marketing* e vendas.

10.3.4. COMPRA E DECISÕES RELACIONADAS

Adquirir ou não? Se optar por não adquirir, o processo termina aqui. Pode terminar em qualquer fase em que a necessidade deixar de existir, ou se concluir que não há alternativa satisfatória.

Se a opção foi pela compra, são desencadeadas outras decisões relacionadas:

- onde e quando efetuar a transação;
- como receber o bem;
- qual a forma de pagamento;
- quais contatos digitais e tradicionais utilizar.

Com base em observações nas decisões relacionadas identificou-se que, quando comprando, o cliente gosta mais de sentir-se confortável, estar entre pessoas similares, estar em ambientes que reflitam seus valores.

Identificaram-se também as seguintes preferências de compra:

- comodidade de localização;
- rapidez de atendimento;
- acesso rápido às mercadorias;
- aglomeração de gente parecidas;
- preços acessíveis e boas condições de pagamentos;
- variedade de produtos;
- muitos serviços oferecidos, inclusive de outras empresas parceiras;
- ótima aparência da loja;
- cordialidade e atenção do pessoal de atendimento e vendas;
- atenção dos funcionários em geral.

Pensando nisso, é comum as redes varejistas criarem lojas adequadas aos vários segmentos. O EXTRA criou, no início do século XXI, a rede CompreBem para as pessoas de menor nível de renda não se sentirem desconfortáveis. O Carrefour, uma das maiores redes de supermercados no Brasil, criou o Carrefour Express ou Carrefour Bairro, com um perfil mais próximo dos mercados de bairro, para atender as necessidades de consumidores de diferentes classes sociais.

10.4.COMPORTAMENTO PÓS-COMPRA

Ao encerrar a compra, o cliente agregou um conjunto de experiências e teve um aprendizado que será útil quando sentir uma necessidade que possa ser satisfeita com o mesmo produto. Daí a importância de deixar o cliente satisfeito para que fique gravada uma experiência agradável, que estará gravada em sua mente!

Em algumas situações, após a compra, há dúvida sobre o acerto da escolha. Esse processo é chamado de dissonância cognitiva **pós-compra**. É um estado de ansiedade causado pela dificuldade de escolher. Se não aliviada, o consumidor fica insatisfeito com o produto escolhido mesmo que atinja o desempenho esperado.

A causa dessa dissonância com a compra se dá em razão de uma insegurança do consumidor e o medo de errar na escolha, pois durante o processo surgem alternativas com características atraentes e não atraentes.

Na compra de uma TV, é possível identificar algumas características (alternativas):

1. Da TV escolhida:

- é a mais cara (*não atraente);*
- tem a melhor definição (*atraente).*

2. Da TV não escolhida:

- indicada por um amigo (*atraente);*
- garantia limitada (*não atraente).*

No pós-compra, as características não atraentes do produto adquirido crescem em importância enquanto as características atraentes do produto rejeitado também crescem. Este conflito faz o cliente duvidar da validade da sua escolha e disso vem a ansiedade.

A dissonância é maior quanto maior a importância da decisão de compra e quanto maior a semelhança entre o escolhido e o rejeitado. Uma casa ou um carro cria maior dissonância que uma rapadura, pois a importância e o valor monetário da escolha pesam muito na análise cognitiva.

Para reduzir a dissonância e justificar-se, o consumidor geralmente evita a propaganda do produto rejeitado, procura informações que apoiem sua decisão (confirmação de amigos).

Observações sobre a decisão de compra:

- o consumidor pode recuar em qualquer um dos estágios sempre que diminuir a necessidade ou faltar uma alternativa que o satisfaça;
- os estágios têm extensões diferentes e podem se sobrepor;
- o consumidor está envolvido com diversas situações de compra e os resultados afetam e são afetados entre si.

Um fator significativo no processo de decisão é o nível de envolvimento do consumidor, isto é, a quantidade de esforço despendida na satisfação da necessidade identificada. Geralmente o nível de envolvimento é maior quando:

- o consumidor não tem informações que o satisfaçam;
- considera o preço muito alto;
- o produto tem considerável importância social;
- há um grande potencial de benefícios no produto.

Lembre-se que o envolvimento deve ser encarado sob a perspectiva do consumidor e não do produto! Uma pessoa pode ter um alto envolvimento na aquisição de uma bicicleta enquanto que, para outro consumidor, o envolvimento pode ser mínimo.

As decisões de compra, em sua maioria, são caracterizadas como de baixo envolvimento pois as decisões são relativamente simples e os valores menores. Algumas das razões para o baixo envolvimento:

- produtos baratos e com outros substitutos de fácil acesso,
- o consumidor omite ou passa rapidamente pelo etapa de identificação de alternativas e avaliação de alternativas, respectivamente.

As compras em supermercados, lojinhas de bairro, banca de revistas são, por via de regra, de baixo envolvimento. As compras por impulso são de baixo envolvimento, pois não passaram por um planejamento, são atendidas por um apelo normalmente no ponto de venda. Os programas promocionais forçam este tipo de venda, assim como as embalagens atraentes. As embalagens são hoje um forte componente nas vendas, sendo chamadas de força de vendas silenciosa.

Uma pesquisa recente realizada pelo Serviço de Proteção ao Crédito (SPC Brasil) e pela Confederação Nacional de Dirigentes Lojistas (CNDL) dimensionou um fenômeno que considera típico da sociedade brasileira: mais de 30% das compras em supermercados são motivadas por impulso, e não por necessidade. Identificou também que a promoção é a principal responsável pelo consumo impulsivo: mais de 80% dos consumidores ouvidos admitiram que as promoções os levaram a fazer comprar sem pensar, e disseram ter a sensação de estar fazendo um bom negócio.

Papéis que podem ser representados pelos membros de uma mesma família:

- iniciador: quem reconhece a necessidade de compra;
- influenciador: fornece informações acerca de como satisfazer a necessidade;
- decisor: quem escolhe a alternativa para satisfazer a necessidade;
- comprador: quem efetivamente compra o produto ou serviço;
- avaliador: quem avalia a capacidade do produto em satisfazer a necessidade.

10.5. FATORES QUE INFLUENCIAM A DECISÃO DE COMPRA

O comportamento é formado pelo conjunto de reações pelas quais passa um indivíduo quando no seu ambiente de compra. Reflete sua personalidade, percepção, motivação, atitudes e o processo de aprendizagem no ato de analisar e decidir pela compra.

O comportamento do cliente tem recebido subsídios de várias disciplinas, entre elas a psicologia, sociologia, psicologia social, neurociência, antropologia e economia. Esses estudos têm ajudado o *marketing* no entendimento do comportamento dos indivíduos em relação à procura, explorando outros fatores que não apenas o preço de um produto isoladamente. Hoje sabemos a importância das influências do ambiente no comportamento de um indivíduo e nas suas motivações.

Há uma série de questões relevantes quanto à influência de determinados fatores no comportamento do cliente: cores, clima, grau de instrução, sexo, nível social, religião, atitudes de outras pessoas etc. Como o cliente reage aos diversos estímulos? Quanto mais se conhece esse comportamento mais fácil se torna desenhar produtos, determinar preços, desenvolver embalagens, escolher canais de distribuição, abordagens de propagandas, estratégias na Internet e redes sociais.

10.5.1. INFORMAÇÕES E DECISÕES DE COMPRA

São praticamente duas as fontes principais de informações que apoiam as decisões de compra: ambiente comercial/digital da informação e ambiente social da informação.

10.5.2. AMBIENTE COMERCIAL / DIGITAL

Indivíduos e organizações que tentam se comunicar com os clientes, como fabricantes, varejistas, *influencers*, publicitários, pessoal de vendas, atores famosos e demais. A propaganda direta ou camuflada é o tipo de informação comercial mais utilizada, impactando um adulto no Brasil com cerca de 1.000 mensagens por dia e nos Estados Unidos com mais de 3.000 mensagens por dia. As propagandas camufladas são conteúdos habilmente inseridos em games, filmes, novelas, documentários, *blogs*, *sites* e redes sociais, fazendo o cliente interagir ativamente com as marcas.

10.5.3. AMBIENTE SOCIAL

São os familiares, amigos, professores e pessoas de confiança que podem fornecer informações sobre os produtos e serviços. A informação social mais comum é o "boca a boca" (tradicional e digital). Outra maneira eficiente de buscar referência social é ver outra pessoa usando ou ser exposto a algum produto ou serviço na casa de alguém.

Há uma enorme concorrência pela atenção das pessoas, por isso um cliente comum está exposto a uma pesada carga de mensagens publicitárias diariamente. Isso mostra uma grande concorrência por um lugar na mente do indivíduo, que ao processar rapidamente esse enorme manancial de informações, precisa fazer uma seleção das forças sociais e experiências já vividas relacionadas aos temas apresentados.

Mudanças no valor líquido da renda igualmente alteram o comportamento de compra, pois modifica o "estado de espírito" do comprador. Nos grupos de alta renda o valor líquido é influenciado pela bolsa de valores, oscilações cambiais e taxa de juros, entre outros fatores. Conhecer e estimar as tendências de variações na renda e as implicações no "estado de espírito" do cliente leva as empresas a identificarem certos padrões de consumo e as expectativas de demanda futuras. Detectam-se também as transformações nos vários segmentos de mercado.

Importante considerar outros três fatores impactantes na decisão de compra do cliente: fatores culturais, sociais e psicológicos.

10.5.4. CULTURA

É um conjunto de símbolos e artefatos criados por uma sociedade e transmitidos através de gerações, podendo ser intangíveis ou tangíveis. Como símbolos intangíveis temos as atitudes, crenças, valores, comportamentos e linguagens, como tangíveis podemos identificar instrumentos, moradias, produtos e obras de arte, entre outros. São os determinantes e reguladores do comportamento humano.

Não estão incluídos os atos instintivos, apesar da maneira que as pessoas realizam atos biológicos instintivos ser influenciada pela cultura do indivíduo. Todos sentem fome, mas se satisfazem de maneira diferente de acordo com sua cultura. No Tibete, por exemplo, é comum beber o leite de camelos fêmeas.

Há alguns anos, a montadora alemã Volkswagen AG desenvolveu um programa denominado Moonraker, com o objetivo de compreender melhor a cultura americana e produzir carros mais adequados àquele consumidor. A Volkswagen concluiu que sabia pouco sobre este rico mercado e montou uma equipe para desenvolver este projeto, no início do século XXI, composta por 19 europeus e 4 americanos das áreas de engenharia, *marketing*, design e vendas. No início dos trabalhos, percorreram 24 Estados e visitaram vários pontos turísticos, experimentando todos os tipos de transportes, como metrô, carro alugado, voos durante a madrugada e dirigindo um carro diferente a cada semana. Observaram que o consumidor americano dá muita importância ao espaço interno e ao número de alto-falantes no carro. Enquanto os alemães valorizam a capacidade e potência do motor, os americanos consideram seu veículo como um segundo lar ou escritório. Acompanhando, por uma semana, uma mãe solteira em atividades, como deixar as crianças na escola e pegar roupas na lavanderia, concluíram que as mães americanas precisavam de um lugar para guardar lencinhos e os hambúrgueres do *drive thru*. As empresas estão, cada vez mais, fazendo este tipo de trabalho e mergulhando no mercado onde pretendem atuar para conhecer como são e procedem as pessoas em relação ao seu produto.

Na Europa, os franceses escandalizaram outros povos ao comerem *escargots* e rãs, enquanto a sopa de tartarugas tornou-se uma especialidade inglesa e o estômago de carneiro uma peculiaridade escocesa. No entanto, em toda a Europa existem *escargots*, rãs, tartarugas e estômagos de carneiros. Mais radicais são os habitantes da África, assim como alguns povos da América e Ásia, que têm o hábito de comer insetos.

São manifestações culturais que influenciam o comportamento das pessoas, outro exemplo são as religiões que se desenvolveram fora da Europa, como o judaísmo e o islamismo, que não fazem uso da carne de porco pois consideram-na impura. Os hindus não usam nenhuma carne animal.

O principal determinante do comportamento, o papel da cultura é preencher de sentido à vida e decisões das pessoas levando em conta o meio ao qual pertencem e, de alguma maneira, orientando-as na solução de problemas. Assim sendo a cultura, como a classe social e econômica, é um forte componente no processo de escolha de qualquer produto ou serviço. Toda a formação adquirida durante sua vida cultural, como a escala de valores, percepções, desejos, necessidades e comportamentos serão considerados no momento de escolher, por exemplo, um roteiro turístico.

Exatamente por isso os profissionais de *marketing* e vendas devem estar atentos às mudanças culturais, pois podem abrir espaço para novos produtos ou sinalizar os produtos que deixarão de atender ao mercado, em decorrência das mudanças provocadas pelos fatores culturais.

A diminuição das famílias levou os arquitetos a conceberem apartamentos menores e mais funcionais, prevendo espaço para o carro, objeto desejado pela sociedade contemporânea, mas que já está sendo revisto pela facilidade de deslocamento permitida pelos aplicativos digitais. A preocupação com a saúde e estética corporal tem diminuído o consumo de comidas gordurosas, levando a mudanças na produção de alimentos que procuram evitar esses componentes.

A busca por relaxamento e descanso, fugindo da agitação, poluição e violência, têm aumentado, no Brasil e no mundo, a busca por cruzeiros marítimos e pousadas no campo.

10.5.5. SUBCULTURA

A subcultura é complementa e identifica com mais força a cultura. São grupos como religião, grupos raciais, regiões geográficas com padrões de comportamento e características tais que os distinguem de outros da mesma cultura.

Pode ser definida como uma subdivisão da cultura geral com base em algumas características unificadoras, como *status* social ou nacionalidade, e cujos membros compartilham padrões semelhantes de comportamento que são distintos daqueles da cultura geral. Exemplo de algumas características usadas para identificar subculturas:

- nacionalidade (hispânica, portuguesa, italiana);
- raça (negros, orientais);
- região (nordestinos, sulistas);
- idade (adolescentes, terceira idade);
- religião (católica, umbandista, protestante);
- classe social (classe média, classe baixa);
- sexo (masculino, feminino).

Torna-se relevante para o *marketing* quando representa parcela significativa da população e pode ser usada para traçar padrões específicos de compra.

10.5.6. CLASSE SOCIAL

A classe social indica uma camada específica numa sociedade e seu *status* correspondente, influenciando muito o comportamento de compra das pessoas. É definida por um grupo de variáveis como: ocupação, renda, propriedades, local da moradia e grau de instrução. Apesar de não refletir a capacidade de gasto, a classe social geralmente reflete as preferências e os estilos de vida, que variam de baixa a alta passando por níveis intermediários (A, B, C, D e E), cada um com comportamentos típicos diferentes.

O modelo de um carro, o estilo de música, o tipo de bebida ou a maneira de se vestir sofrem influência da classe social à qual pertence (ou julga pertencer) determinado cliente. Vale ressaltar que, as pessoas podem mudar de classe social, evoluindo seu *status* ao longo da vida, por isso o monitoramento do mercado precisa ser constante, evoluindo conforme as tendências e padrões das classes sociais e orientado as empresas a desenvolverem programas específicos dependendo da classe que se deseja atingir.

No início dos anos 2000, o Grupo Pão de Açúcar criou uma rede de lojas, a CompreBem, dirigida especialmente aos clientes das classes C e D, com 160 lojas. Para isso, a empresa realizou mais de 40 pesquisas com o objetivo de estudar os hábitos de compra do seu público-alvo. O mais importante desses estudos aconteceu após 3 anos, em que executivos da empresa fizeram uma imersão na casa de alguns clientes e, por uma semana, conviveram com as famílias das classes C/D do café da manhã ao jantar. Dessa vivência, surgiu um diagnóstico que resultou em mudanças significativas na área de operações e comunicação dessa empresa.

Além da cultura e subcultura, as classes sociais são divisões relativamente homogêneas de uma sociedade e também influenciam o seu comportamento. São ordenadas hierarquicamente com valores, interesses e comportamentos similares. Assim, pessoas da mesma classe social têm comportamentos mais semelhantes que pessoas de outras classes e se consideram com *status* parecido. Essa hierarquia deve ser considerada pelo *marketing* e vendas, pois certas classes resistem em adquirir determinados produtos, sendo necessário utilizar estimulações ativas por meio de incentivos e ações de mercado.

10.5.7. GRUPOS DE REFERÊNCIA

São grupos que desenvolvem padrões de comportamento que irão se tornar referência para seus membros, representados pela família e pelo círculo de amigos, compartilhando valores bem parecidos. Há grupos aos quais não se pode pertencer, apesar de desejado, como uma sociedade de honra numa universidade, um clube ou time de esportistas profissionais. No entanto, não se deixa de sofrer por sua potencial influência.

Os grupos de referência exercem influência direta (face a face) ou indireta sobre atitudes ou comportamento das pessoas. A influência direta (grupos de afinidade) manifesta-se com mais intensidade na família, vizinhos, colegas de trabalho, grupos religiosos, profissionais e associações de classe.

Os grupos de referência têm forte influência na escolha de automóveis e TV, um pouco menos sobre marcas de móveis e roupas e uma relativa influência em cervejas e cigarros. Os líderes de opinião desses grupos são considerados pessoas estratégicas para o *marketing* e influência poderosa para vendas de inúmeros produtos e serviços: seguros, telefones celulares, games, perfumes, TVs por assinatura etc.

Importante considerar que, além da influência externa, fatores pessoais como idade, estágio no ciclo de vida da família, ocupação profissional, situação econômica, estilo de vida, personalidade e o próprio conceito de si mesmo, indiscutivelmente terão influência na aquisição e consumo de produtos e serviços.

O grau de influência de um grupo de referência sobre o comportamento depende da natureza do indivíduo, do produto a ser consumido e de outros fatores sociais específicos, com destaque para a informação que o indivíduo tem sobre o produto. Lembre-se que estamos usando o conceito amplo de produto, podendo sempre incluir um serviço!

Quanto maior o conhecimento sobre o produto, menor a influência do grupo de referência. O grupo de referência com maior poder de persuasão é a família e os influenciadores das redes sociais, por serem os principais núcleos influenciadores do consumo.

É mais provável sermos influenciados pela informação boca a boca dos grupos de referência, que por anúncios e vendedores! Especialmente quando vem da pessoa que confiamos e parece conhecer bem o produto. Publicitários utilizam personalidades conhecidas como anunciantes por serem referência para um conjunto amplo de pessoas.

10.5.8. FAMÍLIA E UNIDADE RESIDENCIAL

Durante a vida, normalmente pertencemos a duas ou mais famílias: a que nascemos, aquela formada a partir do casamento e as outras vindas de um ou mais casamentos dos pais. Os principais valores e atitudes são determinados pela família em que nascemos e fomos criados, mas é a família que construímos pelo casamento que mais influencia a determinação das compras. Por exemplo, o tamanho da família é crucial na escolha de um carro e do tipo das férias de verão.

Uma unidade residencial é formada por uma única pessoa, uma família ou um grupo que more junto, como uma república de estudantes. Nos dias atuais, há cada vez mais pessoas morando juntas fora do núcleo familiar de origem.

Os solteiros (ou aqueles que moram sozinhos) consideram a refeição uma hora solitária e costumam combiná-la com outras atividades, como ler ou trabalhar. Daí surgirem os alimentos de preparo instantâneo e embalagens para refeições individuais. Outra questão: qual será o tamanho ideal de uma geladeira para a residência de uma só pessoa? Qual será a atitude de quem mora sozinho em relação ao produto que faz propaganda em que mostra uma família com filhos usando seu produto?

Nas famílias, quem faz as compras? Quem influencia a decisão de compra? Quem toma a decisão de compra? E, finalmente, quem usa o produto? Lembre-se que o entendimento profundo e respostas a essas perguntas serão fundamentais paras as suas estratégias de *marketing* e vendas, base para dobrar ou mesmo triplicar as suas receitas.

11. FORÇAS PSICOLÓGICAS

É importante conhecermos o comportamento de compra e registros milenares em nossa memória, ao longo dos mais de 150 mil anos da evolução humana. Não precisamos conseguir alimento como nossos ancestrais pré-históricos, no entanto sentimos a necessidade ancestral da busca que vai se refletir em nossa atividade lúdica e na forma de nos abastecer. Nos supermercados, estamos num local onde iremos "caçar" nosso alimento entre prateleiras e milhares de produtos, escolhendo aquilo que melhor atenderá às nossas pretensões. Como na floresta, onde nossos antepassados buscavam seus alimentos e agasalhos, os supermercados também mudam seus "arranjos", o que torna a nossa busca mais desafiadora.

Todo comportamento de compra se inicia com uma necessidade e a tensão por ela gerada. Entre os fatores que influenciam o processo de decisão de compra, vamos considerar os psicológicos como motivação, percepção, aprendizado, personalidade, crenças e atitudes.

11.1. MOTIVAÇÃO

Por que, afinal, uma pessoa age? Porque ela experimenta uma necessidade ou desejo! A motivação caracteriza-se por uma forte energia despendida numa ação através da qual desejamos ou procuramos obter algo. Várias teorias procuram explicar as motivações que orientam o comportamento humano.

Entre as várias teorias que buscam explicar as motivações e como elas orientam o comportamento, destaca-se a behaviorista, a cognitivista, a psicanalítica, a de Herzberg e a humanista. Farei um resumo de cada uma delas, para você compreender e identificar quais são as melhores para a sua realidade e negócios.

11.1.1. BEHAVIORISTA (COMPORTAMENTAL)

Estudo da psicologia sob o enfoque de procedimentos objetivos que levou John B. Watson, no início do século XX, a formular a teoria psicológica do estímulo-resposta: todas as formas de comportamento podem ser analisadas como cadeias de respostas simples que podem ser observadas e medidas.

A motivação é baseada no conceito de impulso. O comportamento é uma função do impulso e do hábito, provocando uma reação um tanto instintiva.

11.1.2. COGNITIVISTA

Cognitivismo é a teoria e convicção segundo a qual a capacidade de conhecer o real, o espiritual, o imaginário, o indivíduo, e a sociedade está aberta ao homem (individual ou social) indefinida e ilimitadamente.

Por essa teoria, a motivação depende do modo como a pessoa percebe os fatores de influência, mas nem sempre o que percebe corresponde à realidade. Este conceito é aplicado especialmente nas estratégias de posicionamento mercadológico.

11.1.3. PSICANALÍTICA

Fundada pelo neurologista austríaco Sigmund Freud (1856-1939), afirma que o comportamento humano é determinado por motivos inconscientes e também por impulsos instintivos. Tem grande influência no *marketing* por considerar a dimensão simbólica, além da funcional, do consumo. Ao adquirir um produto, haveria outros componentes a serem considerados além de sua utilidade, como sua forma, cor, nome, marca etc. O motivo real para que uma pessoa compre um produto pode não ser evidente, nem para a própria pessoa. O *marketing*, por meio da teoria psicanalítica, percebeu que precisaria apelar também para os sonhos, esperanças e medos dos consumidores. Sim, o medo da perda exerce uma força poderosa sobre a mente humana!

11.1.4. TEORIA DE HERZBERG

Frederick Herzberg desenvolveu uma teoria que tem muita aplicação no *marketing* de serviços. Criou o conceito da satisfação e insatisfação em relação aos produtos, que chamou de "insatisfatores" e "satisfatores" para os fatores que dão insatisfação e satisfação, respectivamente.

A ausência puramente de um fator de insatisfação não quer dizer que alguém irá adquirir um produto, mas provavelmente não deve adquiri-lo. Somente os "satisfatores" vão estimular o consumo. Assim ficam explicadas as vantagens diferenciais competitivas, agregando valor ao produto. O *marketing* de serviços procura desenvolver ações que extrapolem as expectativas dos clientes. Encantá-los e surpreendê-los é a meta!

11.1.5. TEORIA HUMANISTA

O homem transcende à sua fisiologia, o que provoca as reações mecânicas e cognitivas a estímulos. Mais que isto, é motivado pelas necessidades internas e externas por meio de manifestações fisiológicas e psicológicas.

Entre os partidários dessa teoria destaca-se Abraham Maslow, que desenvolveu o que veio a ser conhecido como a Hierarquia das Necessidades, como na figura a seguir.

Figura 17 – Hierarquia das Necessidades de Maslow

Fonte: Elaborado pelo autor.

A teoria de Maslow se respalda em três hipóteses:
1. temos diferentes necessidades que podem ser hierarquizadas segundo sua importância;
2. procuramos satisfazer a necessidade que nos pareça mais importante;
3. uma vez satisfeita a necessidade mais importante, procuramos satisfazer a necessidade seguinte.

Podemos observar que as necessidades vão crescendo na medida que vamos atendendo às necessidades dos níveis mais baixos. A maioria das necessidades, em um nível específico, deve estar satisfeita antes que a pessoa seja motivada a passar para o nível superior. O *marketing* caracteriza-se por explorar as necessidades dos níveis mais altos.

11.1.6. PERCEPÇÃO

As pessoas agem e reagem com base na realidade percebida, onde determinados fatos podem ter conotações diferentes para um mesmo conjunto de pessoas, pois o mundo real é percebido por elas de maneiras distintas.

Percepção é o processo de reconhecer, organizar e dar significado às informações ou estímulos interpretados pelos cinco sentidos. É assim que compreendemos o mundo no qual vivemos. A percepção desempenha um papel importante no estágio da "identificação das alternativas" do processo de decisão de compra.

Tracy Chevalier em seu livro *A moça com brinco de pérola* descreve uma cena na qual Jan Vermeer (1632-1675), pintor holandês que se destacou pelos seus retratos de cenas de interior cheias de serenidade, ao procurar uma criada para trabalhar em sua casa, observou que ela preparava uma salada conservando certa composição entre as verduras, mantendo-as separadas por cores. Como pintor, o fato chamou sua atenção e foi surpreendido pela resposta da jovem, que nem sabia ler: "As cores brigam entre si." Sua percepção sobre as cores era extremamente apurada. Essa jovem serviu de modelo para a pintura "Moça com brinco de pérola", mostrada a seguir.

Gerenciar a percepção faz parte dos cuidados com a marca, pois ela tem uma personalidade própria que é identificada com sentimentos e comportamentos bons ou ruins. Estudos recentes identificaram os atributos mais admirados pelos brasileiros quanto às marcas: credibilidade, diversão e audácia, nesta ordem. A percepção dos brasileiros em relação a algumas marcas é marcante e peculiar.

Num estudo americano, as pessoas de mais idade associavam lembranças agradáveis ao aroma natural de cavalos, flores silvestres e feno. Já os mais jovens tinham lembranças agradáveis de locais de espetáculo e, por incrível que pareça, dos combustíveis dos aviões.

É fato comum a odorização de certos ambientes comerciais para tornar o ato da compra mais agradável. O mesmo acontece com os aspectos visuais, sonoros etc. E qual a razão para percebermos um mesmo fato, ou produto, de maneiras diferentes? Geralmente, as percepções variam de acordo com três processos, como veremos a seguir.

11.1.7. ATENÇÃO SELETIVA

Processo que permite a seleção dos estímulos aos quais as pessoas estão expostas. Os clientes são submetidos a um enorme volume de estímulos diariamente e desenvolvem processos para selecionar, baseados num conjunto de fatores e critérios, aquilo que lhes possa interessar. Se não tivessem esses filtros, seriam "intoxicados" pelo excesso de informações.

11.1.8. DISTORÇÃO SELETIVA

As pessoas usam uma estrutura de referência para comparar os estímulos recebidos com o seu pré-julgamento. Quando há uma distorção, a informação poderá ser "deformada" para se adaptar às crenças estabelecidas em suas estruturas de referência.

11.1.9. RETENÇÃO SELETIVA

Aquilo que as pessoas retêm de todas as informações que recebem, geralmente o que está de acordo com suas crenças e valores. O cliente julga um produto com base em sinais intrínsecos e extrínsecos ao produto, tomados em conjunto ou separados. Os aspectos intrínsecos referem-se às características físicas como embalagem, peso, *design* e cor, enquanto os sinais extrínsecos dizem respeito a preço, imagem da marca, local de origem, *design* etc.

Mesmo as mensagens recebidas sem distorções pelo cliente estão sujeitas à retenção seletiva. É por essa razão que as propagandas são repetidas inúmeras vezes, para que causem a gravação da mensagem desejada pelo anunciante na memória das pessoas.

11.2. APROFUNDAMENTO SOBRE AS TEORIAS BEHAVIORISTAS (COMPORTAMENTAL)

De acordo com a teoria de estímulo-resposta, explicada anteriormente, o aprendizado se dá quando:

- a pessoa responde a alguns estímulos com determinado comportamento;
- a pessoa é recompensada por uma resposta correta ou penalizada quando a resposta é incorreta.

Quando a mesma resposta correta é repetida como reação ao mesmo estímulo, dizemos que está ocorrendo o aprendizado, por meio de quatro mecanismos, que veremos a seguir.

11.2.1. APRENDIZADO COGNITIVO

O conhecimento é obtido a partir da comunicação escrita ou oral. Antes de efetuar uma compra a pessoa lê, faz perguntas, examina as condições do produto e pesquisa na Internet buscando informações para a decisão.

11.2.2. CONDICIONAMENTO CLÁSSICO

Ocorre por meio de associações a imagens, sentimentos, situações e emoções. Por exemplo, a operadora TIM, por vários anos, procurou associar a sua marca ao sentimento de *liberdade* – "viver sem fronteiras"; uma viagem de navio geralmente procura associar sua experiência à tranquilidade e segurança, o cigarro Marlboro há bastante tempo procurou associar a sua marca à virilidade do caubói americano.

11.2.3. CONDICIONAMENTO INSTRUMENTAL

Reação do cliente quando detecta uma compensação, usa mais porque recebe algo por isso. Tem sido usado no caso da milhagem, pacotes de benefícios nos serviços bancários ou abastecimento de combustível por acreditar na qualidade do combustível ali vendido, por exemplo.

11.2.4. MOLDAGEM

O aprendizado se dá por meio da observação de outras pessoas, fazendo algo relacionado ao que o cliente quer ou deveria estar fazendo.

Uma produtora de queijos, a Campo Verde Alimentos, para promover seu novo produto nos supermercados paulistas, realizou uma minuciosa estratégia de *marketing*, com material impresso próprio para pontos de venda (PDV), degustações e até a colocação do produto em gôndolas pouco usuais. "Embalagens com queijo já preparado para saladas, por exemplo, podem ser encontradas entre as verduras, para incentivar o consumo", afirmou a empresa na época da campanha.

Ela estava atenda ao fato de o brasileiro ainda consumir pouco queijo, cerca de 5 quilos ao ano por habitante, em comparação aos 11 quilos consumidos pelos argentinos, ou aos 26 quilos dos franceses. Enfatizou que uma das formas de aumentar o consumo seria criando e estimulando "novos hábitos".

11.2.5. CRENÇAS E ATITUDES

Crença é a convicção que se tem sobre algo: remédio bom é amargoso, sabonete tem que espumar para limpar, para desinfetar um ferimento deve-se usar algo que arda. Estes são exemplos de crenças sem necessariamente respaldo pela verdade.

Uma estratégia de *marketing* deve levar em conta as crenças relacionadas com o negócio e considerar que as crenças mudam. É possível também mudar as crenças, mas não é recomendável usar a mudança de uma crença como estratégia, pois demanda muito tempo e pode causar reações imprevistas. Fundamental, nesse ponto, entendermos a *atitude* como uma predisposição aprendida para responder a um objeto ou classe de objetos de modo coerentemente favorável ou desfavorável.

É a inclinação, favorável ou desfavorável, de uma pessoa em relação a um produto, marca, empresa etc. Isto decorre de uma predisposição em relação a determinado objeto, consequência de uma experiência ou informação que condicionam o comportamento de um indivíduo.

A atitude é um estado mental de prontidão, organizado através da experiência, que exerce uma influência direta sobre a resposta do indivíduo a todos os objetos e situações com os quais se relaciona.

Observe a importância desse conceito para o estudo do *marketing* e vendas quando afirma que constantemente estaremos "ligados" (estado mental de prontidão) nas situações em que precisamos decidir, baseados nas informações acumuladas ao longo do tempo. O momento da compra utilizará toda nossa experiência e conhecimento no sentido da escolha do produto. Aqueles que melhor souberem "trabalhar" os ingredientes que irão contribuir para a formatação da atitude do cliente obterão os melhores resultados. Objetivo fundamental do *marketing* é provocar motivação, paixão e atitude proativa para a aquisição do produto que se quer vender.

As atitudes podem prever acontecimentos. Se um cliente é ligado ao meio ambiente ele será favorável, terá uma atitude positiva em relação a um produto que não seja agressivo à natureza. Por isso, é comum aos profissionais de *marketing* a identificação das atitudes do público-alvo antes de lançar um produto. Ao tentar determinar as atitudes é preciso definir claramente o alcance do objeto analisado, pois uma pessoa pode ser favorável a exercícios físicos, mas ser avesso à natação.

As atitudes são estáveis e generalizáveis, prevalecem no tempo e quanto mais tempo perduram, mais fortes se tornam. Quando temos uma atitude favorável a uma cidade, temos a tendência de gostar das pessoas e produtos daquela cidade. O mesmo ocorre em relação à marca: se há uma ideia favorável em relação à Nestlé, é comum uma atitude favorável quanto aos produtos e experiências relacionadas a essa marca.

11.3. FATORES SITUACIONAIS

Os fatores situacionais são forças temporárias que influenciam o comportamento de compra e que estão associadas a esse ambiente. Essas forças são menos significativas quando há uma ligação do cliente com uma determinada marca ou quando há um forte envolvimento na compra.

11.3.1. INFLUÊNCIA DA ESTAÇÃO, SEMANA, DIA OU HORA

O café da manhã demanda certos produtos, como suco de laranja, café, leite, bolos, cereais, biscoitos e pães. Uma mensagem publicitária para produtos relativos à Páscoa deve atingir o consumidor no momento em que ele está mentalmente favorável a comprar aquele tipo de produto. Da mesma maneira, os brinquedos no Dia das Crianças, flores no Dia das Mães, campanhas de Natal no início de outubro e assim por diante.

Os cinemas dão descontos nos dias da semana em que a frequência é menor, o mesmo ocorrendo com os cupons em supermercados.

11.3.2. OCORRÊNCIAS PASSADAS

Os empresários devem saber também de quanto em quanto tempo as pessoas saem para jantar num restaurante mais sofisticado, para planejar seu atendimento. As ocorrências passadas serão úteis nessas previsões, pois fundamentam comportamentos futuros, em situações de normalidade. Cuidado com o comportamento passado, caso esteja enfrentando crises ou turbulências econômicas.

11.3.3. PRESSÃO DO TEMPO SOBRE AS PESSOAS

A falta de tempo das pessoas aumentou o número de *fast foods* e de outros serviços rápidos, como troca de óleo, alinhamento, reparo de roupas e calçados etc. A economia de tempo é um fator presente em muitas ações de *marketing*, pois funciona!

11.3.4. ONDE OS CONSUMIDORES COMPRAM: O AMBIENTE FÍSICO E SOCIAL

O ambiente físico refere-se às características do ambiente que podem ser percebidas pelos sentidos, como iluminação, aromas, temperaturas, sons e conforto. Há vários estudos envolvendo esses itens, relacionando-os ao comportamento de compra. A indústria automobilística mantém uma equipe de químicos especialistas em odor para garantir o agradável e cobiçado cheiro de carro novo. Aquela fragrância deve ser mantida sob condições saudáveis, além de agradáveis, evitando odores que possam causar alergia ou alguma conotação não esperada.

Uma experiência americana envolvendo compradores em supermercados constatou que ao se mudar o tipo da música ambiente, de mais rápida para mais lenta, obteve-se um aumento nas vendas de mais de 30%. No entanto, os compradores relataram que prestavam pouca atenção à música.

11.3.5. CONDIÇÕES EM QUE O CLIENTE COMPRA: ALTERAÇÃO DO HUMOR

Um estado temporário pode afetar o processo de compra de um indivíduo. Se a pessoa está com pressa ou indisposta, sua paciência para entrar numa fila ou esperar uma resposta torna-se crítica. Sentimentos como raiva ou animação podem levar o indivíduo a efetuar compras que não ocorreriam normalmente.

Em longo prazo, há influências situacionais que podem influenciar bastante no ato de compra. No primeiro ano do Plano Real, em 1994, houve mudanças expressivas nas vendas, pois a inflação contida causou uma modificação no conjunto de produtos vendidos e pessoas que não tinham acesso ao iogurte provocaram um aumento de quase 80% na demanda desse produto. Já o processo de baixo crescimento econômico associado à recessão, em 2015 e 2016, provocou uma queda na demanda interna de mais de 10%. As empresas, ao analisarem as ameaças e oportunidades em seus planejamentos estratégicos, podem atuar no sentido de aproveitar ou amenizar possíveis alterações na demanda dos seus produtos e serviços. Ao entender e praticar as recomendações desse livro, você será capaz de influenciar poderosamente as suas receitas, provocando as altas das vendas e defendendo-as das baixas.

12. MAIS ESTÍMULOS, PARA DOBRAR SUAS RECEITAS

12.1. SIGNIFICADO DAS CORES

Vários setores reúnem periodicamente seus associados para discutirem e planejarem as cores de novos produtos, geralmente no primeiro semestre, quando são escolhidas as cores dos produtos para o segundo semestre. O grupo é formado por especialistas em cores da indústria automobilística, fabricantes de produtos têxteis, tintas, móveis, eletrodomésticos e outros setores. A partir das preferências dos clientes, estudam as tendências em relação ao uso das cores, pois reconhecem que elas transmitem um importante significado. Na tabela abaixo, apresentamos uma tabela relacionando as cores e seus impactos nas pessoas.

Tabela 1 – O significado das cores

Cor	Impactos no consumidor
Vermelho primário	Intensifica a agitação, medo ou raiva
Rosa vivo	Calmante
Vermelho com base em amarelo	Instintivamente preferida por homens
Vermelho com base em azul	Instintivamente preferida por mulheres
Verde floresta	Indicador de alto status
Amarelo	Aumenta a ansiedade e o descontrole emocional
Azul céu	Tranquilizante natural
Azul pálido	Estimula a fantasia

Fonte: Elaborado pelo autor.

Na formatação e gerência de produtos e marcas, leva-se em conta o comportamento do consumidor definido como alvo pelo *marketing*. Seus gostos e preferências são levados em consideração nas tomadas de decisões de todo nível, em relação aos produtos e serviços. Lembre-se que as pessoas agem porque experimentam uma necessidade ou desejo.

No início deste livro, citamos que um dos objetivos do *marketing* é tornar a venda supérflua, quase uma consequência de uma série de estímulos e contextos. Se conhecermos bem o cliente, sabermos como se comporta em relação ao produto que queremos que adquira, a venda será uma consequência relativamente natural. Lembre-se sempre: quanto maior o seu conhecimento sobre o que leva seus clientes a comprarem, melhor "encaixará" seus produtos em suas preferências. Todo esforço financeiro e de tempo, nesse sentido, é poderoso investimento!

12.2. O *MARKETING* E O ODOR

A Biomist, empresa que produz fragrâncias para aromatizar lojas, bancos e fábricas, tem como negócio o que se convencionou chamar de *marketing* olfativo. Como referência internacional, a Kopenhagen seguiu firme ao aplicar este conceito desde o início do século XXI. Se fosse um desenho animado a cena seria mais ou menos assim: a personagem passa em frente à loja e uma "nuvenzinha" com cheiro de chocolate invade o seu nariz, quase hipnotizando-o, ela então entra no estabelecimento e sai com uma sacola cheia de guloseimas. O curioso nessa história é que, com exceção da "nuvenzinha", a cena acima é real e vem se repetindo com frequência nas lojas da Kopenhagen, provocando aumentos significativos nas suas vendas. Esse bom desempenho é fruto, entre outras iniciativas, da aposta da empresa numa ferramenta que está cada vez mais se disseminando no mercado. Trata-se do *marketing* olfativo, uma estratégia que visa dar identidade à marca e conquistar a fidelidade do cliente pelo cheiro. O aroma que provocou tanto sucesso não vem dos excelentes chocolates, mas foram desenvolvidos sob medida pela empresa Biomist, que tem entre seus clientes empresas do porte do Santander, Bayard, Toyota, Levi´s e LG.

Nesse contexto, uma palavra ganhou força para identificar a tecnologia que separa os componentes voláteis existentes nos produtos: pervaporação. Várias empresas atualmente utilizam esta técnica, em especial a EMBRAPA, que se destacou pela sua utilização na cadeia produtiva do café e identificando mais de 800 compostos voláteis. Uma aplicação prática foi a recuperação de boa parte do aroma do café, que se volatilizava facilmente, resolvendo o problema com milhões de sacas equivalentes em café solúvel exportadas anualmente pelo Brasil, com a reposição do aroma volatilizado. Como projetos complementares, processo similar estava sendo utilizado na obtenção de aromas de laranja, limão e outras frutas.

13. SEGMENTAÇÃO DE MERCADO

Você precisa responder uma pergunta fundamental ao seu negócio: tratar seus clientes como um conjunto homogêneo, sem desejos diferentes ou agrupá-los em conjuntos de clientes com fortes semelhanças quanto aos desejos e motivações de compra? Atuar de forma homogênea ou de forma segmentada? Utilizar o *marketing* de massa ou *marketing* direcionado por segmentos?

Esse dilema incomoda empresas de todos os setores e não seria diferente com você. Quanta atenção e dinheiro devem ser investidos em novos setores que atualmente são menos lucrativos que os convencionais? Quantos darão certo?

As vantagens que a Pepsi já conseguiu obter sobre a também gigante Coca-Cola, em parte foi causada por falhas desta em não distinguir conjuntos de clientes com necessidades distintas das que até então atendia. A Coca-Cola não enxergou poderosos segmentos que surgiram e aos quais não tinham aderido: bebidas energéticas, chás, sucos naturais e água mineral. Depois precisou correr atrás do prejuízo e hoje tem uma vasta gama de bebidas refrescantes e de diversos tipos.

13.1. *MARKETING* DE MASSA

O mercado é tratado de maneira homogênea, entende que não há diferença entre os consumidores e faz o mesmo para todos.

13.2. *MARKETING* DE SEGMENTOS

Uma vez que os clientes geralmente têm comportamentos parecidos quando pertencem a certos agrupamentos, é positivo desenvolver produtos específicos para cada segmento a fim de atender aos gostos diferentes de cada segmento, pois será aumentada a precisão com que o produto preencherá os desejos e expectativas.

Estudo recente da consultoria Booz Allen Hamilton, divulgado pela revista *Exame* com 37 companhias de diferentes setores no Brasil, revelou a importância da segmentação. A receita obtida no conjunto formado pelas empresas com os modelos mais eficientes de segmentação apresentou um crescimento três vezes superior ao do grupo das que não souberam segmentar seus mercados. Ao se comparar os grupos, a lucratividade das melhores foi cinco vezes maior!

Apesar de se falar tanto sobre a importância da segmentação, a sua utilização ainda é precária e poucas empresas sabem segmentar. As empresas não conseguem encontrar o equilíbrio entre o que é bom para o cliente e o que é bom para elas. Entre os erros mais comuns está o de levantar um monte de informações sobre os clientes e depois não saber como agrupá-las ou o que fazer com elas, criar produtos e serviços novos para os quais não há estrutura adequada para ofertar, equipes despreparadas para analisar apropriadamente os dados e uma cultura organizacional pouco centrada no mercado.

O processo de segmentação consiste na divisão de um mercado mais amplo em partes que melhor atendam aos objetivos de aumentar as vendas da empresa. Isso permite focar a atuação em conjuntos de clientes mais conhecidos e para os quais haverá um uma combinação de produtos, serviços e experiências mais adequadas, sob medida. A segmentação é a base para a definição dos objetivos e metas, elaboração dos orçamentos e o planejamento do *marketing*. Após a segmentação, é possível gerenciar a marca e estabelecer uma comunicação objetiva e relevante com os clientes-alvo.

Consiste em entender o todo e fatiar o mercado em mercados menores, considerando os clientes atuais e os clientes em perspectiva (potenciais), agrupando os membros com características semelhantes. E por que isto? Para desenvolver, produzir, melhorar e comunicar sobre produtos, serviços, promoções e experiências adequadas a cada segmento.

13.3.CARACTERÍSTICAS DA SEGMENTAÇÃO

Antes de explicarmos alguns tipos de segmentação, reforçamos que se deve levar em consideração as seguintes características:

- *Mensurabilidade*: o segmento pode ser quantificado?
- *Acessibilidade*: o segmento pode ser atingido por meio de propaganda ou ação específica, equipe de vendas, transporte ou armazenagem?
- *Substancialidade*: o segmento tem um tamanho suficiente para merecer atenção da empresa?
- *Lucratividade*: há volume de lucros potenciais suficientes para fazer com que valha a pena abordar o segmento?
- *Compatibilidade* com a concorrência: o segmento é muito ou pouco disputado pela concorrência?
- *Eficácia*: a empresa tem a capacidade de atender de forma adequada esse segmento?
- *Defensibilidade*: nesse segmento é possível se defender de ataques dos concorrentes?

O segmento deve também ser identificável, isto é, o cliente deve ser reconhecido por meio de fatores predeterminados, como as companhias aéreas fazem.

Tipos de segmentação

- *Geográfica*: bairro, cidade, estado, país.
- *Demográfica*: idade, sexo, domicílio, família, ciclo de vida.
- *Socioeconômica*: classe de renda, instrução, ocupação, *status*".
- *Padrões de consumo*: frequência e local de compra.
- *Benefícios procurados*: satisfação de prazeres, prestígio social, elevação da autoestima e vaidade.
- *Atributos psicográficos*: Traços da personalidade, aspectos psicológicos.

Os psicólogos medem os atributos psicográficos a partir de características como confiante ou tímido, gregário ou solitário, neurótico ou equilibrado, tenso ou relaxado, ousado ou conservador. Em termos práticos, a segmentação poderia ser por classe social (classe operária, média, alta), estilo de vida (metódico, impulsivo, intelectual), personalidade (compulsivo, sociável, ambicioso) e relacionamento interpessoal (individualista, extrovertido, gregário).

13.4. OS ERROS MAIS COMUNS NA SEGMENTAÇÃO

Os sete erros mais comuns cometidos pelas empresas nos programas de segmentação são:

1. faltam pesquisas e tecnologias para identificar os diferentes tipos de clientes e o que consideram nos processos de decisão relacionados às ofertas da empresa;
2. a empresa tem informações sobre os clientes, mas não sabe o que fazer com elas;
3. a análise dos clientes é limitada a aspectos sociodemográficos, como idade e renda;
4. a empresa não sabe quanto os clientes pagariam a mais por um serviço sob medida;
5. a relação entre o investimento e o retorno financeiro de cada grupo de clientes não é levantada;
6. os funcionários não são treinados para lidar com segmentos diferentes de clientes, tratando todos da mesma forma;
7. A alta gestão não se envolve e a estratégia de segmentação naufraga.

13.5. OS BENEFÍCIOS DA SEGMENTAÇÃO

A segmentação propicia vários benefícios para organizações de todo os portes e setores, destacando-se:

- permite a combinação de mercados-alvo com as competências e habilidades da organização;
- favorece que empresas menores criem nichos de mercado defensáveis e onde seja mais difícil a entrada das grandes;
- facilita a identificação de lacunas de valor no mercado, ou seja, benefícios valorizados pelos clientes, mas que não estão sendo atendidos ou estão sendo parcialmente atendidos pelas empresas;
- apoia a identificação, nos mercados maduros, de segmentos específicos que ainda permitem certo crescimento. Concentrar-se nesses segmentos, em mercados estagnados ou em declínio, permite resultados financeiros representativos nos estágios finais do ciclo de vida de produto e serviços;

- traz maior facilidade para a equipe de *marketing* adequar o produto, os serviços, a comunicação tradicional e digital para melhor atender às necessidades de cada segmento;
- aperfeiçoa a medição, acompanhamento e calibragem dos resultados e investimentos, selecionando os indicadores de desempenho e metas específicas para cada segmento de clientes, de acordo com a estratégia da empresa.

Após todos os benefícios expostos, fica fácil compreender por que uma empresa que não utiliza a segmentação, optando por uma abordagem de massa num mercado onde a concorrência trabalha de forma segmentada, leva grande desvantagem e certamente venderá muito aquém da sua capacidade.

13.5.1. NICHOS

São pequenos segmentos dentro de segmentos maiores, requerendo ofertas ainda mais específicas. As características principais são: conhecimento profundo e detalhado dos clientes, menor quantidade de clientes, menos concorrentes, competitividade pela alta diferenciação, maiores margens de lucros.

A rede de televisão CNN International atende pequenos nichos de mercado formado por pessoas especiais, com alta renda e que fazem muitas viagens internacionais. Seu cliente deve falar inglês, sua grade de programação é direcionada para o profissional global que precisa estar a par do que acontece no mundo. Como está presente em vários países, o somatório de pequenos conjuntos de clientes nesses países torna altamente lucrativa a rede CNN que, por sua vez, consegue atingir um grande contingente de altos executivos, empresários e grandes decisores internacionais.

Quando uma empresa quer divulgar sua rede internacional de hotéis, seu jatinho executivo, um raro relógio de ouro, um BMW ou uma limousine Mercedes-Benz, sabe que anunciando na CNN International seu produto chegará ao segmento que lhe interessa. Dobrar as receitas exige perspicácia e inteligência para dar "o tiro certo", investir onde está o seu público-alvo com a mensagem certa, da forma certa e com o impacto certo!

14. DIFERENCIAÇÃO

Concentre-se nos principais motivos de compra do seu cliente!

Na realidade, não existe essa coisa chamada *mesma mercadoria*. Todos os produtos e serviços podem e devem ser diferentes, melhor dizendo, percebidos como diferentes. É fundamental, como parte desse processo, você comunicar adequadamente todos os diferenciais que compõem a riqueza da sua oferta, formando a percepção sobre o que quer destacar.

Após a definição do público-alvo foco da sua comunicação e oferta de valor, é o momento de pesquisar e identificar algo com um impacto especial para o público-alvo escolhido. Aquilo que tornará a sua oferta diferente, chamativa, desejável, atrativa, pois essa diferenciação, sem trocadilho, faz a diferença! Produtos iguais perdem-se nas prateleiras, a concorrência está cada vez mais acirrada e é necessário sair atrás de alguma característica para diferenciar seus produtos e serviços. Seja na embalagem, na cor, no atendimento, no uso, na comunicação, na campanha digital, nas redes sociais, encontre uma diferença e se projete como tal: "destaco-me nisso e você deveria me escolher por causa *disso!*". Mas não se esqueça que é preciso ser algo que tenha valor para o seu mercado. Alguma característica que seu cliente de verdade perceba que tem valor, emocional, subjetivo, intangível ou tangível.

Tenho observado, em mais de 20 anos de experiência profissional e muitos estudos, que a maioria das empresas não destacam devidamente a diferenciação e isso é uma falha grave! A diferença em seu produto, e tudo mais que o envolve, é o que servirá de ideia central para você posicioná-lo na mente dos seus clientes, atuais ou potenciais. Para que isto aconteça é necessário que fique bem claro, para toda a empresa e mercado, *qual diferença* está sendo trabalhada, aquilo que foi selecionado para destacar o seu produto ou serviço do da concorrência. Isso começa dentro da empresa, antes de ser comunicado ao mercado, porque a consistência do posicionamento, construído com instrumentos de comunicação e atitudes internas, será proporcional à força com que a diferenciação escolhida ficar marcada também nas pessoas da própria organização.

A seguir as principais estratégias para a diferenciação.

14.1. ESTRATÉGIA DE EVOLUÇÃO PARA ATENDER NICHOS DE MERCADO

A Leica, fabricante alemã de câmeras fotográficas que criou no início do século passado o primeiro modelo de câmera fotográfica compacta, produziu durante várias décadas para os puristas da fotografia. Amadores viciados em fotografia consideram um desafio não utilizar câmeras automáticas e inovações como focalização automática ou digitais não fazem parte dos equipamentos Leica. Para tornar possível o atendimento ao nicho dos perfeccionistas da fotografia, a empresa investiu em ganhos de produtividade em sua fábrica em Solms e reduziu significativamente o tempo necessário para a produção de suas famosas câmeras. Os fotógrafos profissionais respondem por apenas 10% das vendas, a maioria das câmeras são compradas por ambiciosos amadores que encaram a fotografia como *hobby* número um, de acordo com a própria empresa. Sua insistência em manter o formato analógico foi perdendo espaço para os concorrentes que apostavam em tecnologia digital. Em 2004, seu prejuízo foi de US$ 20 milhões. Para escapar da falência a empresa fez uma reestruturação financeira e lançou, em 2006, uma máquina completamente digital, dando prosseguimento a essa linha. Para várias gerações de profissionais em todo o mundo, a Leica é referência de qualidade fotográfica.

14.2. ESTRATÉGIA DE SERVIÇOS DIFERENCIADOS PARA O CLIENTE

Muito usada no caso do mito dos "indiferenciáveis", os *commodities* e bens básicos, como café *in natura*, soja em grãos, minério de ferro etc., apesar de terem o produto núcleo igual, podem ser diferenciados por meio de serviços como crédito, embalagem, atendimento, prazo de entrega, prazo de pagamento, tempo de resposta ao cliente e outros. As diferenças na prestação do serviço tornam o produto diferenciável!

14.3. ESTRATÉGIA DE COMUNICAÇÃO DIRECIONADA

Identifique os motivos principais de compra do segmento de mercado que lhe interessa e fale diretamente para ele. Mesmo que o seu produto básico seja o mesmo, é importante saber como chegar aos vários segmentos. Como falar para os jovens bebedores de Coca-Cola? E as senhoras? Cada segmento tem suas preferências em relação à mídia tradicional e digital. Uns gostam de jornais, outros de revistas, outros de TV, outros da Internet e assim por diante. Fale repetidas vezes a coisa certa, no local certo, da forma certa e para o público certo!

14.4. ESTRATÉGIA DE PREÇO BAIXO

É a maneira mais perigosa de diferenciação, tome cuidado. Só deve ser usada quando há uma grande vantagem competitiva em relação aos seus custos e uma enorme economia de escala, comparativamente aos seus concorrentes. Importante ressaltar que é a estratégia mais fácil de ser copiada: basta o concorrente oferecer um preço menor que o seu. Pelo menos aparentemente, pois para manter um custo competitivo há um mundo de considerações e procedimentos que deverão ser seguidos. Simplesmente abaixar o preço, mantendo a estrutura de custos e despesas da empresa inalterados, é causa comum da quebra de muitas empresas.

Só faz sentido uma empresa baixar seus preços partindo para uma guerra se tiver certeza de que possui um custo imbatível. Invista num moderno e completo sistema de Tecnologia da Informação (TI) de custos e despesas, num eficiente departamento de compras, no relacionamento de alto nível com os fornecedores, máquinas e equipamentos mais econômicos.

14.5. "MANTRAS" SOBRE DIFERENCIAÇÃO

Algumas frases e conceitos sobre a diferenciação, para você sempre repetir na empresa e formar e formar a "cultura da diferenciação":

- "A diferenciação tem que ser percebida pelo cliente, e garantida pela empresa."
- "Não existe essa coisa de *commodity*. Todos os bens e serviços são diferenciáveis".
- "Distinga-se ou extinga-se"
- "Construa diferenças significativas, em vez de melhor a mesmice"

14.6. COMO DIFERENCIAR-SE

A seguir um *check list* para ser usado na busca de uma diferenciação para seu produto ou serviço.

- *Produto:* características, desempenho, conformidade, durabilidade, confiabilidade, estilo e *design*.

- *Serviços:* entrega, instalação, treinamento dos clientes e fornecedores, confiabilidade, consultoria, reparos e desenvolvimento em conjunto com os clientes.
- *Pessoal:* competência, cortesia, sorriso sincero, boa-vontade, credibilidade, comunicação clara e dinâmica, confiabilidade, cordialidade, e responsabilidade.
- *Imagem:* símbolos, mídia impressa, eletrônica e digital, redes sociais, atmosfera envolvendo a empresa, eventos e encontros.

No entanto, nem toda diferença poderá fazer o sucesso esperado, de modo que alguns critérios precisam ser seguidos no processo da diferenciação.

14.7. CRITÉRIOS PARA A DIFERENCIAÇÃO

- *Importância*: uma diferença a ser considerada deve criar um benefício extremamente valorizado para uma grande fatia dos clientes no segmento-alvo trabalhado
- *Comunicabilidade*: a diferença deve ser amplamente comunicada aos clientes e entendida por eles.
- *Superioridade*: o cliente deve perceber que a diferença é superior ao que está habituado, não conseguindo obter o benefício de uma maneira melhor nos concorrentes.
- *Exclusividade*: a diferença não pode ser facilmente copiada ou ser desempenhada de melhor maneira pelos concorrentes.
- *Acessibilidade*: os clientes devem ter condições de pagar adicionalmente pelo benefício incremental.
- *Lucratividade*: a diferença deve proporcionar à empresa o aumento nos negócios e nos lucros.

A indústria mineira Vilma Alimentos é uma empresa que tem primado por um *marketing* agressivo e desenvolvimento de produtos, monitorando seus segmentos e atendendo suas demandas. Foi pioneira no lançamento de produtos como doces de banana e de goiaba, doce de leite e doce de leite com chocolate. Praticou preços mais barato que os praticados pelos concorrentes e disponibilizou também produtos em pó. A comunicação mercadológica da empresa sempre enfatizou que "não havia produto similar no mercado!". Além do preço e da facilidade de preparo dos produtos, os pacotes para doces facilitavam o armazenamento nos pontos de venda.

15. PLANO DE *MARKETING*

O Plano de *Marketing* constitui-se numa sequência lógica de atividades que levam à definição de objetivos de *marketing* e à formulação de planos para alcançá-los.

É um documento formal que relaciona os objetivos de *marketing* a serem alcançados e as respectivas ações que garantirão sua concretização, bem como os prazos e os recursos a serem despendidos.

O Plano de *Marketing* engloba tanto os aspectos estratégicos quanto táticos da organização. O Plano Estratégico cuida dos objetivos gerais e prioridades do *marketing*: análise da situação e das oportunidades dos mercados atuais. O Plano Tático trata das abordagens específicas de *marketing*, incluindo comunicação digital e tradicional, publicidade, comercialização, especificações técnicas dos produtos e serviços, preços, distribuição e canais de serviços.

Enquanto a estratégia define o que deve ser prioritariamente feito, a tática define como isso dever ser feito.

15.1. ANÁLISE DO CONTEXTO DE *MARKETING*

Observe que no Planejamento Estratégico da organização as variáveis ambientais já foram analisadas. Agora, o foco será concentrado nos aspectos ligados ao *marketing* e baseado nos grandes objetivos definidos nesse planejamento.

15.1.1. MACROAMBIENTE

Serão avaliadas as forças mais gerais: econômicas, demográficas, legais, políticas, socioculturais e tecnológicas. Para cada fator, responda à pergunta: qual será o impacto desse fator nos meus clientes, potenciais clientes e mercados? O que surge como "oportunidade" para alavancar minha prosperidade e o que surge como "ameaça" de modo a prejudicar essa prosperidade.

15.1.2. MERCADO

Você precisa avaliar os segmentos de clientes (tamanho atual, potencial e crescimento), sazonalidades, estrutura de custos da sua empresa e dos concorrentes, sistemas de distribuição dos seus produtos e serviços, indicadores de desempenho selecionados.

15.1.3. CLIENTES E SEGMENTAÇÃO

Entenda esse contexto de acordo as perguntas abaixo:

- Quais são os maiores clientes? Quais os mais lucrativos? Quais são os clientes com maior potencial de crescimento?
- Quantificar cada segmento por tamanho, volume de compra, frequência e lucratividade.

15.1.4. MOTIVAÇÕES DO CLIENTE

- Que produtos cada segmento de clientes compra?
- Quanto, como, quando, onde e por quê compra?
- Quem decide a compra? Quem compra? Quem influencia? Quem usa?

15.1.5. NECESSIDADES NÃO-ATENDIDAS

- Por que não compram?
- Por que compram do concorrente?
- Reclamam sobre o que?

15.1.6. CONCORRÊNCIA

Entenda o contexto concorrencial de acordo as perguntas abaixo:

- Quais são os concorrentes principais e potenciais?
- Quais as vendas gerais e por produto dos concorrentes principais?
- Qual o *market share* (participação ou fatia do mercado), rentabilidade e crescimento dos concorrentes principais?
- Quais são as suas características estratégias e mercados-alvo?
- Que produtos oferecem, a que preço e por quais canais?
- Como se posicionam? Como comunicam e promovem as vendas? Quais os melhores resultados dos principais concorrentes?
- Quais são suas forças e fraquezas, em relação à nossa organização (análise comparativa)?

15.1.7. SUA ORGANIZAÇÃO

Entenda esse contexto interno de acordo as perguntas abaixo:

- Qual o desempenho de vendas, *market share*, rentabilidade por produto/mercado/projeto/segmento de clientes?

- O que fazer para aumentar a satisfação e retenção dos clientes?
- Qual a qualidade percebida dos produtos e serviços?
- Qual a confiança nas suas marcas (avaliação externa pontual) e reputação (avaliação interna e externa estratégicas em curto e longo prazos)?
- O custo está abaixo ou acima dos custos dos melhores concorrentes?
- Como estreitar o relacionamento com fornecedores e distribuidores?

15.2. ANÁLISE *SWOT* DO PLANO DE *MARKETING*

Novamente é preciso fazer uma Análise SWOT (forças, fraquezas, oportunidades e ameaças), mas agora restrita aos aspectos relacionados ao *marketing*. Avalie as ameaças e oportunidades para os produtos e serviços comercializados, marcas divulgadas, marca institucional da empresa, ações digitais e tradicionais, eventos e tecnologias utilizadas, posicionamentos e reputação.

Olhe para fora da empresa e avalie a probabilidade de danos (ameaças) ou benefícios (oportunidades) relacionados aos seus clientes, potenciais clientes, marcas e mercados. Olhe para dentro e identifique as suas forças, que potencializarão o seu desempenho em relação aos concorrentes, e também as fraquezas (pontos de melhoria), capazes de prejudicar as vendas e a reputação da sua organização.

Quais as oportunidades de *marketing* poderão ser utilizadas para ampliar as vendas e garantir a satisfação dos clientes?

15.2.1. OBJETIVOS ESTRATÉGICOS DE *MARKETING*

Estabeleça e quantifique os objetivos como resultados prioritários do Plano de *Marketing* e detalhe a sua execução (o que fazer, por que fazer, onde fazer, quando fazer, responsável e apoios para fazer, como fazer, recursos para fazer, como medir e metas desafiadoras para gerenciar o sucesso da execução) traçando um quadro sobre as implicações para o futuro desejado.

Defina estratégias específicas para seus mercados-alvo, reputação das marcas e o *mix* de *marketing*.

15.2.2. ORÇAMENTO

Elabore o orçamento para o Plano de *Marketing* destacando as verbas necessárias para a realização das metas e os resultados esperados. Dividir para investimentos (realizações incrementais) e manutenção (continuidade das ações recorrentes).

15.3. IMPLEMENTAÇÃO E CONTROLE: MONITORAMENTO

Defina com clareza os indicadores de desempenho, as metas de resultados e programe as revisões periódicas. Pelo menos uma vez por mês reúna toda a equipe e discuta o que está e o que não está funcionando, entendendo as causas e criando ações específicas para atuar em cada causa identificada, retornando aos resultados desejados. Lembre-se que as metas precisam ser: *Específicas, Mensuráveis, Atingíveis, Relevantes* e *Temporais* (EMART ou *SMART* em inglês)

"Os alemães foram os melhores estrategistas, mas foi a gestão americana que os derrotou", disse o saudoso Peter Drucker mostrando que não basta planejar e encontrar formidáveis estratégias, é preciso executar bem e fazer uma gestão de excelência! A causa do insucesso de muitos planos de *marketing* é a falta de acompanhamento e indisciplina na execução.

O monitoramento do Plano deve contar com o apoio dos líderes da alta direção e as metas precisam se apoiar mutuamente, contemplando possíveis atrasos, antecipações, ajustes inteligentes e repactuação de atividades.[4]

15.4. RESUMO PRÁTICO - PLANO DE *MARKETING*

- levantamento de dados;
- cenário global e do setor;
- entendimento e monitoramento dos principais concorrentes (pelo menos 3);
- pontos fortes e fracos da organização;
- habilidades e competências distintivas;
- ameaças e oportunidades;
- composição do mercado;

---

4 Acesse <www.carloscaixeta.com.br> e baixe os arquivos de implementação para implementar as orientações recomendadas.

- comportamento dos clientes atuais e potenciais;
- dificuldades no avanço e conquista de mercados;
- dinâmica da concorrência;
- legislação vigente no setor;
- demanda total, por segmento e média;
- índice de satisfação com produtos e serviços existentes;
- fidelidade e potencial de desenvolvimentos dos clientes atuais;
- potencial de aumento das receitas, por mercado;
- canais de distribuição (digitais e tradicionais);
- fornecedores, parcerias e alianças.

Para facilitar a implementação das diretrizes do livro, novamente responda com suas equipes o *checklist* abaixo e implemente suas decisões com disciplina:

1. Quais são os resultados prioritários, os objetivos estratégicos da nossa organização?

2. O que queremos ser no presente e futuro?

3. Qual será a imagem e reputação pretendida pela organização, em função do nosso propósito, missão, visão, valores e negócio?

4. Quais são os pilares da nossa marca, as ideias centrais que traduzirão nosso diferencial competitivo e nossa promessa de entrega de valor superior?

5. Como se dará o alinhamento do discurso, ações de *marketing* e vendas com esses objetivos estratégicos? Como agir para "fazer acontecer"?

6. Quais são os clientes-alvo e potenciais para os nossos produtos e serviços?

7. Quais são os produtos e serviços mais adequados para cada segmento de clientes?

8. Quais atributos desenvolvidos nos produtos e serviços estão alinhados com os desejos e necessidades do nosso(s) público(s)-alvo(s)?

9. Quais são os mercados existentes e quais são as possibilidades de expansão?

10. Qual é a melhor abordagem para cada segmento de clientes? Considerar os papéis por segmento: influenciador, decisor, comprador, usuário.

11. Qual a melhor forma de acompanhar a evolução do comportamento de compra dos clientes e potenciais clientes? Considerar

pesquisa direta, pesquisa indireta, bases de dados integradas, programas de relacionamento e redes sociais.

12. Existirá alguma sazonalidade nas vendas? Como vencê-la para proteger e aumentar as receitas?

13. Quais serviços de pré-venda, instalação, entrega e pós-vendas devem fazer parte da argumentação de vendas?

14. O que dificulta a nossa venda e como nos prepararmos para isso?

15. Qual deve ser a identidade dos produtos, serviços ou marca corporativa para garantir a correta percepção de valor por parte dos clientes?

16. Quais são as estratégias de custos, investimentos e metas de retorno financeiro atreladas à precificação que praticamos?

17. Quais são e por que foram escolhidas as localizações dos pontos de vendas, canais de distribuição, pontos de contato com os clientes, lojas virtuais, *sites* e outros?

18. A estratégia de comunicação está adequada? Quais são os principais pontos de sucesso? E os de rejeição? Como aprimorar para aumentar a ativação da demanda?

19. Quais atributos técnicos, vantagens e benefícios dos produtos e serviços devem ser enfatizados na comunicação para cada perfil de cliente?

20. O que podemos fazer, no dia a dia, para evoluirmos e prosperarmos cada vez mais?

Concluindo nossa jornada de aprendizado na parte 1, lembre-se que a interpretação das demandas do mercado e sua transformação em "negócios" deve ser feita pela estratégia de *marketing* em sinergia com vendas, permitindo que os clientes percebam o alto valor dos esforços e experiências. A função de vendas é realizar e aproximar as duas partes, transformando a intenção estratégica em realidade prática. O sucesso vem da sinergia e participação *ativa* dos gestores e equipes de vendas e *marketing*. Siga em frente!

abordagens poderosas de vendas e persuasão

Agora que você já domina os principais assuntos sobre estratégia, reputação e *marketing*, chegou o momento de entender as dicas poderosas de vendas e persuasão, lembrando sempre que *marketing* e vendas são "gêmeos siameses" e precisam se apoiar mutuamente, inclusive como área única dentro da empresa.

Vender está entre as atividades mais antigas do planeta pois, a partir do momento que a humanidade passou a se comunicar por gestos, surgiram as trocas de mercadorias onde alguém convence alguém a trocar e posteriormente adquirir algo. No mundo dos negócios, a área de vendas nasce imediatamente com a empresa, porque ela precisa urgentemente vender para fazer receita e assim permitir que todo o restante aconteça. O negócio só acontece quando a venda acontece, antes da venda se concretizar, o que existe é esforço e intenção.

O *marketing*, enquanto atividade empresarial, desenvolveu-se após a Segunda Guerra Mundial exatamente para que a empresa venda mais, venda certo e venda sempre! Defender a receita atual e estimular novas receitas é missão fundamental do *marketing*, que faz isso fortalecendo e dando visibilidade à marca, tanto no mundo material quanto no digital, estudando os hábitos e as preferências dos clientes para direcionar a criação de novos produtos/serviços e as melhorias dos atuais, monitorando os concorrentes, analisando o desempenho nos distintos mercados onde a empresa atua, identificando tendências e melhores práticas, selecionando onde, como e com qual periodicidade a comunicação mercadológica será feita, enfim, construindo muita confiança em tudo o que diz respeito à empresa para que ela tenha uma forte reputação.

Evite o erro de separar *marketing* e vendas, como se fossem áreas distintas e com assuntos separados. Faça todos entenderem que as vendas serão melhores se trabalharem em sinergia total com *marketing*, colocando inclusive as equipes sob um mesmo gestor e num mesmo local. Não crie um gestor de *marketing* e um gestor de vendas, crie sim um gestor de *marketing* e vendas com a obrigação de fazer essa integração e que todos se apoiem mutuamente para conseguirem melhores e maiores resultados.

Implemente momentos de interação em que as atividades de *marketing* e vendas sejam discutidas e surjam ações em conjunto, integradas. Uma frase que sempre digo nas empresas: "Se tudo der certo, *marketing* e vendas vão juntos abraçados para o céu, mas, se der errado, *marketing* e vendas vão juntos abraçados para o inferno. Juntos, sempre juntos!".

GESTÃO DE VENDAS

1. O QUE FAZ UM GERENTE DE VENDAS?

O gerente de vendas é o responsável por motivar, treinar e dirigir a equipe, avaliando quais pontos devem ser melhorados e continuamente buscando resultados mais expressivos. Uma característica básica é a liderança, com a qual deve traçar metas e objetivos, cobrar resultados ao longo de todo processo, além de detectar falhas e acertos, estimulando e auxiliando os componentes a aumentarem a eficiência nas vendas. Um bom gerente de vendas deve ter como atribuições:

Tabela 2 – Atribuições do gerente de vendas

Planejamento	→ Direção	→ Organização	→ Controle
– Entenda a estratégia da empresa e como pode contribuir ativamente. – Analise todos os aspectos que fazem parte da área de vendas, em interação com *marketing*. – Defina os objetivos prioritários que definirão o trabalho e resultados da equipe. – Quantifique as metas, tornando os resultados claros e práticos.	– Crie um ambiente de trabalho voltado ao profissionalismo. – Entusiasme todos da equipe. – Oriente e apoie, buscando o desenvolvimento das pessoas. – Ofereça treinamento contínuo para todos.	– Coloque as pessoas certas nos lugares certos. – Delegue autoridade, com critérios e orientações claras para as decisões. – Defina as tarefas rotineiras: o que será feito e por quem, estabelecendo o prazo limite para conclusão.	– Acompanhe diariamente todas as atividades da equipe, avaliando os resultados. – Corrija os erros imediatamente, individualmente quando as falhas forem de um profissional e coletivamente quando envolver toda a equipe. – Monitore os resultados, procedimentos e comportamentos.

Fonte: Elaborado pelo autor.

Além da estruturação do trabalho, organização das demandas e espírito de liderança, é também função do gerente criar indicadores para medir o desempenho da equipe. Para isso, é preciso compreender o que e como fazer para garantir a melhor avaliação de cada profissional:

Tabela 3 – O que fazer e como fazer

O que fazer	Como fazer
– Analisar a performance de cada um dos vendedores e da equipe em geral. – Acompanhar o vendedor no dia a dia e dar suporte quando necessário. – Identificar deficiências e necessidades de treinamento da equipe.	– Estabelecer e negociar as metas de vendas da equipe de acordo com a estratégia da empresa. – Analisar os relatórios de venda da equipe. – Acompanhar o fluxo de processamento dos pedidos, identificando possíveis gargalos. – Acompanhar o fluxo de transporte e entrega das mercadorias e serviços. – Planejar o itinerário de vendedores, no caso de vendas externas, e a escala de horário e atendimento para os vendedores internos. – Preparar e participar das reuniões da equipe de vendas. – Controlar os recursos dos vendedores (cartões de visita, agenda, material impresso e digital, tablets etc.). – Fazer com que os vendedores possuam as mesmas oportunidades, ajustando a carteira de clientes, as rotas e as prioridades. – Estabelecer concursos e premiações para a equipe, baseados nos resultados.

Fonte: Elaborado pelo autor.

O gerente de vendas, por sua vez, também deve ser alvo de avaliações periódicas por parte do empresário e gestores superiores. Esse acompanhamento do desempenho passa por uma análise da relação com clientes e equipes, capacidade de liderança, frequência de compra de cada carteira, fidelização dos "clientes diamante/ouro" e razões da inatividade de clientes importantes. Para avaliar se a gerência está sendo eficaz, considere as perguntas abaixo: atribua uma nota de 0 a 10, para cada item, e crie ações para melhorar o desempenho onde a nota for menor que 7.

1. Seus clientes recebem algo além do que compram em temos de valor?
2. Suas ações estão à frente dos concorrentes, com estratégias que cativam mais os clientes?
3. Quando ocorrem erros ou acertos, eles levam a um aprendizado de toda a equipe?
4. Os clientes especiais recebem tratamento diferenciado e especial?
5. É cultura da empresa realizar o pós-venda, avaliando o que o cliente achou de todos os aspectos relacionados com a venda?
6. Os funcionários são tratados de maneira respeitosa?

7. Ocorrem vendas por telefone, Internet, redes sociais e outros meios digitais?

8. A ética nos negócios e no tratamento com a equipe é considerada ponto prioritário?

9. A seleção dos funcionários e o treinamento no dia a dia são realizados seguindo critérios claros?

10. As falhas identificadas são corrigidas imediatamente, atuando-se nas causas?

11. O tempo dispensado aos clientes e à equipe é o mais nobre do dia?

12. Os funcionários várias vezes dizem: "isso é comigo"? Possuem "atitude de dono"?

13. Problemas particulares são separados dos problemas profissionais e tratados adequadamente?

14. A equipe de vendas é especializada e competente?

15. Muitas vezes, em vez de criticar os concorrentes e colocar a culpa nos preços, busca-se melhorar interna e externamente para superar as dificuldades no mercado?

16. São solicitadas sugestões aos clientes buscando melhorias? Essas solicitações são consideradas com seriedade?

17. A organização da área de vendas e dos processos envolvidos é ponto forte da empresa?

18. Treinamentos sobre atendimento, desempenho, abordagem e persuasão fazem parte de um programa do qual não se abre mão?

19. A sinergia com o *marketing* é proativa e constante?

20. A contribuição para a estratégia da empresa está clara em termos de resultados?

2. O CONSUMIDOR

2.1. COMO MEDIR A SATISFAÇÃO DO CONSUMIDOR

Em um ambiente empresarial, um dos aspectos mais importantes está relacionado com a maneira de se interagir com os clientes, atender suas necessidades e expectativas, satisfazer seus desejos a um preço que ele esteja disposto a pagar e com lucro para a empresa fornecedora dos produtos e serviços. Desta maneira, a qualidade diferenciada é um fator que, em última instância, determina a satisfação dos clientes, contribuindo para o processo de retenção e conquista de outros mercados. Um grande desafio para a sua organização é como aumentar a satisfação dos clientes face à concorrência, num ambiente de negócios sempre em mudanças. As empresas estão cada vez mais percebendo evidências de que o investimento na qualidade dos serviços paga altos dividendos na forma de expansão da reputação, elevação de lucros e aumento da moral dos funcionários.

A sistematização da qualidade deve levar em conta os aspectos humanos envolvidos na sua execução, o que garante a melhoria no desempenho, na produtividade e na eficiência da equipe, redução dos custos, maior participação no mercado e, claro, a alta satisfação dos clientes. Gerenciar os processos sociais envolvidos em uma entrega; considerar as interações humanas como parte relevante da qualidade do serviço prestado; reconhecer a importância da percepção que o cliente tem da empresa, da cultura e da performance da organização; desenvolver as habilidades e a capacidade do pessoal e motivá-los a aprimorar cada vez mais são estratégias fundamentais para se obter melhores resultados.

Uma questão crucial que os gerentes vivenciam é: como medir esta abstração intangível chamada satisfação do cliente? Uma abordagem eficiente para medir a satisfação do cliente é baseada em seis premissas de trabalho:

1. *Primeira premissa*

A satisfação é formada pela interseção da experiência, da expectativa e do desejo do cliente em relação ao serviço prestado. Esta premissa faz uma clara distinção entre esses três pontos, contribuindo para criar um sistema de medida que encoraja e alimenta estratégias para melhorar a entrega. Cada um desses conceitos é tratado como um elemento distinto que, juntos, formam uma corrente de satisfação. A experiência é simplesmente a qualidade percebida pelo cliente, tendo como base as características que ele considera mais relevantes.

As expectativas são suposições antecipadas com relação ao serviço contratado. Normalmente, os clientes consideram expectativas sobre a natureza do prestador do serviço, as mensagens que usará (informação técnica, instruções etc.), o seu comportamento (amigável, profissional, indiferente), o passo a passo pelo qual o serviço se desencadeará e a duração do encontro. Os clientes formam expectativas com base em experiências prévias, por meio de informações importantes e por inferência. O desejo, por outro lado, é aquilo que os clientes gostariam de ver e sentir no futuro. Em outras palavras, se o cliente examina o "espetáculo" sem considerar preço ou outros fatores, ele especula o que poderia ser feito para melhorar o serviço.

2. *Segunda premissa*

Para medir a satisfação, é necessário observar de perto a experiência sob o ponto de vista do cliente. A meta é examinar os fatores que são verdadeiramente relevantes, lembrando que o cliente pode valorizar a qualidade do serviço tendo como base qualquer critério que deseje, de modo que o entendimento da realidade percebida e o critério de julgamento usados para a concepção desta realidade são fundamentais. Percebendo que os clientes formulam suas opiniões baseadas em uma lógica formal, torna-se clara a necessidade de iniciar uma profunda investigação sobre a percepção do cliente.

É importante usar um formato no qual os clientes possam descrever em detalhes, com suas próprias palavras, as razões por estarem satisfeitos ou insatisfeitos com as suas mais recentes vivências relacionadas à empresa. Os dados colhidos podem ser usados para criar um modelo de satisfação que reflita aqueles atributos que ele julga serem os mais importantes. Como exemplo, apresenta-se um modelo de serviço desenvolvido a partir de um estudo qualitativo com os clientes de uma importante empresa de utilidades. Esta pesquisa, conduzida por meio de uma amostragem representativa de clientes, encontrou seis dimensões diretamente relacionadas com a percepção da qualidade de serviços: acessibilidade, amabilidade, serviço responsivo, impotência, controle sobre o encontro e aspecto favorável com relação à empresa. Acessibilidade é definida como a percepção pelo cliente da disponibilidade do prestador de serviço para o contato. Ele deveria ser capaz de determinar, com um mínimo de esforço, aonde ir ou com quem falar a fim de resolver o problema.

Se o cliente é desviado para uma pessoa que não pode atendê-lo de forma apropriada, caracteriza-se uma perda de tempo que pode levar a altos níveis de frustração. Se estiver em dificuldades e for transferido para um empregado que não está autorizado a emitir uma ordem de serviço, provavelmente sentirá que está falando com a pessoa errada. Desta maneira, a disponibilidade está relacionada à facilidade com que um cliente pode identificar ou contatar a pessoa que pode assisti-lo.

3. *Terceira premissa*

Um indicador confiável de satisfação permite a uma empresa estabelecer um nítido *benchmark* (melhor prática) ou referencial de excelência, caracterizado por um indicador de líder reconhecido e usado para comparação. Uma empresa que trabalha com um modelo adequado de satisfação constrói um sistema de medição acurado para medir a satisfação do cliente, como uma entrevista de dois a três minutos por telefone ou Internet, por exemplo. Estudos periódicos usando instrumentos dirigidos a modelos de satisfação podem estabelecer nítidos *benchmarks* para uma empresa, fornecendo aos gerentes subsídios para enfatizar treinamentos e estratégias de serviços. Além disso, as empresas podem utilizar empregados, especialistas externos ou representantes qualificados para colher *feedbacks* de oportunidades junto ao cliente. É preciso saber explorar adequadamente este flanco para obter uma vantagem competitiva.

4. *Quarta premissa*

Medindo as expectativas e os desejos dos clientes, uma empresa pode decidir como estrategicamente exceder essas expectativas e, assim, influir na opinião sobre a entrega do serviço ou produto. Entrevistas adequadas fornecem *insights* para o desenvolvimento de estratégias específicas de melhoria do grau de satisfação, compreendendo-se que a existência de uma expectativa é vista como um padrão pelo qual uma experiência futura será julgada. Por exemplo, se uma pessoa espera que o seu refrigerador seja consertado em dois dias e isso leva quatro, ela estará insatisfeita e provavelmente transtornada. Por outro lado, receber o serviço de reparo em um dia significará um aumento de satisfação. Os pontos críticos mais relevantes a serem analisados com relação às expectativas de um cliente geralmente dizem respeito a: representantes da empresa, comunicação sobre o serviço, recebimento efetivo do serviço e experiências posteriores. Informações dessa natureza permitem que uma empresa meça o alcance total das expectativas de um cliente e passe a formular políticas e procedimentos que servirão para excedê-las significativamente.

5. *Quinta premissa*

Um indicador de satisfação obtido por meio de um *benchmark* permite observar mudanças na satisfação de um cliente devido a ações estratégicas tomadas por ela ou mudanças no ambiente de mercado (política, economia, social e outras). Ao adotar uma avaliação por um período específico, uma empresa pode estabelecer *benchmarks* que podem ser usados como indicadores de desempenho de qualidade ou estabelecer a necessidade para mudanças nas políticas e ações da empresa. Em períodos de incerteza, um forte *benchmark* pode também ser usado para avaliar a seriedade de um problema ou verificar a tendência atual.

6. *Sexta premissa*

Os efeitos corretos de estratégias podem ser medidos com acurácia pela observação da mudança na medida da satisfação, permitindo a identificação de pistas sobre os efeitos de estratégias específicas. Se mudanças no indicador de satisfação não puderem ser distinguidas no período especificado, as estratégias provaram ser ineficazes e desnecessárias, possibilitando aos gerentes a avaliação do custo/benefício sobre as estratégias que tiveram impacto relevante. Muitas empresas testam as suas ideias isoladamente antes de implementá-las no contexto geral, utilizando-se de uma área limitada ou região para julgar a sua eficácia e eficiência. Uma empresa que explora adequadamente várias maneiras de medir a satisfação do cliente, ligando experiências, expectativas e desejos, encontra seguramente um caminho para obter uma posição competitiva superior.

2.2. O COMPORTAMENTO DO CONSUMIDOR

Ao estudar as diferentes políticas para colocar um produto no mercado, a direção de uma empresa pode optar por uma estratégia de venda, de produto ou de consumidor.

Se a orientação preferida é a de venda, a empresa parte do pressuposto de que os consumidores não comprarão o produto a não ser sob um importante esforço de promoção. Essa pressuposição baseia-se no princípio que "se você pode fabricar, eu posso vender" e fará com que todos os esforços sejam direcionados para a propaganda, a promoção, a venda pessoal, os pontos de venda e a Internet. Levada às últimas consequências, essa política pode se converter numa espécie de venda forçada, podendo ser ofensiva para muitos consumidores.

A orientação estratégica baseada no produto fundamenta-se no princípio de se construir uma abordagem melhor. São características desse enfoque os elevados custos de pesquisa e desenvolvimento, uma atenção preferencial a tecnologias inovadoras e frequentes modificações no produto. Importante reforçar que os aspectos da comercialização e os estudos sobre o consumidor, apesar de secundários, precisam receber adequada atenção.

Já a orientação estratégica de consumidor baseia-se no conceito: "procure saber o que eles querem para oferecer o que vai vender." Suas principais linhas resumem-se, portanto, na determinação das necessidades e desejos dos consumidores, bem como na motivação da empresa para satisfazê-los com mais acerto e eficácia do que os competidores. A pesquisa de *marketing* e ações de relacionamento recebem atenção especial, direcionando o desenvolvimento do produto, sua promoção e outras variáveis da comercialização. Assim sendo, a direção desenvolve um plano com o objetivo de colocar o produto no mercado a partir de uma filosofia da gestão comercial orientada para o consumidor.

2.3. VANTAGENS DA ORIENTAÇÃO AO CONSUMIDOR

Ao priorizar a adoção de uma estratégia orientada para o consumidor, você poderá obter uma imagem mais exata da estrutura de seu mercado. Como as necessidades do consumidor tem duração maior que o ciclo de vida dos produtos, uma política orientada para satisfazê-las evidenciará sua verdadeira capacidade de inovar incremental e radicalmente, melhorando o que existe e criando valores até então inexistentes.

Além disso, haverá menos desperdício e se conseguirá maior rendimento do esforço de comercialização, diminuindo seus custos e aumentando a rentabilidade dos investimentos. Se a empresa é capaz de proporcionar aos consumidores aquilo que precisam ou desejam, já não será necessário persuadi-los tanto. Clientes mais próximos estão também mais receptivos às mensagens comerciais tradicionais e digitais, resultando na redução do esforço e frequência da comunicação para ativação da demanda.

Uma vez que o desenvolvimento de um produto é fruto das mudanças dos desejos dos consumidores e das inovações tecnológicas, uma estratégia orientada para o consumidor implica em estruturar melhor a pesquisa desse produto, diminuindo o risco de eventuais equívocos na escolha. Por outro lado, aqueles que experimentam redução de demanda no mercado são postos de lado e substituídos por novos com maior facilidade, possibilitando êxitos mais rápidos. Dessa forma, a empresa poderá se converter em líder, em vez de ser imitadora de outras.

A estratégia de orientação baseada no consumidor aumenta a sua satisfação porque recebe aquilo que deseja, na medida certa. Essa satisfação tem efeito multiplicador, com frequência, favorecendo as recomendações pessoais e por meio das redes sociais, uma forma poderosa para gerar novas demandas! A satisfação maior reforça também a fidelidade para com a marca, tornando a opinião pública mais positiva e duradoura.

3. O AMBIENTE DE VENDAS

3.1. MUDANÇAS NO AMBIENTE DE VENDA E *MARKETING*

Como já discutido na parte "Resultados em estratégia, reputação e *marketing*", sobre como dobrar suas receitas com *marketing* e estratégia, o século XXI trouxe uma dramática mudança no mundo dos negócios. Em termos de vendas, os líderes de mercado devem aproveitar o potencial da tecnologia da informação e da Internet, antecipando as mudanças no comportamento de compra e criando novos modelos de venda para sobreviver e obter crescimento. Esses rápidos avanços produzem riscos e oportunidades que abrangem questões estratégicas de planejamento de vendas, dentre os quais destacamos os mais relevantes para os resultados comerciais:

1. planejamento e alocação de recursos;
2. administração de vendas e canais de distribuição;
3. expansão e desenvolvimento de produtos *vs.* mercados;
4. compreensão do comportamento do consumidor;
5. administração dos parceiros de negócio e a integração da cadeia de suprimentos;
6. consolidação das vendas e o *marketing mix*;
7. ampliação dos incentivos e controles de performance.

Perceba como a sinergia entre *marketing* e vendas é total e crucial! A seguir há um aprofundamento sobre cada um dos pontos já levantados:

1. *Planejamento e alocação de recursos*

É de conhecimento geral que a "comoditização" (sensação de que estão cada vez mais parecidos) de produtos, o *e-commerce*, o *social-commerce* e a presença de novos competidores estão pressionando as margens de lucro e as organizações a reduzirem os orçamentos de *marketing* e vendas. Como resultado, as empresas terão de ser inovadoras o suficiente para poder crescer com menos recursos, exigindo maior precisão dos investimentos.

2. *Administração de vendas e canais de distribuição*

A estratégia de diversos canais tradicionais e digitais vêm sendo adotada pela maioria das organizações líderes no mercado. São sistemas híbridos combinando múltiplos pontos de interação, como vendas em campo, *call center*, *sites* na Internet, redes sociais, agentes de negócios, lojas próprias, lojas de representantes terceirizados e outros. Vale notar que a integração e o fluxo das informações são fundamentais para que se possa avaliar em tempo real quais produtos entregar e que preços praticar em cada uma das diversas fatias de mercado.

3. *Expansão e desenvolvimento de produtos* vs. *mercados*

A introdução de novos produtos e serviços obedecerá a lógica da abordagem econômica de "customização de massa", tanto para consumidores individuais quanto para canais e parceiros. Adicionalmente a tendência será ampliar a participação no cliente (*share of customer*), buscando novos mercados em substituição e incremento aos que se tornam obsoletos.

4. *Compreensão do comportamento do consumidor*

O ambiente de negócios irá consolidar a visão de que o consumidor tem uma expectativa baseada nas necessidades de conveniência, comodidade e sensação de personalização do atendimento, com foco no desenvolvimento do relacionamento presente e futuro.

5. *Administração dos parceiros de negócio e a integração da cadeia de suprimentos*

Administrar todos os componentes que integram a cadeia de valor (o que vem antes, o durante e o que vem depois da empresa) e segmento de atuação exigirá muita organização, pois ocorrerão conflitos entre empresas, parceiros e canais a respeito do controle da marca, relacionamento com os clientes, *prospects* e acesso ao mercado.

6. *Consolidação das vendas e o marketing mix*

Redefinir a marca, os preços, a comunicação, a distribuição e as estratégias de *marketing* serão políticas relevantes dentro das empresas, que necessitarão capitalizar o poder da nova interatividade, integrar bancos de dados e fortalecer o posicionamento de mercado.

7. *Ampliação dos incentivos e controles de performance*

Os controles de desempenho deverão ser realizados por meio da implementação de soluções "ponta a ponta", suporte *on-line*, metas indutoras (visitas, contatos, palestras, conteúdos direcionados etc.) e metas finalísticas (receitas com novos clientes, receitas com clientes atuais e recuperação de receitas com clientes inativos ou perdidos).

Diante dos itens citados, é preciso aproveitar as oportunidades para se prevenir das possíveis ameaças advindas deste cenário de constantes mudanças em alta velocidade:

- com a introdução de novas tecnologias e disseminação do uso da Internet, as empresas tendem a sofrer perda de clientes por meio de uma menor intermediação e disseminação das reclamações;
- em razão da "comoditização" dos produtos e serviços, além das alterações na relação de oferta *vs.* demanda, a formação dinâmica dos preços poderá produzir uma redução das margens de contribuição e forçar a busca pela redução dos custos;
- tendência para um aumento das ações de relacionamento e fidelização dos clientes;
- como resultado deste contexto, as empresas podem experimentar: fracasso se nada fizerem; fracasso se fizerem a coisa errada; fracasso se fizerem a coisa certa ; mas tardiamente, sucesso se atuarem com proatividade e acompanhamento sistemático dos seus mercados.

3.2. GESTÃO E DESENVOLVIMENTO DA FORÇA DE VENDAS

Dentro dos esforços de comunicação que uma empresa pode estabelecer, explicados na primeira parte, "Resultados em estratégia, reputação e *marketing*" sobre *marketing*, as vendas pessoais podem ser consideradas ferramentas poderosas de comunicação, assim como as propagandas, as ações de *marketing* direto, as relações públicas e promoções direcionadas. As vendas pessoais também são uma forma da empresa levar sua mensagem aos grupos de consumidores desejados.

Outro ponto importante é que as vendas pessoais também funcionam como canal de distribuição, responsáveis por levar os produtos dos fabricantes aos clientes e torná-los disponíveis. Por exemplo, vendedores de fabricantes podem ser classificados como um canal de distribuição direto, baseado no fabricante. Já os representantes de venda são classificados como agentes de venda, baseados em fabricantes, atacadistas ou mesmo varejistas. Na Avon e Natura, as suas centenas de milhares de vendedoras funcionam também como agentes de entrega dos produtos.

As definições pragmáticas de vendas mostram que, de fato, elas são importantes tanto para as receitas quanto para o processo de comunicação organizacional. A venda pode ser definida como um processo de comunicação em que um vendedor identifica e satisfaz as necessidades e os desejos de um comprador, para o benefício de longo prazo de ambas as partes de acordo com os critérios e lucratividade do negócio. A venda pessoal caracteriza-se como a comunicação (verbal ou digital) direta para explicar como bens, serviços ou ideias de uma pessoa ou empresa servem às necessidades e aos desejos de um ou mais clientes potenciais. O processo de comunicação está na essência da venda, no entanto o seu papel como "distribuidor" de produtos em diversos momentos não pode ser ignorado.

A venda pessoal é a "hora da verdade", quando os representantes da empresa ficam frente a frente com os compradores em potencial, realizando o negócio e fazendo acontecer, reforçando a prosperidade e funcionando como um elo entre a empresa e os clientes. O "vendedor é a empresa", na visão de dos seus clientes, pois as imagens estão fortemente associadas. A verdadeira diferença está relacionada com o papel que a força de vendas pode ter: canal de comunicação, relacionamento, fidelização, desenvolvimento de atuais ou novos negócios, reforço da marca, barreira aos concorrentes, diferencial humano e distribuição. Importante destacar que mercados industriais, compostos por outras empresas ou instituições, são caracterizados por um número menor de compradores e geralmente estão mais concentrados geograficamente, se comparados a empresas que vendem a consumidores finais (pessoa física): produtos de consumo em geral, serviços pessoais e eletrodomésticos. Essa qualificação e concentração dos mercados empresariais torna mais viável o uso de vendedores, também qualificados e bem-preparados, para a concretização do negócio em vez de vendas somente por telefone ou pela Internet.

Muitas empresas possuem processos de compra mais complexos, demandando auxiliares para a busca de informações e realização dos processos, com diversos participantes a influenciar a decisão final da compra de determinado produto ou serviço. Isso exige uma atenção especial da empresa vendedora para a identificação dos distintos participantes e atendimento das diferentes expectativas, desenvolvendo relacionamentos também com esses influenciadores. Lembre-se sempre que, em processos de compra mais complexos, sobretudo em mercados industriais (chamados B2B, que significa *business to business*) o papel do vendedor se torna fundamental e um diferencial, refletindo na estrutura organizacional e no orçamento de *marketing* da empresa.

No *marketing* B2B, as vendas pessoais têm enorme importância, tornando-se mais do que simplesmente uma ferramenta de comunicação ou canal de distribuição e relacionamento. Pode ser entendida como "o quinto P" do composto de *marketing* (modelos dos 4 Ps visto na Parte 1, capítulo "Composto de *Marketing*") das empresas. Nesse caso, o planejamento de vendas precisa contemplar essa variável como um diferencial complementar ao planejamento e à estratégia de *marketing*, à comunicação ou mesmo da distribuição.

Adicionalmente, a necessidade de se aumentar a fidelização dos clientes tem feito com que as estratégias de vendas pessoais sejam utilizadas em conjunto com programas de relacionamentos com clientes e automação de vendas, como visto na primeira parte deste livro sobre Customer Relationship Management (CRM). Manter um cliente lucrativo, em média, fica entre 3 e 5 vezes mais barato que conquistar um novo cliente a cada dia. Fidelizar cliente é fidelizar receita, base para você dobrar o seu faturamento! A propósito, quais tem sido os seus esforços e ações para entender e classificar seus clientes, criar ações específicas para cada segmento de clientes, monitorar a permanência e satisfação de cada segmento? Se hesitou em responder, ou tem baixa certeza da efetividade das suas ações a respeito, comece pelo início: reúna os profissionais que possam contribuir nesse sentido (de dentro e de fora da empresa), faça um diagnóstico e crie ações de implantação e melhoria.

A figura a seguir mostra as principais ações do vendedor, agrupadas em dez atividades centrais. Avalie cada uma e identifique onde pode ganhar desempenho, de acordo com a sua realidade e perfil dos clientes.

Título: Principais ações do vendedor

1. Funções da venda	**5. Prestando serviço ao cliente**
Planejar atividades de venda	Estocar prateleiras
Procurar indicações	Montar displays
Visitar potenciais clientes	Pegar estoque para clientes
Identificar tomadores de decisão	Fazer propaganda local
Preparar apresentações de venda	**6. Ir a convenções ou encontros**
Superar objeções	Ir a concenções de vendas e a encontros de vendas regionais
Introduzir novos produtos	Trabalhar em convenções dos clientes
Visitar novas contas	Fazer apresentações de produto
Realizar pós-vendas	Ir a sessões de treinamentos períodos
2. Trabalhar com outros	**7. Treinamento/recrutamento**
Fazer pedidos	Recrutar novos representantes
Expedir pedidos	Treinar novos vendedores
Lidar com devoluções	Estabelecer comissões
Lidar com problemas de entrega frete	Viajar com trainees
Achar pedidos perdidos	**8. Entretenimentos**
3. Prestando serviço ao produto	Entreter clientes com esportes
Aprender sobre os produtos	Levar clientes para refeições
Fazer testes	Levar clientes para festas
Supervisionar instalações	**9. Viajar**
Treinar consumidores	Viajar para fora da cidade
Supervisionar consertos	Passar noites viajando
Desenvolver manutenção	Dirigir na própria cidade
Consultoria técnica	**10. Distribuição**
4. Administrar informações	Estabelecer bons relacionamentos com distribuidores
Prover informações técnicas	Vender para distribuidores
Receber retorno	Administrar layout de loja
Dar retorno	Administrar crédito
Checar com supiores	Fazer cobranças
Realizar pesquisas	Administrar brindes

Fonte: Elaborado pelo autor.

3.3. ESTRUTURA E TAMANHO DA FORÇA DE VENDAS

Podemos considerar que os vendedores são os principais elos das organizações com os seus clientes. Reitero que o profissional de vendas "é a empresa para os clientes" e é ele quem traz informações preciosas dos clientes para dentro da organização, fomentando a inteligência e as estratégias empresariais. Por isso, considere cuidadosamente os pontos recomendados a seguir para a configuração da sua força de vendas: desenvolvimento de objetivos, estratégias e estrutura.

Com relação aos objetivos e estratégias, qualquer que seja o contexto da venda, os vendedores precisam realizar as seguintes tarefas abaixo:

1. *Avaliação do mercado e prospecção:* busca de clientes potenciais e indicações.
2. *Definição de alvo e manutenção:* alocação do tempo entre clientes atuais e futuros.
3. *Comunicação:* transmissão de informações sobre os produtos e serviços da empresa.
4. *Venda:* apresentação de soluções, respostas às objeções e ao fechamento da venda.
5. *Atendimento:* oferta de serviços aos clientes, reclamações, solução de problemas, assistência técnica, agilização de entregas e gestão das expectativas, entre outros.
6. *Coleta de informações:* participar de pesquisas de mercado e trabalhos de inteligência (captação e análise de informações, para a tomada de decisões).
7. *Alocação:* definição dos clientes que não podem ficar sem produtos em períodos de baixas ofertas.

É preciso que a empresa defina objetivos específicos para sua força de vendas, como dedicar 50% do seu tempo para clientes existentes e 50% para os que estão em fase de prospecção, fazer 10 visitas semanais, perseguir uma margem média de lucratividade líquida de 15% (lucro líquido/receita líquida), fechar R$ X mil em vendas para novos clientes, fechar R$ Y mil em vendas para clientes atuais e R$ Z mil em vendas para clientes reativados (estavam inativos e voltaram a comparar). Lembre-se que você deve avaliar seus vendedores não somente pelo volume de vendas, mas também pela satisfação dos clientes e a capacidade de gerar lucros. *"Diga-me o que medes e te direi para onde vais, diga-me quais são tuas metas e te direi com qual velocidade vais, e diga-me o quanto capacitas a tua força de vendas e te direi com que consistência vais."*

Quanto à estrutura da força de vendas, podemos identificar quatro modalidades mais comuns:

1. *Por território:* o vendedor é designado para um território exclusivo. Uma das vantagens dessa opção é que transfere uma responsabilidade clara para o vendedor, aumenta o incentivo para cultivar negócios locais e desenvolver ligações pessoais. Essa forma também proporciona baixas despesas de viagem quando a área de atuação não é muito extensa.

2. *Por produto:* algumas grandes empresas procuram direcionar sua equipe de vendedores para uma determinada linha de produtos. Essa modalidade se justifica quando as linhas de produtos são muito complexas, tecnicamente entre si, ou quando os itens são muito numerosos.

3. *Por mercado:* é frequente algumas organizações, em especial de serviços, delimitarem a atuação de seus vendedores a um grupo ou setor específico de clientes. Nesse caso, a grande vantagem é que os vendedores poderão conhecer a fundo suas necessidades específicas. A desvantagem é que eles podem estar espalhados por todo o país, gerando altos custos de viagens e estadas.

4. *Combinada ou híbrida:* essa modalidade é geralmente aplicada para empresas que vendem grande variedade de produtos e serviços para muitos tipos de clientes distribuídos em uma extensa área geográfica. O direcionamento dos vendedores pode ser por território-produto, território-mercado, produto-mercado e assim por diante.

Além das estruturas mencionadas, é comum direcionar vendedores específicos para atuarem apenas com grandes contas, ou seja, com clientes que compram grandes volumes – *key accounts* ou clientes diamante. Nesse contexto, é celebrado entre as partes um contrato mais amplo de prestação de serviços, desenvolvimento de soluções específicas, redes estruturadas e apoio mútuo, dentre outros. Discutiremos, a seguir, outras decisões que envolvem as equipes de vendas: tamanho, remuneração, perfil, recrutamento e seleção, motivação, treinamentos, supervisão e avaliação.

4. ESTUDO DE CASO: O MODELO DE GESTÃO DE VENDAS DA UMA FABRICANTE MUNDIAL DE BEBIDAS

"Cada dia uma batalha!", "A venda não para: foco na eficiência!"

Esse caso descreve uma empresa que se destaca pela forte presença em pontos de venda e pelo trabalho otimizado de sua equipe, umas das mais eficientes equipes de venda no Brasil, juntamente com a estrutura de canais de distribuição. O propósito dessa abordagem é evidenciar itens importantes que foram utilizados por ela em algum momento da sua gestão, ao longo da sua história corporativa, instigando você a aprimorar suas ações comerciais e resultados da sua empresa, para dobrar as suas receitas.

Destaca-se nesse modelo comercial uma previsão de vendas feita para regiões de forma macro, sendo depois subdividida em menores regiões, que são subdivisões de uma cidade. A quota de venda é formada por volume e margem atingida que, por sua vez, correspondem a determinado número de pontos.

O objetivo de vendas da empresa é formado em pontos (quantidade e margem) somado aos índices de performance. Ao vendedor cabe vender determinado número de caixas de cerveja a diferentes preços em diferentes pontos. Metas quantitativas são calculadas com base no potencial de cada território, que é estimado pelo número de pontos de venda.

O bônus pago ao final do ano, como incentivo e reconhecimento, está relacionado aos índices de desempenho criados pela empresa e superados pelos profissionais. Vendedores possuem roteiros de visitas preestabelecidos. O uso da tecnologia por meio de dispositivos móveis (*smartphones, tablets, laptops* etc.) para encaminhar pedidos permite à empresa controlar se as agendas e os roteiros estão sendo cumpridos. A remuneração da equipe de vendas é formada sendo praticamente metade fixa e metade variável, podendo variar conforme as metas estratégicas. A parte variável é composta pela venda de produtos: parcelas diferentes para cervejas (exemplo 50%) e refrigerantes (exemplo 20%) e os 30% restantes estão relacionados aos índices de performance, como desvio de rota e devolução, entre outros. Vendedores trabalham com diferentes produtos, considerando cerveja (equipe separada por produtos) para evitar canibalização (concorrência entre produtos da mesma empresa) na tentativa de se vender o mais fácil. O vendedor que recebe uma região dificilmente atende a novos clientes, pois recebe a carteira formada e roteiros de visitas prontos. Existe um rodízio de áreas por vendedor, para evitar os vícios naturais que surgem quando se desenvolve um excessivo relacionamento com o cliente varejista, como acomodação do preço. O rodízio evita isso e faz com que vendedores novos entrem também nos piores territórios, evoluindo quando mostram seus méritos, passando a assumir territórios melhores.

A gerência de vendas promove reuniões diárias com a equipe: reunião dos supervisores com vendedores às 7 horas, seguida de uma reunião geral, ambas com duração média de 30 minutos. O objetivo é motivar para a batalha do dia com planos de incentivos, melhorias do desempenho baseadas na posição diária da performance, determinar a venda de um produto ou categoria específicas, como por exemplo o guaraná.

Inspirado por esses itens do caso apresentado, o que poderia ser aprimorado na sua gestão comercial?

PRINCÍPIOS DA VENDA PESSOAL

1. A IMPORTÂNCIA DO *MARKETING* PESSOAL

O modelo de sociedade de consumo em que vivemos dita padrões de competitividade extremamente elevados em praticamente todas as áreas, tanto em aspectos visuais, relacionados à comunicação e ao conhecimento, quanto em outros aparentemente secundários. Pequenos detalhes podem determinar o seu sucesso ou o fracasso!

O reconhecimento de competências e habilidades é fundamental para diferenciar um indivíduo no contexto social em que vive e determina, em grande parte, a maneira como estará posicionado para o sucesso profissional e pessoal. Isso é decisivo em vendas e várias outras atividades que envolvam a interação humana.

A maioria das pessoas possuem competências e habilidades distintivas, mas, por uma série de fatores, elas não são facilmente reconhecíveis nem percebidas. Habilidades encobertas geram uma grande desvantagem, especialmente quando a competição é acirrada. Todos já se perguntaram: "porque fulano de tal, sendo menos preparado, menos hábil, menos esforçado e experiente, conseguiu um sucesso pessoal ou profissional maior do que o meu?".

Certamente uma das respostas é porque pratica o *marketing* pessoal, que não deve ser confundido com "arrogância superficial". *Marketing* pessoal é a estratégia individual para atrair e desenvolver contatos e relacionamentos interessantes do ponto de vista profissional, bem como para dar visibilidade a características, habilidades e competências relevantes na perspectiva da aceitação e do reconhecimento por parte dos outros.

Foi-se o tempo em que *marketing* pessoal era um instrumento político, falso, visando apenas uma conquista específica. Hoje em dia, para avançar no mercado e ser reconhecido, vem se tornando uma ferramenta cada vez mais necessária para todos, do mais simples ao mais sofisticado.

Os elementos fundamentais, relacionados à prática do *marketing* pessoal, são:

- a qualidade do posicionamento emocional para com os outros;
- a comunicação interpessoal;
- a montagem de uma rede de relacionamentos (*networking*);
- o correto posicionamento da imagem;
- a prática de ações de apoio e incentivo para com os demais.

O *posicionamento emocional* é a forma marcante que faz as pessoas se lembrarem de um indivíduo. Algumas se recordam de outras pela maneira cortês, positiva e educada como foram tratadas, pela sinceridade e zelo com que tiveram o contato, enfim, pelas emoções positivas que remetem à imagem do outro. Ao contrário, há pessoas que deixam uma imagem profundamente negativa, mesmo que o contato interpessoal tenha sido curto.

A prática do *marketing* pessoal orienta um grande cuidado na maneira como se dão os contatos interpessoais. São fundamentais as atitudes que remetam à atenção, à simpatia, à assertividade, à ponderação, à sinceridade e à demonstração de interesse pelo próximo de forma autêntica e transparente. Atenção personalizada a quem quer que seja nunca é investimento sem retorno!

A *comunicação interpessoal* pode ser definida como o elo que destaca um indivíduo em meio à massa. Quando ele fala, quando se expressa por escrito ou oralmente, quando cria vínculos de comunicação continuada, externa o que tem de melhor de forma clara, específica e objetiva. Usar um português correto e adequado a cada contexto, escrever bem, vencer a timidez, usar diálogos motivadores e edificantes e manter um fluxo de comunicação regular com as pessoas é fundamental para o bom desenvolvimento do *marketing* pessoal. De modo geral, há uma forte tendência ao reconhecimento das pessoas que se comunicam bem como líderes no campo em que atuam.

Rede de relacionamentos é a teia de contatos, nos mais variados níveis, fundamentais para o indivíduo se situar socialmente, tanto de forma vertical (relações com pessoas em nível profissional mais elevado) quanto horizontalmente (com seus pares). Quando se fala em rede de contatos, dois desafios surgem imediatamente: dimensionar os relacionamentos de forma plural, isto é, ser capaz de se relacionar em qualquer nível tornando-se lembrado por todos de forma positiva; e fomentar a rede de contatos enviando mensagens periodicamente, fazendo-se presente em eventos e redes sociais, tratando a todos com atenção e cordialidade.

O *posicionamento de imagem* é a adequação visual planejada ao contexto social, pessoal e virtualmente. É fato que a sociedade hipervaloriza a imagem e, exageros à parte, o princípio do cuidado visual precisa ser analisado realisticamente. O traje correto e adequado ao momento, a combinação estética de peças, cores e estilo, a adequada presença digital nas redes sociais, bem como os cuidados físicos básicos (corte do cabelo, higiene, saúde dentária etc.) são fundamentais para a composição harmônica e atrativa da imagem.

Você compraria um carro altamente potente, mas esteticamente ultrapassado e com *design* obsoleto? Contrataria, para lidar com seus clientes, um funcionário competente, mas visualmente desleixado e desarrumado? Admira produtos como iPad e iPhone? Vibra com as linhas arrojadas do último lançamento da sua marca predileta de carro? Suspira ao ver uma mulher bem arrumada, perfumada ou um homem elegante num terno bem cortado? Intuitivamente todos reconhecem a importância da aparência para o sucesso das pessoas, produtos e experiências profissionais.

Na ausência de qualquer referência sobre você, as pessoas invariavelmente vão julgá-lo pela sua aparência, que se estende às roupas, adereços, cabelo, perfume, gestual e postura do próprio corpo. Isso é tão importante que pode impactar o seu sucesso ou fracasso num projeto, principalmente se quem estiver diante de você for alguém exigente e de sucesso. Esse assunto é tão sério que, não raro, altos executivos confidenciam que não contrataram determinada pessoa porque não "irradiava" a aura de cuidado com a aparência e imagem buscada pela empresa, apesar da competência. Dizem também que se o profissional não cuida da sua própria estética, não cuidará também dos negócios da empresa. Casos famosos, incluindo ex-presidentes, vários artistas e empresários nos mostraram que o esmero pelo "receptáculo" abre portas e muda o patamar de conquistas de um indivíduo, independentemente de sua área de atuação.

Avalie com sinceridade, dando notas de 0 a 10: a sua aparência reflete o sucesso que você já desfruta ou quer desfrutar? Sua imagem inspira confiança? Sua comunicação visual está adequada à prosperidade que você quer? Você está na sua "melhor versão"? Se não soube responder a essas perguntas ou deu nota abaixo de 7 em alguma delas, está na hora de rever seus conceitos e investir mais em você mesmo!

Finalmente, a prática de ações de apoio e incentivo aos demais é o grande elemento do *marketing* pessoal e, como destaque social, a melhor forma de ocupar um lugar nas mentes e corações dos que nos cercam. No entanto apoiar, ajudar e incentivar as pessoas deve ser um conjunto de atitudes sinceras, transparentes e baseadas no que se tem de melhor. As ações meramente aparentes são facilmente detectadas e minam a essência do *marketing* pessoal verdadeiro. O segredo, portanto, é sempre se perguntar: como posso ajudar? De que forma posso apoiar mais? Como posso incentivar o crescimento, o progresso e o bem-estar dessa pessoa?

Quando bem praticado, o *marketing* pessoal é uma ferramenta extremamente eficaz para o alcance do sucesso social e profissional. Além de beneficiar quem o pratica, também proporciona bem-estar para todos que estão ao redor.

2. O PERFIL DO PROFISSIONAL DE VENDAS

Pensando nos conceitos que envolvem o *marketing* pessoal, algumas características tornam-se fundamentais na formação do perfil adequado ao profissional de vendas:

- *Respeito hierárquico*: saber ser leal à empresa em que trabalha e aos seus objetivos, reconhecer e cumprir as instruções e os procedimentos padrões.
- *Alegria:* o profissional de vendas precisa buscar permanentemente a alegria, pois a atitude "cara fechada" é prejudicial ao seu desempenho e simpatia.
- *Ambição:* falta de ambição leva a pessoa a não se esforçar e, consequentemente, não cumprir as suas missões.
- *Aprendizagem:* boa capacidade e vontade de aprender e compreender os fatos.
- *Apresentação:* os aspectos e os modos devem traduzir higiene e esmero ao se vestir, de acordo com o negócio e perfil dos clientes, sem excessos.

- *Aproveitamento do tempo:* capacidade de administrar racionalmente o tempo, priorizando as tarefas e resultados mais importantes. O vendedor que não consegue se programar, perde boas probabilidades de venda.
- *Atenção:* estar permanentemente alerta para tudo o que ocorre ao redor, pois muitas vezes o fechamento da venda está num pormenor, num detalhe.
- *Atualização:* atitude proativa para manter-se "antenado" com os acontecimentos.
- *Autorrespeito:* deve respeitar a si próprio e a sua profissão, a partir do autorrespeito se obtém o respeito dos outros.
- *Boa memória:* a memorização facilita a identificação de pessoas e problemas.
- *Capacidade de avaliação:* usar critérios objetivos para avaliar o cliente e argumentações mais adequadas a cada perfil de cliente.
- *Capacidade de empatia:* um dos elementos basilares da persuasão. Saber colocar-se no lugar do outro com compreensão e simpatia, pois isso literalmente atrai as pessoas.
- *Capacidade de ouvir:* fazer silêncio para ouvir com atenção e argumentar, decifrando tudo que está nas linhas e entrelinhas. Há um provérbio oriental que afirma: "a sabedoria divina é tão grande que criou o homem com dois ouvidos e apenas uma boca, para que pudesse ouvir mais e falar menos.".
- *Capacidade de recuperação:* disposição para se refazer dos revezes e rapidamente voltar à ação, com confiança e coragem.
- *Conhecimento dos produtos e serviços:* conhecer profundamente os produtos e serviços que vende, para ter segurança técnica. O interesse sincero pelo negócio facilita a venda, pois deve "comprar" o que oferece antes mesmo de tentar vender.
- *Convicção:* acreditar nos benefícios e vantagens daquilo que vende demonstra confiança!
- *Cortesia e gentileza:* usar sempre "por favor", "por gentileza", "muito obrigado" e "foi um prazer ajudá-lo" facilita o bom atendimento e relacionamento.
- *Decisão:* tomar decisões e obter decisões por parte dos compradores, na hora certa.
- *Energia interior:* combustível para enfrentar situações complicadas e buscar novos desafios.

- *Entusiasmo:* contagia a todos e produz um espírito de otimismo.

Desenvolva-se em cada um desses itens, incentive-os nas equipes de vendas e também nas equipes de apoiadores das vendas. Agindo assim, tenha certeza de que está no caminho certo para dobrar as suas receitas!

3. ESTRATÉGIAS DE NEGOCIAÇÃO

Uma das funções mais nobres de vendas é a negociação, entendido como o processo de alcançar objetivos por meio de um acordo em situações que existam interesses comuns, complementares e opostos. Toda negociação envolve duas ou mais partes interessadas em firmar um relacionamento, pontual ou contínuo, objetivando a troca de bens ou serviços entre empresas ou entre empresas e consumidores. Para alcançar esse objetivo, a base é o conhecimento entre as partes, conseguido pelo grau de relacionamento e interesse mútuo, quando são criadas as condições para a formação da confiança que determina o acordo ou o fechamento da venda.

Grande parte dos negócios entre empresas e pessoas envolve habilidades de negociação. Embora o preço seja o elemento negociado com maior frequência, há outras questões importantes como a data do término do contrato, a qualidade dos bens e serviços oferecidos, o volume, a responsabilidade pelo financiamento, pelo risco, pelas promoções, segurança, assistência técnica e garantias.

As habilidades necessárias ao profissional de vendas podem ser divididas em três categorias: *habilidades interpessoais, técnicas* e de *negociação*. As *habilidades interpessoais* são essenciais, pois estão relacionadas ao contato com as pessoas. As *habilidades técnicas* dizem respeito ao conhecimento técnico e das características dos produtos e serviços comercializados. As *habilidades de negociação* envolvem uma visão ampla que deve ser desenvolvida de acordo com o perfil do cliente e experiência do profissional de vendas, envolvendo quatro etapas principais: *preparação, discussão, proposta* e *barganha*.

A primeira etapa é a *preparação*, na qual o profissional de vendas irá reunir todas as informações internas e externas necessárias para montar sua estratégia de apresentação ao cliente. Após a preparação da apresentação, a negociação entra na fase da *discussão*, quando se discutem os detalhes técnicos dos serviços e produtos necessários, prazos de entrega, pagamentos e outros. A terceira etapa é formação da *proposta*, onde se procura refinar os pontos concordantes sobre as melhores soluções para ambas as partes. Logo após entra em cena a *barganha*, quando realmente as discussões acontecem e os clientes reivindicam benefícios e vantagens para se concluir a negociação. O ideal é que as concessões ocorram entre ambas as partes e que as duas conquistem vitórias, e não somente uma parte consiga vantagem sobre a outra – o foco é a "relação ganha-ganha".

Quanto maior a intensidade do interesse comercial, maior deverá ser o esforço de relacionamento, busca do equilíbrio, conquista dos objetivos das partes envolvidas e definições para definir o fechamento da venda. Fique atento aos sete pontos-chave para conduzir as negociações:

- *comunicação:* entendimento das mensagens transmitidas pelas partes envolvidas;
- *relacionamento entre as partes:* trabalho em conjunto na busca por melhores soluções;
- *interesse equilibrado:* atender aos interesses do cliente, mas proteger também a lucratividade e resultados da empresa;
- *opções:* compreender o verdadeiro interesse do cliente, para sugerir as melhores opções de soluções (produtos, serviços e experiências);
- *formas de convencimento:* apresentar, de maneira objetiva e ética, as opções para que o cliente saiba o que está sendo oferecido a ele;
- *alternativas, caso não ocorra o acordo:* as partes precisam ter consciência das "alternativas ao desacordo", caso a negociação não se consolide.
- *compromisso:* formalizar promessas práticas e realistas de ambas as partes.

Como uma boa negociação depende de um bom planejamento, quanto maior o tempo investido na preparação da interação e determinação dos limites possíveis para o acordo, menor será o desgaste pois haverá mais objetividade e pertinência na abordagem. O resultado desse investimento em inteligência trará bons retornos para seus esforços!

Fique atento aos *princípios vitais* da negociação em vendas:

- informação é poder: adote a postura do "ouvinte ativo e atencioso";

- prepare-se para correr alguns riscos, calculados;
- use bem o tempo;
- algumas regras e normas podem ser negociadas, outras não;
- procure saber a todo momento: quem precisa mais?
- procure alternativas, seja criativo;
- faça ofertas realistas;
- lembre-se que o outro não tem o poder naturalmente;
- analise as suas fontes de poder, pois o poder pode mudar durante o processo;
- reconhecer o próprio poder é tão importante quanto ter poder;
- esteja preparado para ceder em algumas situações;
- só conceda benefícios se houver contrapartidas, como por exemplo reduzir o preço se o cliente aumentar a quantidade comprada;
- realize concessões inicialmente com itens de menor importância, guardando os mais impactantes para o final.

Concluindo, uma estratégia de negociação em vendas é o comprometimento com a abordagem que tem ótimas chances de alcançar os objetivos, pois fundamenta-se no entendimento sobre as partes envolvidas. Quanto mais você se preparar previamente, melhores serão os resultados! Além dos dados internos, use a Internet para descobrir a realidade e potenciais problemas ou desconfortos da outra parte para direcionar a sua oferta, entender o próprio poder e o poder do outro. Enfoque a relação "ganha-ganha", com vistas ao longo prazo, pois suas receitas precisam evoluir coerente e consistentemente.

4. ESTUDO DE CASO: MODELO NATURA DE VENDAS

"A venda da qualidade de vida! Foco no relacionamento."

O propósito desse caso é evidenciar itens importantes que foram utilizados pela Natura em algum momento da sua gestão, ao longo da sua história empresarial, instigando você a aprimorar suas ações comerciais. Para mais informações, acesse www.natura.com.br.

O modelo porta a porta cresceu no Brasil de forma impressionante e alguns elementos da gestão de vendas dessa empresa permitem entender como o trabalho é feito estratégica e taticamente. A força de vendas é composta por milhares de consultoras Natura. Não existe exclusividade de atendimento de clientes ou território. Os profissionais autônomos devem iniciar e ampliar uma carteira própria de clientes através da sua rede de contatos imediata (amiga, irmã, vizinha, colega de trabalho, mãe, noivo etc.) e essa rede ajuda indicando pessoas de suas redes de contato.

A divulgação se dá em todos os lugares que a consultora frequenta (academia, escolas, salões de beleza, trabalho e casas de familiares), para isso contribuindo uma série de materiais específicos de divulgação. Cada consultora é responsável por montar um cadastro próprio de clientes, destacando dados, características pessoais e históricos de compras, existindo um ciclo médio de atividades de 21 dias. Ao final de cada ciclo, a consultora vai a campo e marca a validade de um "composto promocional Natura", envolvendo condições de preço, distribuição, comunicação e produtos envolvidos. No restante do mês ocorre o Encontro Natura, o lançamento de novos produtos, a descontinuação de produtos, promoções para as consultoras, campanhas de incentivos e cursos.

As consultoras são treinadas a planejar o que irão fazer no ciclo, listando atividades diárias como visitas, ligações, transmissão de pedidos e datas dos cursos, entre outras atividades. Cada consultora tem um crédito de pontos para que possa transmitir seus pedidos. Esse valor vai aumentando conforme evolui seu relacionamento com a Natura e são observados a pontualidade no pagamento do boleto bancário (enviado pela Natura), o tempo de cadastro e utilização. A Natura oferece 30% de comissão (já inclusos no preço do produto) e a consultora é livre para praticar o desconto que quiser, limitado de 0 a 30%. Dessa forma, a empresa incentiva a consultora a planejar o seu ganho.

Há um trabalho de motivação destacando as vantagens de ser uma consultora Natura (horário livre, cursos variados, material de apoio, disponibilidade de produtos e outros). Existe também um forte trabalho de descrição dos produtos Natura, das necessidades dos consumidores que atendem, dos segmentos para os quais são indicados e dos argumentos de venda que devem ser usados para cada tipo de produto e perfil de consumidor.

Inspirado por esses itens do modelo Natura, o que poderia ser aprimorado na sua gestão comercial?

GESTÃO DA FORÇA DE VENDAS

1. O PAPEL DO GERENTE DE VENDAS

O gerente de vendas é o profissional responsável não só pelo desempenho da equipe de vendas e pelos resultados por ela alcançados, como também por informações e previsões para compras de matérias-primas, orientações para desenvolvimento de novos produtos, interação com outras áreas e orçamentos relacionados à atividade. Como gestor, deve conduzir a sua equipe para atingir os objetivos estratégicos perseguidos pela empresa.

Precisa constantemente avaliar e qualificar as oportunidades de mercado relativas ao seu público-alvo, estimando o potencial dos resultados para tornar mais fácil a execução dos planos de ação definidos. A profissão de gerente de vendas é um verdadeiro desafio, uma vez que o êxito do seu trabalho exige a participação de outras pessoas com espírito de cooperação e motivação, algo muitas vezes difícil de ser conquistado, em especial quando se trata de uma empresa com atuação em diversos mercados e situações distintas.

O gestor comercial deve conhecer as técnicas e estratégias de vendas, negociação, persuasão, objetivos estratégicos da empresa, bases de dados e tudo sobre os produtos e serviços que serão comercializados, para gerenciar com respeito e liderança. A equipe de vendas gosta de saber que seus gestores conhecem as dificuldades de comercialização, os problemas e as necessidades para se realizar a venda. Para ser respeitado no mundo das vendas, é preciso ter as "cicatrizes da batalha"! Não basta saber, é preciso saber fazer e viver a realidade de trazer receitas para empresa.

Equipes de vendas de alto desempenho são fundamentais tanto em organizações lucrativas quanto em organizações sem fins lucrativos pois, no final das contas, todos precisam vender algo, ou convencer alguém a comprar ou aceitar algo. As pessoas que trabalham com vendas abrangem uma ampla faixa de cargos, desde o menor até o mais criativo papel:

1. Entregador: vendedor cuja principal tarefa é entregar um produto.
2. Tomador de pedidos: vendedor que atua como um tomador de pedidos interno (dentro da loja, atrás de um balcão) ou externo (visita os clientes e colhe as demandas).
3. Missionário: vendedor do qual não se espera ou mesmo não se permite a tomada de pedidos e que tem, como principal tarefa, construir uma boa imagem ou instruir o usuário atual e potencial.
4. Consultor Técnico: vendedor com alto nível de conhecimento técnico e capaz de ser também um consultor para os clientes, tanto pessoas físicas quanto empresas.
5. Gerador de demanda: vendedor que se baseia em métodos inovadores para instigar a compra de produtos tangíveis (geladeiras, livros) ou intangíveis (seguros, convênios).
6. Vendedor de soluções: vendedor cuja especialidade é resolver um problema mais complexo do cliente, muitas vezes relacionado a um sistema de produtos ou serviços da empresa.

É inquestionável a necessidade e importância da força de vendas para a empresa dentro do *Mix* de *Marketing*, conforme visto da Parte 1 do livro. No entanto, esteja atento aos valores dos investimentos que algumas vendas representam, pois em várias situações são necessárias diversas visitas até o fechamento da venda. Esse é um dos motivos que tem levado muitas empresas a investirem em outros canais de vendas como redes sociais, *site* de vendas *on-line* e *call center*. As empresas procuram também aumentar a produtividade por meio de melhores processos de seleção, treinamento, supervisão, motivação e remuneração.

Independentemente do tamanho da organização, os profissionais de vendas precisam ser orientados para desempenharem de forma plena o seu trabalho, nos curto e longo prazos. Quando uma organização atinge determinado crescimento, deve estabelecer diretrizes para definir e atingir os resultados considerados prioritários. Sim meu caro leitor, mais uma vez reforçamos a importância do planejamento estratégico, visto na Parte 1, como crucial para a empresa gastar menos e certo, economizando dinheiro, e investir corretamente, trazendo mais receitas com boa lucratividade. O gestor de vendas precisa contribuir ativamente e conhecer profundamente o planejamento estratégico!

Para que o seu trabalho ocorra em harmonia com as diretrizes da empresa, é importante que o gestor de vendas seja um "líder verdadeiro" e não um "chefe", recebendo orientações sobre as suas principais funções, indicadores e metas de desempenho, orçamentos para manutenção e investimentos, áreas de atuação da empresa, interfaces com outros gestores, infraestruturas a disposição, critérios para tomar decisões e que tipos de comportamento devem ser evitados.

2. PLANEJAMENTO DA FORÇA DE VENDAS

Como dito anteriormente, os vendedores servem de ligação entre a empresa e o cliente, pois é percebido como a própria empresa por muitos clientes, criando impactos e vínculos duradouros. É o vendedor que traz as informações necessárias sobre o cliente e vice-versa. Exatamente por isso você precisa considerar, cuidadosamente, alguns pontos na formação da sua força de vendas.

Muitos profissionais de vendas preferem manter certa distância quando o assunto é planejamento, por desconhecimento do propósito, alegando se tratar de mera burocracia e que, na prática, as situações do dia a dia são diferentes. Desconhecem que por meio do planejamento é possível antecipar e proteger a empresa das ameaças futuras, aproveitar as oportunidades e adequar os esforços ao nível necessário para o ótimo desempenho. Além disso, o planejamento contribui para a redução de custos, pois as operações passam a ser estabelecidas dentro dos padrões de racionalidade e eficiência, para melhor aproveitamento dos recursos disponíveis.

A função de planejar deve ser exercida com base em previsões probabilisticamente relevantes e fatos concretos, devendo o gestor de vendas compilar dados, analisá-los periodicamente e informar-se a respeito em interação com os vários setores. É o responsável direto pelo planejamento em seu departamento, envolvendo as atividades relacionadas às vendas em interação com as atividades de *marketing*. A seguir uma lista dos principais itens que devem ser considerados:

- Prospecção de mercado: buscar obsessivamente novos clientes.
- Definição e atuação sobre o público-alvo: dimensionar as ações entre os clientes atuais e os potenciais.
- Comunicação direcionada: buscar as informações certas e necessárias sobre os produtos, os serviços, os concorrentes e as percepções sobre a confiança na empresa.

- Processo de vendas: desenvolver as técnicas de abordagem, apresentação, argumentação, respostas às objeções, fechamento da venda e pós-venda.
- Coleta e análise de informações: condução e análise das pesquisas de mercado.
- Serviços: garantia da prestação conforme prometido, no contexto da venda ou não.
- Fidelização: decisões, juntamente com o *marketing*, sobre os critérios para a segmentação dos clientes, bem como as ações pertinentes a cada segmento.

Você precisa definir os objetivos específicos que a sua força de vendas precisa atingir! Em quanto deve aumentar as receitas vindas dos novos clientes, em quanto aumentar as receitas vindas dos clientes atuais e dos clientes reativados? Precisam fazer quantas visitas semanais ou mensais? Precisam participar de quais eventos para consolidação da marca? Fazer quantas palestras divulgando a empresa? Escrever quantos artigos para dar visibilidade às ofertas da empresa? Apoiar como as ações de ativação da demanda no mundo digital? Apoiar como as ações tradicionais de comunicação? Se não forem estabelecidas metas claras, os vendedores podem gastar a maior parte do tempo fazendo as mesmas coisas, vendendo produtos já existentes para contas consolidadas ou negligenciando os novos produtos e novos clientes. Não corra esse risco!

É preciso considerar também que a conjuntura econômica impacta o desempenho das vendas, pois, durante uma escassez de produtos, os vendedores não têm dificuldades para vender. Durante períodos de grande oferta de produtos, no entanto, precisam lutar para conquistar a preferência do cliente. Adicionalmente, os prazos devem ser considerados para o planejamento de vendas, variando de um a três anos. Quanto mais longo o período, maior a dificuldade de se planejar e, consequentemente, a necessidade de mais aprofundamento na análise dos dados coletados, dentro e fora da empresa. Em economias com menor tradição estatística e em desenvolvimento, como a brasileira, a dificuldade de previsão existe até mesmo para prazos menores, obrigando as empresas a encomendarem levantamentos específicos um pouco mais trabalhosos, porém recompensadores pela lucidez proporcionada.

3. DEFINIÇÃO DA ESTRATÉGIA DA FORÇA DE VENDAS

Outro ponto importante é a estratégia da força de vendas, pois é por meio de uma abordagem comercial adequada que a empresa vai se posicionar de forma clara no mercado. O cliente pode ser abordado de diversas formas, o mercado pode ser dividido também de diversas formas, e você precisa definir qual delas se encaixa melhor em seus objetivos, aprimorando a estrutura da força de vendas à medida que as condições econômicas e de mercado mudam.

Decidida a abordagem, você pode usar uma força de vendas direta, formada por funcionários próprios, ou terceirizada/contratada, formada por representantes comerciais, vendedores autônomos ou corretores. Para essa definição, use como filtro as características do seu mercado, as atuações dos melhores concorrentes, os produtos e os serviços ofertados.

Para alcançar os objetivos estabelecidos, responda às seguintes perguntas:

- **a.** Para quem vender?
- **b.** O que vender?
- **c.** Como vender?
- **d.** Onde vender?
- **e.** Quais diferenciais competitivos da empresa abordar?
- **f.** Quais vantagens e benefícios dos produtos e serviços enfocar?
- **g.** Como remunerar?
- **h.** Qual a complexidade da venda?

Considerando os vários tipos de estratégias comerciais, fique atento:

- *Estratégias de marketing e de produtos*

devem ser comunicadas de maneira clara, por meio de sistemas de comunicações digitais e tradicionais que permitam manter as equipes informadas e comprometidas. Os gestores de vendas precisam estar atentos às novidades e às mudanças de estratégias de *marketing* e de produtos/serviços, para preparar as equipes.

- *Estratégias de criação de valor*

as ofertas possuem valores agregados que precisam ser ativamente comunicados aos compradores, para serem percebidos. O sucesso dessa estratégia depende da efetividade a comunicação, devendo as equipes de vendas e *marketing* conhecerem profundamente os valores, benefícios e vantagens que devem comunicar e reforçar perante os clientes.

- *Estratégias competitivas*

os mercados estão cada vez mais competitivos, com muitas alternativas de ofertas e fornecedores, pressão para baixar custos, pouca ou nenhuma diferença significativa entre concorrentes e um nível cada vez mais alto de exigência dos compradores. Por isso, é necessário conhecer os pontos fortes e fracos dos concorrentes, estabelecendo estratégias inteligentes para combatê-los.

- *Estratégias políticas*

o relacionamento próximo com os clientes, em especial se o seu negócio for serviços qualificados como consultoria empresarial ou jurídica, é uma poderosa alavanca competitiva. Nos dias atuais não basta ter ofertas interessantes, é preciso ter clientes influentes usando o seu prestígio e poder, dentro e fora das organizações, indicando a sua empresa.

Para se atingir os resultados buscados, é preciso ter informações atualizadas sobre os clientes, mercados e concorrentes, apoiado fortemente pela Tecnologia da Informação (TI) e plataformas web (Internet). Sem informações disponíveis, pertinentes e atualizadas, que deem suporte à gestão de vendas, o entendimento da situação atual e o delineamento de ações de melhorias ficam muito comprometidos. A TI ganha cada vez mais importância no mundo dos negócios, sendo considerada uma área estratégica para a tomada de decisões, afinal de conta como decidir sem analisar e entender a partir das informações geradas com o apoio da tecnologia? As informações necessárias sobre o ambiente comercial podem ser divididas em:

- *Informações de mercado*

relacionadas ao segmento onde a empresa atua, como tendências do setor, novas e atuais tecnologias, melhores práticas, desempenhos que são referências no mercado, leis, formadores de opinião e concorrentes. Muitas empresas especializam suas forças de vendas de acordo com um setor ou grupo de clientes, com a vantagem de poder conhecer profundamente as necessidades específicas de cada grupo e a desvantagem de, muitas vezes, esses clientes estarem espalhados por todo o país, exigindo muitas viagens. As informações de mercado devem estar sempre disponíveis e atualizadas, para ter-se uma visão completa do ambiente competitivo e as mudanças potenciais.

- *Informações dos clientes*

você precisa conhecer cada vez mais os seus clientes! Não só a localização, mas também as suas particularidades, seu perfil pessoal ou corporativo, os critérios principais de escolha, o processo de tomada de decisão, os hábitos de mídia, o nível de confiança e satisfação com a empresa, enfim, todos os aspectos relacionados à decisão de compra. O conhecimento sobre seus segmentos de cliente é uma importante vantagem competitiva e o desafio para os gestores de vendas é identificar quais informações permitirão esse conhecimento.

- *Informações sobre os produtos e serviços*

umas das competências mais essenciais de vendas é o conhecimento profundo sobre os serviços e produtos ofertados. Com a velocidade das mudanças, algumas vezes a força de vendas não tem capacidade de assimilar as informações sobre novos produtos ou modificações em produtos, o que acarreta um impacto negativo muito grande no resultado. A importância de os vendedores conhecerem profundamente os produtos, somada à criação de áreas de desenvolvimento e gerência de produtos, levou muitas empresas a estruturarem suas forças de vendas de acordo com as linhas de produtos. A especialização justifica-se particularmente quando estes são tecnicamente complexos, poucos relacionados entre si ou muito numerosos. O conhecimento profundo da oferta de uma família de produtos, para enriquecer e tornar a comunicação de vendas eficaz, é algo decisivo no ambiente competitivo de vendas. Use as tecnologias que permitam acesso fácil às informações, pois soluções nesse quesito são muito mais uma questão de criatividade do que altos orçamentos.

- *Informações sobre concorrentes*

é necessário reunir e analisar a atuação de empresas que ofereçam algo similar ou igual ao que você oferece. São informações como estrutura, organização, detalhes sobre produtos ou serviços ofertados, resultados financeiros, participação de mercado etc. As informações devem ser disponibilizadas para a força de vendas, que ajudará a implementar as estratégias para superar os competidores.

No dinâmico mundo global interligado pela Internet, o grande desafio para os gestores de vendas é identificar as informações adequadas e relevantes, bem como os processos que devem ser utilizados para disponibilizá-las. Você precisa revisar sua estrutura de vendas à medida que as condições econômicas e de mercado mudam, dominando as dimensões e particularidades da gestão de vendas para aproveitar totalmente suas potencialidades, fator decisivo para dobrar as suas receitas!

4. DESENVOLVIMENTO DA FORÇA DE VENDAS

Depois de planejar suas estratégias, tarefa importante é desenvolver a gerência da força de vendas, por meio de decisões, orientações, atitudes e posturas tomadas no dia a dia do profissional que lidera a equipe comercial. Considere o que ele realmente faz, sua entrega de resultados, capacidade de comunicação, entendimento dos objetivos estratégicos e diretrizes à equipe. Tenha em mente que a seleção dos participantes da equipe é crucial para a formação de um time coeso e focado em buscar os objetivos estabelecidos, em que o entrosamento e a união fazem a diferença.

O gerente comercial, além de apoiar e cobrar resultados, precisa perceber os pontos favoráveis e desfavoráveis da equipe, identificar suas causas e implementar ou aperfeiçoar os itens verificados nessa avaliação. Ser transparente e manter a elegância corporativa são atributos imprescindíveis para ser respeitado como líder, favorecendo o amadurecimento profissional próprio e de todos os membros do time. Se contar com uma área estruturada de *marketing*, poderá ficar mais focado nas atividades finais de vendas, caso contrário precisará cuidar também das ações relacionadas ao *marketing*, apresentadas na Parte 1. Como se pode perceber, o trabalho do executivo de vendas é muito complexo, dada a diversidade das atividades que o envolvem, destacando-se a habilidade para negociações, prospecção e apoio em novos contratos, defesa da marca e reputação, interação constante com o *marketing*, desenvolvimento de mais vendas para os clientes atuais, monitoramento dos concorrentes, influência dos formadores de opinião, fortalecimento do networking tradicional e digital, estímulos para indicações da empresa, dos produtos e serviços.

4.1. ESTRUTURA DA FORÇA DE VENDAS

A estrutura da força de vendas está ligada ao tipo de força de vendas adotada. Apesar do grande salto das vendas por meio eletrônicos e Internet, as organizações precisam se preocupar em atender duas condições básicas:

- *Força de vendas direta:* a empresa utiliza, com exclusividade, os vendedores próprios, que deverão visitar diretamente os clientes da empresa.
- *Força de vendas indireta:* a empresa utiliza os seus representantes, distribuidores ou vendedores autônomos, sem vínculos trabalhistas com a empresa.

O dilema sobre qual estrutura adotar é afetado por vários fatores, não havendo certo ou errado. Avalie o que for melhor para o seu negócio! Seguem as vantagens de se adotar representantes de vendas:

- uma equipe própria de vendas significará um custo fixo com encargos sociais também fixos. Sendo assim, empresas de pequeno e médio portes tendem a ter vantagens de custo operacional menor quando trabalham com representantes;
- é mais fácil controlar e conduzir o relacionamento dos representantes com os clientes, de modo que se sintam da empresa e não dos representantes;
- representantes são pagos, geralmente, com um percentual de comissão sobre a venda. Não havendo venda, não há dispêndio para a empresa;
- os produtos de venda sazonal provocam custos fixos permanentes quando há uma equipe própria de vendas. O custo será sazonal se a empresa trabalhar com representantes.

Por outro lado, as vantagens da equipe própria de vendas são:

- a empresa, seus produtos ou serviços podem não ser interessantes aos representantes, em algum momento, o que não ocorre com a equipe própria;
- quando há vendas para grandes clientes, o custo da equipe própria de vendas tende a ser menor, pois pode-se pagar menores salários fixos e comissões, combinados previamente;
- os vendedores próprios são mais facilmente controlados, treinados e motivados;
- em algumas áreas ou mercados é difícil encontrar representantes, ou mesmo manter a sua regularidade.

Analisando as vantagens e as desvantagens de cada uma das opções, escolha a estrutura adequada para a sua força de vendas: equipe própria, representantes ou equipe mista (representantes em algumas áreas e vendedores próprios em outras).

Desenvolva estrategicamente sua força de vendas, de modo que possa visitar os clientes certos, no momento certo e da maneira certa. Os vendedores trabalham com clientes de diversas maneiras:

- *vendedor para comprador:* o vendedor entra em contato pessoalmente, por telefone ou meio digital, com o cliente atual ou potencial;
- *vendedor para grupo de compradores:* o vendedor procura conhecer o maior número possível de membros do grupo de compradores, para desenvolver a confiança, identificar oportunidades de vendas e instigar indicações para outros clientes potenciais;
- *equipe de vendas para grupo de compradores:* uma equipe de vendas da empresa trabalha em contato direto com membros de um grupo de compradores, igualmente para desenvolver a confiança, identificar oportunidades de vendas e instigar indicações;
- *reunião de vendas:* o vendedor organiza uma reunião entre os profissionais da empresa e clientes potenciais, para discutir problemas e/ou oportunidades de negócios;
- *seminário de vendas:* uma equipe da empresa realiza um seminário para a empresa cliente, apresentando as últimas novidades do setor e identificando oportunidades.

Os profissionais de vendas atuam como "gerentes de contas", influenciando e fechando negócios com pessoas das diferentes organizações com as quais negociam. Cada vez mais vender significa trabalho em equipe e requer o apoio de outros colaboradores: altos executivos, quando estão em jogo vendas de abrangência nacional ou de grande importância; especialistas de mercado, para informações qualificadas e prestação de serviços aos clientes e *prospects*; pessoal de serviço específico, para instalação, manutenção, testes e outras demandas; e equipe de escritório, para apoio administrativo e atividades de rotina.

Para manter o foco nos resultados, os profissionais devem saber analisar os dados de vendas, medir o potencial e a participação de mercado, coletar informações, desenvolver estratégias e planos de prospecção, dominar as ferramentas de gestão e tecnologias da informação em vendas. Precisam ter habilidades para entender o comportamento humano e das melhores práticas empresariais, defendendo sua relevância nos níveis mais altos da empresa. A experiência profissional comprova que as forças de vendas se tornam mais efetivas, no longo prazo, se aplicarem tanto as técnicas de *marketing* quanto as de vendas!

5. ESTUDO DE CASO: MULTILÓGICA E O SISTEMA DE AUTOMAÇÃO DE VENDAS PARA A IPORANGA

O propósito desse caso, como nos anteriores, é destacar itens importantes utilizados pelas empresas em algum momento da sua gestão, ao longo da sua história, instigando você a aprimorar suas ações comerciais e resultados da sua empresa, para rapidamente dobrar as suas receitas.

A empresa Multilógica, especializada no desenvolvimento de *softwares* de gestão, desenvolveu de forma customizada um interessante *software* para atendimento e gestão de clientes a ser implementado pelo *calI center* da rede de drogarias Iporanga, com sede em Santos, litoral de São Paulo, que contava com cerca de 65 lojas.

O sistema, ao receber uma chamada por telefone, identifica o cliente e seu histórico de relacionamento (informações que foram armazenadas em todos os atendimentos), histórico de compras e classificação do *status* (o quanto é "importante para a rede") e também a classificação sobre as condições psicológicas do cliente, se é um atendimento normal ou está em um momento psicológico ruim, se tem alguma reclamação, se aquela é uma segunda ou terceira ligação ao *calI center*, registrada anteriormente por outro vendedor.

Outras características interessantes do *software* são a capacidade de resgatar o nome do produto que o cliente possa ter esquecido, já que o sistema disponibiliza todos os produtos por meio de fotos para o vendedor. Ele também indica uma opção mais barato ao cliente, quando equivalente, desde que o produto traga uma rentabilidade maior para a Iporanga, dando essa opção ao cliente. O *calI center* atua prioritariamente recebendo ligações, mas quando a atendente não está recebendo ligações, é gerada uma lista de tarefas com clientes e ofertas a serem feitas baseadas nas compras passadas, considerando os produtos e a frequência de compra. Abordagens do tipo: "Estamos falando da Drogaria Iporanga, a senhora sempre compra este produto para lentes de contato uma vez a cada dois meses, estamos com uma promoção especial." O interessante é que este sistema tem preservado o atendimento personalizado aos clientes das drogarias, mas permite uma grande eficiência (baixos custos e agilidade) e eficácia (satisfação do cliente e maiores resultados) no atendimento.

Pensando na tendência de envelhecimento da população e mesmo no aumento da violência e concentração dos centros urbanos, esse sistema passa a ser muito valioso pois torna desnecessária a ida à farmácia, tornando-se tão viável que a rede de drogarias repensa se a estrutura de lojas físicas seria mesmo necessária. Algumas extensões de serviços que esta poderosa ferramenta tem gerado à rede de drogarias são parcerias com outras empresas interessadas na forma de abordar os clientes, preservando seu interesse em receber as ligações do *call center*, e a disponibilização das informações consolidadas a respeito do comportamento de compra de consumidores de medicamentos, muito útil para a tomada de decisão em *marketing* das indústrias farmacêuticas e outros distribuidores.

Inspirado por esse caso, que tal se questionar o que poderia ser aprimorado na sua gestão comercial relacionado à tecnologia de abordagem e atendimento?

6. TREINAMENTO DOS VENDEDORES

Treinamento e motivação são etapas posteriores ao recrutamento e seleção, para preparar e motivar a equipe. Treinamentos em vendas são feitos com relação às características dos produtos e serviços, dos clientes, da própria empresa, do mercado, concorrentes, técnicas de vendas e persuasão. Lembre-se que seus resultados sempre serão proporcionais à qualidade das suas equipes, a começar pela equipe de vendas!

Geralmente, os treinamentos contemplam reflexões e orientações práticas sobre o nível de complexidade exigido no processo de vendas, relacionado aos produtos (tipos de produtos e aspectos específicos das marcas), clientes (número de grandes clientes, segmentos e características peculiares), serviços (principais e complementares) e empresa (características, valores, missão, visão e diferenciais). Trabalhe também as iniciativas que não deram certo, para que os mesmos erros não sejam cometidos novamente, pois as pessoas aprendem quando orientadas sobre o que fazer e também sobre o que não fazer.

Quanto maior for a especificidade dos seus produtos e serviços, maior será a necessidade de treinamento sobre eles, tradicionais e digitais. Da mesma forma, quanto maior a especificidade com relação à empresa e consumidores, maior será a necessidade de períodos mais longos e mais intensos de treinamento e aprendizado pelos vendedores. Fuja dos "especialistas teóricos", contrate apenas profissionais com larga experiência de mercado e "cicatrizes de batalhas", para que seus resultados sejam mais pragmáticos e a equipe o admire.

Deverão existir treinamento para os novos e atuais vendedores, onde alguns deverão trazer informações sobre as características da empresa, produtos, serviços e concorrentes, e outros precisam enfocar atualizações e tendências de mercado. O objetivo é sempre potencializar questões de motivação, habilidades, atitudes e competências para vender mais e sempre! Importante reforçar que no recrutamento e seleção você precisa escolher as pessoas com as características para esse bom desempenho, devendo a política de treinamentos influenciar as aptidões aperfeiçoáveis. Contrate atitude, ética e proatividade! Reforce complementarmente as características técnicas.

A eficácia de um treinamento pode ocorrer em diferentes níveis, sendo recomendado avaliar os resultados conforme o modelo a seguir:

Figura 18 – Eficácia do treinamento

Nível de avaliação: qual a questão?	Informação: que informação buscar?	Método: como coletar?
Reação **Os participantes gostaram do programa?**	Opinião.	avaliação; questionário; comentários; entrevistas com participantes.
Aprendizagem **Os participantes aprenderam conceitos ou habilidades?**	Entendimento de conceitos, habilidade para usar técnicas.	Teste feitos antes e depois do treinamento.
Comportamentos **Os participantes mudaram seu comportamento no trabalho?**	Comportamento no trabalho.	Índices comportamentais, antes e depois; séries temporais.
Resultados **Quais os resultados pessoais ou organizacionais que ocorreram?**	Mudanças em vendas, produtividade, ou outro índice de desempenho.	Métodos de custos e benefícios, procurando o índice de retorno.

Fonte: Elaborado pelo autor.

Caso seja feito um programa para que a equipe apenas goste e se sinta energizada, como uma palestra motivacional de final de ano, a simples opinião dos participantes medida através de questionários é suficiente. No entanto, caso o aprendizado de técnicas específicas seja o objetivo do programa, a evolução dessas habilidades precisa ser avaliada antes e depois do treinamento, continuamente para uma evolução permanente.

7. MOTIVAÇÃO

Motivação em vendas é definida como o montante de esforço que um vendedor está disposto a investir em atividades como visitar clientes, fazer relatórios, estudar, relacionar-se com outras áreas, desenvolver *networking*, entender o negócio, prestar serviços pós-vendas e assim por diante.

Dois pontos são fundamentais a partir desse conceito, o primeiro é identificar o que os vendedores valorizam em termos de recompensas, o segundo é relacionar essas recompensas com metas claras de desempenho, atividades necessárias e recomendadas para atingi-lo. Para que o vendedor esteja motivado na direção que a empresa espera, você precisa remunerá-lo considerando metas finalísticas e indutoras. As finalísticas referem-se às receitas geradas em novos clientes, clientes atuais (fidelização inclusive) e por meio da reativação de clientes inativos. As indutoras são o caminho para se atingir as metas finalísticas: quantidade de visitas, alianças e parcerias realizadas, artigos escritos e publicados, entrevistas concedidas, formadores de opinião abordados (consultores, professores, jornalistas, políticos, juízes etc.), quantidade de participações em licitações, eventos, almoços de negócios, seminários, palestras e outros.

Como dito anteriormente: "diga-me o que medes e te direi para onde vais, diga-me quais são tuas metas e te direi com qual velocidade vais, e diga-me o quanto capacitas a tua força de vendas e te direi com que consistência vais."

8. RECRUTAMENTO

Da mesma maneira que a área de compras mantém um arsenal de possíveis fornecedores, para quando surgir algum problema possa rapidamente manter a linha de produção funcionando, o responsável pelo recrutamento deveria igualmente manter um banco de dados com possíveis candidatos aos cargos que a área comercial necessita, atualizado e constantemente alimentado.

O recrutamento consiste em utilizar um conjunto de técnicas, procedimentos de pesquisa, entrevistas e intervenções sobre as diferentes fontes capazes de fornecer à empresa um número adequado de pessoas necessárias às posições em aberto.

Para realizar um recrutamento, é necessário que haja uma solicitação formal, abrindo-se uma vaga para a função desejada: vendedor, auxiliar de vendas, operador de canais *web* (Internet), gerente, diretor etc. É muito importante que sejam estabelecidos os objetivos da contratação: nome do cargo, urgência, características básicas do profissional, perfil, tarefas e responsabilidades, entrega de resultados e local de trabalho. Em seguida, faz-se o planejamento do processo de recrutamento, verificando as fontes internas ou externas, as técnicas a serem utilizadas e os métodos de triagem mais apropriados.

A utilização de fontes internas representa o uso de recursos humanos disponíveis dentro da própria organização. Priorize a sua "prata da casa" e depois busque fora da empresa! Por meio de processos de transferências, promoções internas e utilizando-se de programas de treinamento e desenvolvimento de pessoas, pode-se identificar internamente vários profissionais que teriam interesse em preencher a vaga em questão. Tal procedimento deve constar da política de recursos humanos da empresa e da elaboração do plano de carreira.

Se os gestores estiverem atentos ao processo de avaliação do desempenho dos funcionários, é possível identificar potenciais profissionais para as diferentes áreas da empresa. Atenção, pois há algumas desvantagens no processo de recrutamento interno, como o conflito de interesses entre funcionários e o desestímulo daqueles que, apesar de terem se candidatado à vaga, não foram aceitos. Outro fator importante é que, se o processo de recrutamento for sempre interno, sua empresa corre o risco de ficar estagnada pela falta de renovação do capital humano.

Em contrapartida, o processo interno de contratação da força de vendas, além de ser mais rápido, reduz o custo de recrutamento e treinamento de integração, estimulando a motivação, perspectiva de crescimento e fidelidade à empresa. Quando a empresa opta por utilizar fontes externas, geralmente busca profissionais de fora para dar um "choque de resultados", pois chegam ávidos para mostrar serviço, estão menos acomodados, com ideias frescas e sem os "vícios das verdades internas".

As organizações utilizam também o chamado recrutamento misto, ou seja, o interno seguido do externo ou vice-versa, ou mesmo os dois modelos simultaneamente. Ter uma série de currículos à mão ou um número grande de candidatos com cadastros preenchidos não significa que o trabalho de recrutamento tenha sido concluído. A próxima etapa é fazer uma triagem que possibilite a realização de uma pré-análise para garantir que, durante o processo de seleção, estejam somente os candidatos que realmente preencham os pré-requisitos da vaga.

A frequência e o nível dessas contratações são determinados por aspectos como a rotatividade e especificidade do negócio, pois algumas empresas têm rotatividade de funcionários maior que outras e necessitam manter, portanto, fontes constantes com nomes de candidatos. Em outros casos, os produtos são tão específicos que necessitam de pessoas especializadas, sendo o recrutamento realizado com menor frequência. Empresas com poucos recursos podem buscar formas mais econômicas como indicações de funcionários e parceiros, *sites* gratuitos, LinkedIn etc.

Os processos de seleção, normalmente, são muito mais onerosos do que a busca de candidatos, de modo que enviar para a seleção candidatos que não são apropriados significa aumentar ainda mais os custos do processo. Além disso, a especificação do tipo de treinamento dos candidatos, após contratados, auxilia na determinação das fontes de contratação. Se o seu programa de treinamento for adequado, você pode contratar profissionais com menos experiência, mas com potencial, em escolas técnicas ou universidades. Se não houver um bom programa de treinamento, seu recrutamento precisa ser feito com profissionais experientes, que atuem em estabelecimentos de clientes, concorrentes, agências de empregos e consultores.

9. SELEÇÃO

O processo de seleção tem como objetivo principal escolher e classificar, entre os candidatos oriundos do processo de recrutamento e aprovados na triagem, os mais adequados às necessidades da sua organização.

A seleção de vendedores não é um problema difícil se houver um perfil das características do vendedor ideal, por isso você precisa se esforçar para determinar esse padrão ideal para a sua empresa. Faça uma lista completa! Se esses profissionais forem expansivos e cheios de energia, não será difícil verificar essas características nos candidatos, mas uma análise dos vendedores de maior sucesso também pode revelar que alguns são mais introvertidos e com energia normal. O tipo "bem-sucedido" também pode incluir profissionais altos e baixos, mais ou menos elegantes e vaidosos.

Para o saudável processo da seleção de um vendedor, assistente de vendas, supervisor ou qualquer outro profissional, é necessária uma comparação entre as especificações do cargo no que se refere a habilidades, conhecimentos, características físicas e psíquicas, obtidas pelo formulário de descrição do cargo, e as características do candidato. É importante que o gestor participe pois, além da questão do custo de seleção, pessoalmente precisa se identificar com o profissional que irá compor a sua equipe.

Enquanto nas grandes empresas geralmente existe um departamento específico encarregado de fazer a seleção de pessoal, nas pequenas e médias o processo de seleção raramente envolve métodos sofisticados, predominando a entrevista pessoal e a análise de currículo. Para poupar seu tempo e aumentar as chances de sucesso, priorize indicações de pessoas da sua confiança e contrate empresas menores especializadas em recrutamento e seleção, pois há opções para todos os bolsos. Geralmente cobram um valor equivalente ao salário do funcionário a ser contratado, e os anúncios são pagos à parte, evitando-se erros e consequentes custos adicionais vindos de contratações realizadas de forma amadora.

De maneira geral, o processo de seleção em empresas de maior porte envolve as seguintes etapas:

- análise dos documentos (currículo, referências etc.);
- testes e entrevistas preliminares;
- análise e exame das referências do candidato;
- testes psicológicos;
- entrevista final;
- exame médico.

Cada uma das etapas é considerada eliminatória, porém a aprovação dos candidatos remanescentes é feita a partir do desempenho conjunto obtido nessas etapas. Não há rigidez na sequência dos procedimentos adotados para a seleção, mas a primeira fase envolve a análise dos documentos e do currículo do candidato para permitir, de modo prático, uma verificação se estão de acordo com as características exigidas.

Sempre será realizada pelo menos uma entrevista para a decisão de aceitar ou não o candidato, sendo a técnica mais utilizada. Embora a maioria das empresas realize apenas uma, algumas realizam duas ou mais entrevistas, para aprofundar ou mesmo confirmar as impressões registradas.

A primeira é denominada entrevista preliminar e tem como objetivo:

- verificar com o candidato quaisquer incorreções ou falhas de informação no preenchimento do currículo e da ficha de inscrição;
- dar oportunidade para uma primeira avaliação do candidato com relação à sua apresentação, maneira de falar, modo de se vestir, trejeitos, adereços utilizados e outros traços pessoais que não podem ser obtidos por meio de formulário.

A entrevista inicial pode ser acompanhada de testes, divididos em quatro momentos de investigação: profissional, educacional, pessoal e expectativas. Precisa ser preparada com antecedência, o ambiente escolhido com cuidado e, ao final da entrevista, explicar ao candidato os próximos passos, mesmo que isso seja simplesmente dizer que a empresa entrará em contato ou qual será a próxima etapa.

Um dos principais cuidados no desenvolvimento é deixar o entrevistado à vontade, pois uma boa entrevista depende de um ambiente cordial e confortável, favorecendo a naturalidade para obter e dar as informações necessárias. Além disso, o entrevistador precisa apresentar-se, informar o objetivo do processo seletivo, fornecer informações sobre a empresa e o trabalho a ser executado.

Outro ponto importante é observar o candidato atentamente e não executar outras atividades durante a entrevista. Essa atitude, além de auxiliar o entrevistador na coleta de dados, demonstra real interesse pelo candidato. Sobre a experiência profissional, é fundamental discutir questões referentes às 3 empresas mais recentes em que trabalhou, enfatizando as realizações e experiências. Os aspectos educacionais também são de grande importância, incluindo todas as formações complementares.

As análises das referências devem ser feitas antes da contratação do candidato. Evidentemente, as referências por ele apresentadas serão aquelas que darão boas informações a seu respeito, mas você pode fazer consultas a diversas fontes, inclusive nas redes sociais gerais e profissionais como Facebook e LinkedIn! Depois de selecionar os candidatos mais bem qualificados para o trabalho de vendas, eles são encaminhados para o exame médico, afinal boa saúde é fundamental para o sucesso em vendas.

Finalmente ocorre a contratação e os selecionados estão prontos para o treinamento, onde precisam conhecer toda a empresa, suas áreas, objetivos estratégicos e táticos, diferenciais, principais gestores e história. Nessa etapa você precisa fazê-los sentir a cultura, o "jeito e a energia" da empresa. O contrato pode ser feito de forma definitiva ou temporária, sendo 90 dias o prazo máximo da admissão temporária, podendo ser dividida em períodos desde que a soma não ultrapasse esse prazo. Pressione-os e teste-os ao máximo nesses 90 dias, para não restar dúvidas sobre o acerto da contratação!

10. REMUNERAÇÃO DA EQUIPE DE VENDAS

Para atrair vendedores de alto desempenho, você precisa criar um pacote de remuneração atraente e meritocrático, combinando reconhecimentos financeiros e não financeiros. Preste muita atenção a este item pois, de uma forma ou de outra, o plano de remuneração acaba afetando a imagem da sua empresa! Vendedores satisfeitos e adequadamente remunerados, sentindo-se valorizados, trabalham com motivação e criam uma boa imagem da organização, vendedores insatisfeitos ficam desmotivados e acabam se tornando prejudiciais para os seus negócios. Determine seu plano de remuneração baseado nos seguintes aspectos: o valor pago deve estar alinhado com o praticado pelo mercado, precisa incluir benefícios fixos, variáveis e levar em consideração reconhecimentos que vão além do dinheiro.

A recompensa financeira pode ser composta por salário, prêmios, comissão de vendas e participação nos resultados. Podem-se incluir de forma indireta as férias, gratificações, veículo, vaga de garagem, horas-extras e benefícios como plano de saúde, vale-refeição e outros. A recompensa não financeira envolve questões motivacionais como foto do "vendedor destaque do mês", placa de reconhecimento pela superação das metas e assinada pelo presidente da empresa, mentoria com executivos seniores e outros.

Fique atendo a esses 10 requisitos, para montar um plano atraente de remuneração:

1. considere fatores externos e internos à empresa: realidade do mercado, orçamento, alto crescimento ou recessão econômica;
2. seja justo, considerando diferenças territoriais e potenciais;

3. proporcione condições claras e específicas para aumentar o nível salarial;
4. proporcione condições para atrair profissionais competentes, pela remuneração e capacidade de crescer na empresa;
5. crie processos para controlar as atividades de vendas: sistemas de TI, bases de dados, relatórios de visitas e deslocamentos;
6. mantenha a coerência com os objetivos estratégicos da empresa;
7. conheça seu ambiente competitivo e tenha flexibilidade para mudanças;
8. busque a simplicidade, clareza e facilidade de entendimento;
9. valorize o vendedor individualmente e também toda a equipe;
10. persiga a melhoria contínua dos seus resultados!

Para aprimorar as referências nesse sentido, levando em conta os diferentes cargos a serem pesquisados, utilize as pesquisas salariais publicadas por diferentes veículos de comunicação, tabelas do sindicato do seu setor e representantes empresariais (indústria, serviços e comércio), publicações de empresas especializadas como a Catho e contato com gestores de outras empresas do seu segmento. Use o seu plano de remuneração como um instrumento de gestão, para estimular que a força de vendas funcione como um componente de alto desempenho!

10.1. TIPOS DE REMUNERAÇÃO

Existem quatro formas tradicionais de remuneração direta da força de vendas:

- salário fixo;
- comissão;
- plano misto;
- bônus.

O plano de remuneração com base no salário fixo determina quanto o vendedor irá receber, independente de quantas vendas efetuar. Com esse tipo de remuneração, não haverá surpresas na hora do pagamento, mas o vendedor tenderá a ficar mais acomodado. Ademais, há o risco de uma retração de mercado e você ter que arcar com um "valor alto" de remuneração.

Da mesma forma, o fato de receber um salário fixo faz com que o vendedor aceite, com mais facilidade, a orientação para um melhor desenvolvimento do mercado. É mais apropriado quando se exigem dos vendedores a prestação de serviços a revendedores, treinamentos a clientes, apoio consultivo e aprendizado intensivo num setor específico – recém-contratados.

O sistema de comissão é utilizado para estabelecer uma proporção entre o resultado gerado e a remuneração recebida pelo vendedor. Vendeu, recebe; não vendeu, não recebe; vendeu muito, recebe muito; vendeu pouco, recebe pouco. Há diversas vantagens como a possibilidade de ganhos maiores, adequação do pagamento ao caixa e vendas geradas, atuação mais focada diretamente nas vendas, maior controle e aproveitamento do tempo, estímulo a maiores resultados, estímulo à ambição positiva e maior agressividade de mercado. A desvantagem é que fica mais difícil obter apoio para a execução de outras tarefas que não estejam ligadas a vendas, como preenchimento de relatórios e outras análises.

Após o conhecimento desses dois processos de remuneração dos vendedores, recomendo fortemente considerar um sistema híbrido, em que o salário se compõe de uma parte fixa e uma parcela variável de acordo com o resultado. Empresas mais agressivas nos resultados comerciais como telecomunicações, bancos, de tecnologia e consultorias geralmente pagam um salário fixo igual ou um pouco menor (10% a 20%) que a média do mercado e uma comissão um pouco maior (5% a 10%) que a média paga pelo mercado. Por exemplo, você pode pagar R$ 4.000,00 de salário fixo e o mercado R$ 5.000,00; mas a sua comissão pela venda realizada é de 4,5% e a do mercado 4%. Esse modelo estimula o vendedor a se empenhar mais pelos resultados e evita a acomodação típica dos altos salários fixos, que são pagos independentemente do resultado gerado.

Ao estabelecer as suas metas de vendas, o bônus funciona quando você estipula uma meta básica e uma super meta. Caso o vendedor supere a meta básica, a comissão aumenta mais 10% sobre o valor que exceder a meta, funcionando como um prêmio (bônus) pela meta superada. Ao atingir a super meta, geralmente 110% da meta básica, a comissão aumentaria mais 10% a 20% (bônus) sobre o valor que excedeu a super meta.

Se a meta básica de vendas estipulada foi R$ 100 mil e a super meta R$ 110 mil, o vendedor recebe 3% do valor da venda até R$ 100 mil, 4% do valor que ficar entre R$ 100 mil e R$ 110 mil e 5% do valor que exceder R$ 110 mil. Caso venda por exemplo R$ 110 mil, o vendedor recebe 3% sobre R$ 100 mil (R$ 3 mil) e mais 4% sobre o intervalo entre R$ 100 mil e R$ 110 mil, neste caso 4% sobre R$ 10 mil – mais R$ 400,00. Caso venda R$ 119 mil, o vendedor recebe 3% sobre R$ 100 mil (R$ 3 mil), mais 4% sobre o intervalo entre R$ 100 mil e R$ 110 mil (R$ 400,00) e mais 5% sobre o valor acima de R$ 110 mil (R$ 450,00). Esse escalonamento é para premiar o resultado superior e estimular seus vendedores!

Outra opção de bônus é considerar uma comissão única, mas premiar adicionalmente com 1 ou 2 salários fixos caso a meta básica seja superada, e com 3 ou 4 salários fixos caso o vendedor supere a super meta. Faça esse levantamento, para bonificar, anualmente ou por semestre, para preservar o caixa da empresa e considerar um período maior onde os profissionais possam compensar uma eventual perda de desempenho. Por exemplo, você pode pagar um salário fixo de R$ 3 mil e uma comissão fixa de 5% pelas vendas e, no fim do ano, avaliar o desempenho total, pagando mais 1 ou 2 salários fixos (R$ 3 mil a R$ 6 mil) se o vendedor atingiu a meta básica e 3 ou 4 salários fixos (R$ 9 mil a R$ 12 mil) caso tenha superado a super meta. Avalie a sua capacidade financeira antes de pactuar esses valores!

Para estimular a venda em clientes novos, e assim aumentar o ritmo de crescimento das receitas, aplique uma comissão maior para as vendas a clientes novos e menor para as vendas a clientes atuais, como 5% e 3% respectivamente. Muito importante limitar-se o tempo de pagamento das comissões e pagar somente quando de fato a empresa receber (regime de caixa), para proteger a saúde financeira e evitar a acomodação da equipe comercial com remunerações "crescentes e eternas": pague 100% do valor total das comissões por no máximo 12 meses, reduzindo pela metade (50%) nos próximos 12 meses e encerrando (0%) após 24 meses. Pense também em um limite máximo para a remuneração individual total, pois muito dinheiro em pouco tempo pode deformar e reduzir a ambição e motivação do profissional. Defendo ainda que a base de cálculo para a incidência da comissão seja a venda líquida (valor da venda – impostos incidentes) e não a venda bruta, pois assim a equipe entende que a empresa considera o montante de dinheiro que de fato entrou no negócio, após o envio do dinheiro dos governos municipal, estadual e federal. Receita real é a receita líquida e não a receita bruta! Conscientize-se e repita todos os dias a fórmula do sucesso empresarial, que é:

Sucesso empresarial = foco (estratégia) + caixa (dinheiro) + pessoas (decisões e resultados) + disciplina (boa execução).

Atenção também para o chamado "gatilho da comissão". O vendedor precisa, antes de tudo, fazer um mínimo de vendas que gere uma quantidade de dinheiro no caixa, cuja fórmula é:

Receitas – impostos – custos operacionais – despesas gerais = caixa

Tendo caixa o suficiente para pagar o salário fixo total, com os encargos, do próprio vendedor. Uma das formas de se fazer isso é aplicar um multiplicador ao salário fixo total (3 a 5: quanto mais financeiramente eficiente for a empresa, menor o indicador) e a partir do valor obtido paga-se a comissão. A venda que o vendedor gerou até esse valor foi para pagar o salário fixo total que recebe, devendo receber a comissão somente a partir desse limite que é o valor a partir do qual o vendedor incrementou receita ao caixa da empresa. Por exemplo, se o salário fixo for R$ 4 mil, o limite a partir do qual se paga a comissão é R$ 4 mil x 1,8 (encargos totais da CLT) x 5 (empresa mais pesada em custos e despesas) = R$ 36 mil. O valor da venda até R$ 36 mil foi insuficiente para pagar o salário fixo total do vendedor, recebendo apenas o salário fixo sem o adicional da comissão. Para o valor que exceder os R$ 36 mil, há a incidência dos percentuais da comissão e remuneração incremental ao vendedor.

Abaixo estão as principais perguntas direcionadoras, para apoiá-lo:

- Qual é a receita que precisamos fazer, em relação aos clientes atuais, para mantê-los?
- Como podemos desenvolver mais receitas, a partir da identificação de novas oportunidades nos atuais clientes?
- Qual é a receita que precisamos fazer em relação aos novos clientes?
- Quanto dessa receita virá dos clientes da concorrência?
- Qual é a receita que precisamos fazer em relação aos clientes inativos, reativando-os?

A partir destas três metas (fidelização e desenvolvimento dos clientes atuais, conquista de clientes novos e recuperação dos inativos), você já pode traçar as premissas da remuneração fixa e variável para premiar as equipes que as alcançarem.

11. AVALIAÇÃO DO DESEMPENHO

Um dos principais desafios do gestor de vendas é manter um sistema de avaliação permanente dos integrantes da sua equipe. Manter atualizados os dados pessoais e técnicos sobre todos, avaliar o desempenho e conhecer os pontos a corrigir são tarefas de atenção permanente de quem quer construir um time de alta performance.

A dinâmica e as mudanças nas práticas de vendas vão tornando obsoletos certos conceitos e crenças sobre a forma de obter desempenho superior. O mesmo vendedor ou representante contratado tempos atrás, e que muito contribuiu para o sucesso da empresa, atualmente pode estar gravemente contaminado pela rotina, acomodação ou falta de conhecimento. Lembre-se: esforço, carisma e boa intenção não é resultado. Resultado é venda realizada, cliente satisfeito e dinheiro no caixa!

Faça disciplinadamente uma reunião semanal de desempenho e aprendizado com toda a equipe, avaliando a performance em todos os indicadores e metas estabelecidas. Siga a estrutura abaixo:

ETAPA 1: Manter o que funcionou bem (20 a 30 minutos):

- O que fizemos na semana com resultados positivos?
- Como atingimos esses resultados?
- Quais foram os principais aprendizados? Padronizar.

ETAPA 2: Corrigir o que não funcionou (45 a 60 minutos):

- O que fizemos com resultados negativos?
- Quais as *causas* do mal desempenho?
- Que ações executaremos para atuar nas *causas*, para retomarmos o bom desempenho?

Segue uma lista recomendada dos principais indicadores de desempenho em vendas e *marketing*, utilizados pelas melhores empresas. Use os mais adequados para o seu negócio, estipule as metas e persiga a superação constante, afinal de contas liderar é bater metas consistentemente, de acordo com a estratégia e valores estabelecidos pela organização, por meio de uma equipe capacitada e motivada.

Indicadores de desempenho em vendas e *marketing*:

- aumento da receita total, em valor (R$);
- aumento da receita total, em percentual (%);

- receita vinda de novos clientes (R$);
- receita vinda dos clientes atuais (R$);
- receita recuperada (R$), vinda da reativação de clientes inativos e recuperação de clientes perdidos;
- quantidade de novos clientes (por mercado, por produto ou serviço);
- percentual da receita vindas de novos produtos (lançados até 6 ou 12 meses);
- índice de satisfação (% de clientes que deram notas iguais ou acima de 8, numa escala de 0 a 10);
- índice de retenção = retenção efetiva de clientes/total de clientes que manifestaram desejo de sair;
- índice de *"churn"* = perda de clientes/total de clientes;
- quantidade de visitas a *prospects* (semanal e mensal);
- quantidade de visitas (relacionamento) aos clientes "diamante" e "ouro";
- participação % no volume de compras totais dos clientes (relacionado ao seu negócio);
- participação de mercado (*market share*);
- quantidade de reclamações dos novos e atuais clientes;
- receita por empregado = receita total/quantidade de empregados;
- quantidade de acessos ao seu *site* e redes sociais;
- índice de Reputação Corporativa (medição por pesquisa ou a critério da empresa);
- quantidade de patentes;
- quantidade ou % de ideias inovadoras transformadas em produtos;
- quantidade ou % de entregas feitas no prazo;
- quantidade ou % das ideias dos empregados efetivamente implementadas.

Um faturamento anual em torno de R$ 10 milhões evidencia o aumento da complexidade do seu negócio, momento de pensar em separar a sua equipe em duas: uma "Equipe de Caçadores" voltada para conquista de novos clientes e uma "Equipe de Fazendeiros" voltada para a fidelização e desenvolvimento dos clientes atuais. Para a Equipe de Caçadores, selecione vendedores com um perfil mais agressivo no ataque ao mercado, com muita energia física e mental, foco, automotivação e ambição positiva. Remunere como recomendado anteriormente: valor fixo normal e comissão com premiação pelas metas superadas.

Para a Equipe de Fazendeiros, selecione pessoas mais analíticas, com perfil mais interno, energia física e mental moderadas, disposição para construir relacionamentos de longo prazo e paciência para tratar problemas rotineiros. Remunere seu "Fazendeiro" com um salário fixo mais alto (20 a 30% maior que o do "Caçador") e comissão menor (30 a 40% menor que a do "Caçador") pelos novos negócios gerados em clientes atuais, com premiação pelas metas superadas. É primordial que essas equipes trabalhem em sinergia, pois transferir no momento oportuno os clientes dos "Caçadores" para os "Fazendeiros" requer harmonia, comunicação constante e gestão das expectativas. Se essa "passagem do bastão" for feita de forma abrupta, o bastão pode cair.

Com o passar dos anos, as suas relações com o mercado tendem a ficar cada vez mais complexas e sofisticadas, surgindo novas dinâmicas com clientes, parceiros, fornecedores e distribuidores mais maduros e sofisticados. O gerente de vendas que não acompanhar as mudanças, preparando sua equipe para os desafios crescentes, verá seu desempenho e resultados diminuírem rapidamente. Trocar sistematicamente os membros da força de vendas não é a solução mais apropriada, pois leva tempo até que os novos vendedores assimilem a cultura e os valores da empresa. Assim como o mercado, toda a equipe precisa evoluir e continuamente se adaptar aos novos desafios.

Acesse o meu *site* e veja exemplos práticos de indicadores, planilhas, *sites*, artigos e conteúdos úteis para o seu sucesso em vendas e *marketing*, afinal de contas você quer dobrar as suas receitas!

12. O QUE FAZER PARA MANTER A EQUIPE COMERCIAL À FRENTE DOS DEMAIS COMPETIDORES?

Primeiramente avaliar a si mesmo e refletir seriamente sobre os aspectos básicos da sua formação, atitude e preparo para exercer o cargo que ocupa. Questionar-se sobre quando foi seu último treinamento em vendas, a última leitura sobre gestão da força de vendas e as mudanças feitas nas práticas de venda da sua área. O gerente é o líder, é o exemplo e o condutor de um processo permanente de mudança em busca da excelência e alto desempenho comercial! Revisar e questionar suas próprias práticas podem ajudá-lo na busca da melhoria contínua. Utilizar as tradicionais justificativas ligadas às dificuldades do mercado e preços praticados, ou transferir para os clientes os problemas de desempenho pessoal, apenas evitam que o gerente encare de frente as próprias carências, lacunas técnicas e pessoais. Tenha certeza de que o seu maior concorrente está, neste exato momento, pensando nas formas de aprimorar a si mesmo e equipes para obter um melhor desempenho e superá-lo. Mantenha-se na frente, não fique para trás nunca!

Para que o plano de melhoria da sua força de vendas atinja ótimos resultados, seguem as premissas ligadas ao aprendizado:

- toda aprendizagem é individual. Reter conhecimento e colocá-lo em prática é uma atitude pessoal. Depende exclusivamente de quem está recebendo este conhecimento;
- o vendedor, como qualquer indivíduo, orienta seu esforço de aprendizado por metas a serem atingidas. Você precisa deixar muito claro quais são os conhecimentos, habilidades e atitudes a serem adquiridas, desenvolvidas e para que servem;
- o processo de aprendizagem é mais fácil quando o vendedor sabe precisamente a performance que se espera dele. Traçar os objetivos futuros, acompanhar e corrigir são passos importantes para dar ao vendedor a segurança de que está atingindo as etapas propostas de melhoria;
- o conhecimento preciso dos resultados a serem atingidos favorece o aprendizado. Identificar as melhorias do desempenho ligadas ao aumento dos conhecimentos, habilidades e atitudes fazem com que o vendedor valorize o seu processo de aprendizagem e sinta-se motivado a continuar buscando novos conhecimentos;
- é mais provável que o vendedor faça o que se espera dele, e o que deseja de si próprio, se lhe é concedida responsabilidade nas tarefas de aprendizagem;
- exemplos de ações e atitudes que não funcionaram, assim como das que funcionaram, auxiliam igualmente no aprendizado e desempenho. Discuta sempre as lições aprendidas sobre o que fazer e sobre o que não fazer.

Ao gerente cabe definir objetivos, propiciar meios e avaliar a melhoria geral do vendedor. Apoie diretamente o vendedor sobre as melhores formas de adquirir os conhecimentos, habilidades e atitudes que lhe são necessárias. No segundo momento, defina as atribuições e competências necessárias para os próximos meses e anos.

Entenda e aprimore a "rotina e planejamento" de um vendedor ou consultor de vendas:

- planejar a rotina de contatos e atividades diária, semanal e mensal;
- fazer o planejamento das metas de vendas para a semana e meses seguintes;
- manter contato com os clientes e *prospects* via telefone, *e-mail*, redes sociais, eventos, seminários, palestras e visitas pessoais;
- localizar, qualificar e integrar novos clientes à carteira;
- elaborar plano de abordagem e recuperação seletiva de ex-clientes;
- preparar as estratégias de abordagem e negociação;
- conversar com clientes sobre produtos, serviços, experiências, satisfações, oportunidades e concorrentes, mantendo as informações sobre o cliente atualizadas;
- elaborar propostas, cotações, análises e enviá-las aos clientes;
- tirar pedidos dos produtos e serviços, conforme as orientações da empresa;
- acompanhar a elaboração de contratos e sistema de pagamentos;
- acompanhar a entrega e instalação de produtos e serviços;
- treinar e orientar os clientes sobre como usar os produtos e serviços;
- treinar e orientar os vendedores sobre como demonstrar os produtos e serviços;
- manter contato com clientes e responder com a solução das suas dúvidas;
- apresentar propostas e recomendações baseadas nas necessidades dos clientes;
- elaborar relatórios de visitas, vendas efetuadas, vendas perdidas e ações da concorrência;
- identificar demandas dos clientes e tendências de mercado, sugerindo novos produtos e serviços para aumentar as receitas da empresa;
- participar de feiras e eventos voltados para o público-alvo;
- participar de convenções de vendas e treinamentos da empresa;

- apresentar a empresa aos clientes, *prospects* e instalar os materiais promocionais;
- verificar o estoque de produtos nos depósitos do cliente, para elaborar proposta de venda;
- verificar e orientar o cliente quanto à exposição dos produtos no ponto de venda;
- apoiar o cliente a melhor usar os produtos e serviços, de acordo com os seus objetivos estratégicos, modelo de negócios e modelo de gestão.

O vendedor pode agregar outras tarefas específicas ou suprimir as que não são fundamentais, priorizando as tarefas relevantes e que contribuam para a melhoria do desempenho em vendas. A partir da lista de tarefas que o vendedor deve realizar, identifique as causas mais prováveis, caso não estejam sendo realizadas, e atue sobre elas:

- o vendedor *não sabe* que precisa realizá-las: apresentar a relação de tarefas, explicar os resultados buscados, ouvir com atenção o que o vendedor comenta e orientá-lo a respeito;
- o vendedor *não sabe* como realizá-las: identificar as causas das dificuldades e pactuar com o vendedor um plano de aprimoramento dos conhecimentos necessários e habilidades a serem desenvolvidas. Pactuar também o prazo para implementação;
- o vendedor, mesmo apoiado e orientado a respeito, *não quer* fazer as tarefas necessárias: trocar de vendedor, o quanto antes!

O gestor deve manter um cadastro completo dos membros da equipe de vendas, utilizando dados que possam auxiliá-lo a acompanhar a evolução individual e em equipe de todos, propiciando informações que o auxiliem a intervir, incentivar e corrigir desvios na medida em que forem sendo identificados. Dessa forma, estará preparado para conduzir um processo de evolução contínua e verá que as mudanças podem ser implementadas, levando toda a equipe para um patamar superior de desempenho. As palavras-chave são: foco, disciplina, inteligência, persistência e muita obstinação!

VALOR, ESTILO DA COMPRA E MODELO PARA GERENCIAMENTO DE VENDAS

1. RELACIONAMENTO BASEADO EM VALOR

Qualquer que seja a relação comercial entre a sua empresa e seus clientes, ela é baseada em valor para ambas as partes. As ações para a entrega e percepção de valor são de responsabilidade tanto do *marketing* quanto de vendas, pois estão relacionadas não só à oferta em si como também ao relacionamento, experiências com a marca, *design*, plataformas digitais, embaixadores da marca, histórico de satisfação, confiança e reputação da empresa.

Valor pode ser entendido como uma avaliação subjetiva dos benefícios recebidos em troca de custos psíquicos, físicos e monetários envolvidos no processo. Esses custos são relativos às ações de procurar, deslocar, comprar, usar e desfazer-se de um produto ou serviço, dependendo ainda do momento da oferta, do ambiente experienciado e dos preços disponíveis da concorrência.

Um benefício é uma percepção subjetiva e individual sobre o que o comprador do produto ou serviço ganha positivamente com ele, o que o cliente pensa e sente que obtém da oferta de valor da empresa. Os benefícios percebidos podem ter três variáveis relativas a valor: *econômico*, com relação ao preço e qualidade percebida; funcional, relativo às *características tangíveis* do produto (ou serviço) como os seus atributos técnicos, aplicações e durabilidade; e *psicológico*, área intangível relativa à marca, confiança, reputação e própria experiência com o produto.

Qualidade percebida é a relação entre a qualidade esperada antes da compra e a qualidade experimentada depois da compra.

O valor caracteriza-se por três aspectos que concorrem para o desafio do desenvolvimento da troca: é sempre *perceptivo*, variando conforme a análise individual do cliente; é *contextual*, variando conforme a situação de compra e as alternativas disponíveis; é *multidimensional*, uma vez que os clientes avaliam os benefícios recebidos em termos econômicos, técnico-funcionais e psicológicos.

A chamada "venda de valor" é o grande desafio dos gestores, tanto de *marketing* quanto de vendas, pois são os executores e desenvolvedores das relações com os clientes. O estabelecimento de valor no processo de venda implica o conhecimento de cada grupo de clientes (ou individual, conforme a possibilidade e acessibilidade), o planejamento de como acessá-lo e a forma de convencimento, de persuasão para a realização da venda. Como consequência, o processo completo necessitará, por um lado, de uma grande sinergia com as atividades de base e planejamento de *marketing* e, por outro lado, de um grande conhecimento do mercado e da essência dos públicos-alvo pela área de vendas. Você ainda tem dúvidas se *marketing* e vendas precisam ficar juntas? Una-as imediatamente, para bem das suas receitas!

Se o cliente diz que está caro é porque a percepção de valor não foi bem-feita pelo vendedor ou não foi percebida por ele, ou ambas as coisas, como uma espécie de compensação pelo preço pago. É preciso olhar fixamente nos olhos do cliente e perguntar: "Caro em relação a quê?". Para algo estar caro, é preciso se ter ideia do valor recebido em relação ao preço e demais custos, de modo que é preciso esmerar e apresentar todos os benefícios da sua oferta de A a Z. Quanto mais benefícios apresentados e percebidos, comparados ao preço dado e dos concorrentes, maior a probabilidade de se atingir a alta percepção de valor e do chamado "preço justo". Elimine do linguajar, peça a todos da empresa para não dizerem que o seu preço é mais caro. Se for maior que o do concorrente, o seu preço será justo e adequado na medida que entrega mais valor que o concorrente. Caro é o que não dá resultado! Oriente para dizerem que o preço praticado é justo, adequado ao pacote de benefícios e valores disponibilizados! Reúna a sua equipe e faça uma lista de todos os benefícios e valores, de cada família ou produtos e serviços individualmente, e treine repetidamente a argumentação de vendas. Pesquise os três principais concorrentes e tenha à mão essa mesma lista sobre os produtos e serviços deles, para na argumentação de vendas enfatizar onde a sua oferta é mais competitiva e superior. Treine, treine e treine, pois a excelência vem da repetição incansável.

2. IDENTIFICAÇÃO DOS PAPÉIS DE COMPRAS

O ímpeto de adquirir algo baseado em necessidades, desejos, urgência e orçamento do comprador é um fenômeno bastante complexo, onde vários fatores influenciam e interferem positiva ou negativamente. Compreender esses fenômenos e usar isto para fazer negócios, para aumentar as receitas é o grande desafio dos profissionais de vendas e *marketing*.

Quando falamos em vendas com foco "no cliente", precisamos sentir e pensar como compradores e não como vendedores. É preciso entender o que se passa no coração e na cabeça do comprador quando está envolvido no processo de compra, se é uma decisão de baixo risco (compra simples como um lanche ou uma calça) ou de alto risco (compra complexa como uma cirurgia plástica ou apartamento). É necessário identificar o que o comprador mais valoriza, por ordem de importância, para ter êxito com as estratégias de percepção de valor nas abordagens de vendas. Em outras palavras, você precisa entender o padrão utilizado pelo comprador para tomar suas decisões de compra em situações específicas. Altamente recomendável, pelo menos uma vez por semestre, escolher 10 clientes inteligentes para perguntar: "O que você considera, por ordem de importância, para decidir comprar produtos e/ou serviços como os nossos? Por que e onde nos destacamos?". Registre tudo, aprimore o que for preciso e aprenda sempre com os seus clientes mais exigentes e inteligentes!

Lembre-se sempre que a venda, na essência, é o resultado de uma comunicação bem-sucedida dos valores agregados da sua oferta, de modo que o comprador perceba a adequação às suas necessidades e desejos. É neste momento crucial que a compra é decidida! Quando o comprador está em ação ele avalia, decide, aprova, assume compromissos formais, adquire e utiliza, direta ou indiretamente, os produtos e serviços. Essa é a dinâmica do processo da decisão de compra: avaliações, decisões, aprovações e utilizações. Você precisa compreender as motivações e critérios de compra utilizados, pois imprimem dinâmica ao processo da venda e mudam ao longo do tempo. Acompanhe essas mudanças periodicamente, pelo menos a cada 6 meses como orientado anteriormente.

Por exemplo, quando uma pessoa decide adquirir uma roupa para seu uso próprio, define e inicia um processo de tomada de decisão. Ela avalia as necessidades, estabelecendo os critérios de compra e as alternativas disponíveis, compara esses critérios com as especificações dos produtos e fornecedores, avalia a urgência e o orçamento, decide pela melhor alternativa, aprova escolhendo o produto ou fornecedor, adquire a roupa escolhida e a partir daí utiliza-a até que seja descartada. Nesse caso, uma única pessoa desempenhou todos os papéis no processo de compra: avaliador, decisor, aprovador e usuário.

Quando uma grande empresa do ramo de bebidas decide lançar uma nova bebida e precisa adquirir uma solução de embalagens industriais, dispara um processo de compra. É um procedimento operacional padrão de compra envolvendo necessidade, senso de urgência, orçamento, avaliações de produtos e fornecedores, escolha dos produtos e fornecedores, aprovações de acordo com a verba disponível e utilização da solução adquirida para produzir e embalar a nova bebida.

Os exemplos anteriores demonstram que os processos de decisões de compras seguiram o mesmo racional: o evento foi definido, foram feitas avaliações, tomadas de decisões, aprovações e utilizações do que foi adquirido – algo genérico e comum. No entanto, existem considerações importantes relacionadas aos critérios, papéis exercidos e valores que valem a pena ser mencionadas.

Na primeira situação, uma única pessoa exerceu todos os papéis de compra: avaliou, decidiu, aprovou e utilizou o que foi comprado. Caso a roupa tivesse sido um presente, o usuário final teria sido o presenteado. Se uma terceira pessoa tivesse pagado o presente, ela seria o aprovador. Ou ainda, se quem tivesse escolhido a roupa fosse outra pessoa de bom gosto, um reconhecido *expert* em moda, teria sido o decisor. Compreenda que os papéis de compra existem, mas podem ser exercidos por pessoas ou entidades diferentes, sendo possível até mesmo o acúmulo de papéis! No exemplo da empresa de bebidas, o responsável pela avaliação das alternativas (avaliador) poderia ter sido um analista de operações, a decisão técnica ter sido tomada pelo diretor financeiro (decisor) e a aprovação final realizada pelo vice-presidente (aprovador). Essas considerações ilustram como cada processo de compra tem seus papéis formais e suas particularidades.

Tenha em mente que todos esses papéis têm poderes, dependendo da situação, do contexto e das particularidades da organização. Por exemplo, a filha de oito anos (decisora) de uma família, simplesmente a usuária de um automóvel que está para ser comprado, pode influenciar fortemente o pai (aprovador) a adquirir o veículo da sua preferência, vencendo a escolha do irmão mais novo de cinco anos (avaliador). Do mesmo modo o diretor de uma empresa, envolvido numa decisão de compra como avaliador, pode usar todo o seu poder e influência para que seja escolhido determinado produto ou fornecedor. Fique atento pois, além dos formais, complementarmente existem também os papéis informais nos processos de compra, caracterizados pelo poder e influência de pessoas ou entidades externas como consultores, professores, psicoterapeutas etc.

Por isso, para o seu sucesso é crucial identificar cada um dos papéis de compra, bem como o poder e a influência de cada indivíduo ou entidade que exerce cada papel, valendo a pena fazer todos os esforços nesse sentido. Nas vendas pessoais é relativamente simples identificar esses papéis formais e informais, mas nas vendas corporativas, onde podem estar distribuídos entre várias pessoas com poderes e influências amplas e variadas, mapear o processo de decisão de compra é um grande desafio mesmo para os vendedores mais experientes.

Outro detalhe importantíssimo é a necessidade de você descobrir quais valores específicos serão levados em consideração pelas pessoas, quando exercerem seus papéis de compra. Por exemplo, um avaliador pode julgar as alternativas por critérios técnicos, optando por aquela que oferecer melhor capacidade e características técnicas dos produtos e serviços adicionais, como motor mais potente, modularidade da solução, facilidade de operação, desempenho, baixo consumo, assistência técnica etc. Outro avaliador poderá levar em conta prioritariamente os aspectos financeiros, indicando a solução mais barata ou a de melhor custo-benefício. Uma terceira pessoa poderá escolher levando em conta critérios pessoais, reconhecimento interno, recompensas, prêmios e ascensão profissional, optando por produtos e fornecedores que favoreçam a sua busca por poder e influência dentro da organização.

Sua missão é entender os fatores que influenciam as decisões de compra dos seus produtos e serviços, para moldar o desenvolvimento das estratégias de criação de valor, abordagens e ações de vendas para os atuais e potenciais cientes. Compreenda as pessoas e valores que norteiam as decisões a favor do seu negócio, usando esse conhecimento como ferramenta de vendas, transformando as oportunidades em cada vez mais receitas.

3. ESTILO DE COMPRA

Apresentamos uma ferramenta que permite, de modo simples e eficaz, entender as influências dos valores e percepções dos compradores corporativos, apoiando você a desenvolver suas estratégias de vendas. Veja abaixo o chamado "espectro de comportamento da compra", onde, na extremidade esquerda, estão situados os compradores com estilo de compra de transação, e na extremidade direita os compradores com estilo de compra de relação, com posições ou fases intermediárias entre os dois extremos. A facilidade ou dificuldade de trocar de fornecedor ou produto leva o comprador a se posicionar no espectro – percepção de valores mais estratégicos ou operacionais. Se for fácil trocar de fornecedor ou produto, os compradores tendem a comprar usando o estilo de compra de transação e consideram valores específicos. Se a troca de fornecedor ou produto for difícil, os compradores tendem a usar valores específicos do estilo de compra de relação.

Figura 19 – Espectro de comportamento da compra

Compradores de transação		Compradores de relação
Fácil mudar de fornecedores		Difícil mudar de fornecedores

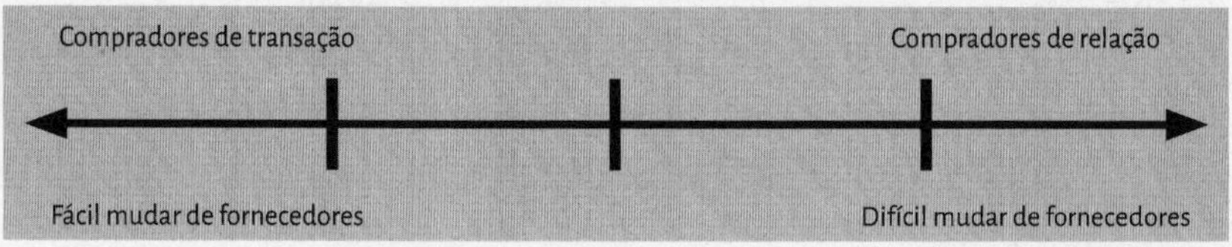

Fonte: Elaborado pelo autor.

3.1. AS CARACTERÍSTICAS DA COMPRA

Se um comprador vai fazer a compra de um produto isolado ou de produtos distintos, com a expectativa de utilizá-los no curto prazo, com baixo risco financeiro e pessoal da decisão e outras alternativas disponíveis, é mais fácil trocar de produto ou fornecedor, assumindo o estilo de compra de transação. Por outro lado, se a compra faz parte de um sistema mais complexo, cuja expectativa de utilização é de longo prazo, a decisão representa um considerável risco financeiro e pessoal e o fornecedor não pode ser facilmente substituído, sendo melhor o comprador assumir o estilo de compra de relação.

As compras de transação exigem muito pouca ou nenhuma fidelização do comprador, por isso o poder de quem vende é menor. Contrariamente, as compras de relação demandam mais fidelização ou grande dependência do comprador, aumentando o poder do vendedor.

Em qual espectro seus compradores estão, caso se aplique ao seu negócio? Quanto mais à esquerda, menor o seu poder de negociação, pois é mais fácil substituí-lo! Crie ações de melhoria para estar mais à direita, pois será maior o seu poder de negociação, fidelização e percepção de valor por parte dos compradores.

3.2. O QUE INTERESSA AO COMPRADOR

De modo geral, os *compradores de transação* satisfazem-se com a compra por meio de estímulos e valores imediatos, preocupam-se com as características e particularidades do produto e serviço, buscam o menor preço, melhor prazo de entrega e facilidades de pagamento.

Os *compradores de relação* valorizam a capacidade do fornecedor de prestar orientações técnicas, aconselhamentos para melhor instalação e utilização do que compraram, flexibilidade para soluções customizadas, relacionamentos duradouros, dicas de *marketing* e novos produtos. Valorizam fornecedores previsíveis, *parceiros* com alta credibilidade e forte reputação, enfatizando a capacidade e competência de curto e longo prazos. É evidente que os atributos relacionados a produto, preço e prazo, prioridades dos compradores de transação, também são importantes para os de relação, mas como fatores secundário e não prioritários.

Figura 20 – Espectro de comportamento da compra: o que interessa aos compradores

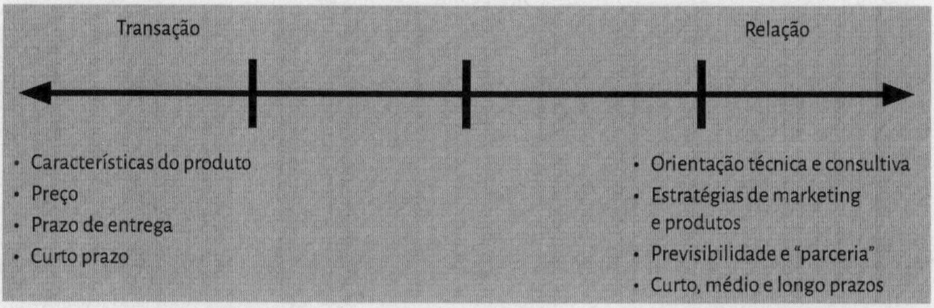

Transação — Relação

- Características do produto
- Preço
- Prazo de entrega
- Curto prazo

- Orientação técnica e consultiva
- Estratégias de marketing e produtos
- Previsibilidade e "parceria"
- Curto, médio e longo prazos

Fonte: Elaborado pelo autor.

Quando você considera a importância da compreensão e entendimento dos estilos de compra, consegue alcançar a chamada *adequação de vendas*, uma sintonia entre a sua estratégia de oferta e criação de valor e o estilo de compra dos seus clientes. Esse é um poderosíssimo "pulo do gato" em vendas: compreender os estilos de compra e ser capaz de influenciá-los, adequando e aumentando a sua persuasão para aumentar as vendas. Falaremos sobre o poder da persuasão mais adiante, na Unidade 5.

Para compradores de transação, melhores são as ofertas de transação e uma adequada abordagem de vendas. Para compradores de relação, melhores são as ofertas de relação e uma abordagem focada no relacionamento profissional. Mas o que fazer se a sua oferta for de transação e o estilo do comprador de relação? Seria possível transformá-la para de relação? E se acontecesse o contrário? Haveria apenas um caminho: influenciar fortemente para mudar a percepção de valor e estilo do comprador, afinando-os aos que lhes são favoráveis.

3.3. INFLUENCIANDO OS ESTILOS DE COMPRA

Anteriormente foi defendido que é preciso ter a oferta e a abordagem de vendas adequadas ao estilo de compra do cliente. Pois bem, se o estilo é basicamente influenciado pela facilidade ou dificuldade de troca de fornecedor, além dos riscos envolvidos, a razão para que isso aconteça é a consideração pelo comprador de dois fatores importantes: os custos da troca (mudança) e o conjunto dos benefícios recebidos (fornecedor).

O custo da troca é o esforço financeiro, psíquico e operacional que o comprador vai enfrentar para trocar de produto e fornecedor, envolvendo tanto aspectos tangíveis quanto intangíveis. Do mesmo modo, o conjunto dos benefícios recebidos refere-se às vantagens que o comprador obtém de determinado fornecedor, também considerando valores tangíveis e intangíveis. Identificar o conjunto atual e potencial desses benefícios é muito importante para você conseguir mover o cliente para o estilo de compra que deseja!

Por exemplo, se deseja que um comprador com tendência ao estilo de relação mova-se para o de transação, no qual consegue adequar as suas vendas, é preciso criar condições para reduzir os custos de troca e manter a percepção dos benefícios atuais. Uma alternativa seria isentar as primeiras parcelas ou adquirir, como forma de pagamento, os produtos que se deseja substituir. Dessa forma, caem significativamente as despesas do comprador com a decisão de troca. Outra opção seria manter os privilégios dados ao cliente pelo atual fornecedor, como a prioridade no atendimento ou garantias de reposição. Redução de carências, pagamento de multas contratuais, aquisição de equipamentos ou *softwares* antigos e apoio consultivo por prazo determinado, entre outros, são exemplos das tentativas de minimizar os custos de troca, comumente utilizadas no mercado: bancos de varejo, telecomunicações, insumos básicos, planos de saúde, eletroeletrônicos etc.

Se deseja que o comprador faça o movimento inverso, ou seja, mude do estilo de transação para o de relacionamento, maximize os custos de troca e a percepção sobre os benefícios adicionais, fazendo com que a sua decisão de compra seja de maior envolvimento e o custo da troca sujeito a perdas financeiras, corporativas e pessoais. É preciso fazer com que ele considere os valores do relacionamento, estratégicos e operacionais, para manter a decisão de compra: bancos de investimento, consultorias, clínicas de estética e cirurgia plástica, serviços jurídicos especializados etc.

Adeque sempre o estilo de compra do seu cliente para utilizar as abordagens de *marketing* e vendas, de modo a garantir a sua efetividade, o aumento dos retornos dos investimos, das taxas de conversão dos esforços, da satisfação geral, da reputação e, consequentemente, o aumento das suas receitas!

4. MODELO PARA GERENCIAMENTO DAS VENDAS

Um dos maiores desafios dos executivos de vendas é administrar o tempo, a pessoas e os recursos para conseguir os resultados desejados, por isso a necessidade de um modelo gerencial de vendas lógico e abrangente, que permita uma atuação precisa e decisões assertivas. O modelo proposto é o resultado de mais de 25 anos de experiência prática em mais de 150 empresas de variados portes e setores, adaptado também a partir da literatura atual sobre o tema, aplicável tanto para vendas individuais quanto para vendas corporativas.

O modelo é constituído por cinco dimensões e seus respectivos componentes, que interagem entre si e criam uma dinâmica complementar, adequados ao ambiente específico das suas vendas. As dimensões propostas são: estrutura, sistemas, estratégias, práticas gerenciais e tecnologia de informação. Veja a seguir:

Figura 21 – Modelo de gerenciamento das vendas

Cobertura e segmentação de mercado
Configurações de territórios
Organização e processos

Política e procedimentos
Recrutamento e seleção
Plano de carreira
Treinamento e desenvolvimento
Plano de remuneração
Prêmios e reconhecimentos
Comunicação

Estrutura

Sistemas

Sistema de Gerenciamento das Vendas

Práticas Gerenciais

Estratégias

Supervisão
Suporte
Acompanhamento
Orientação
Treinamento

Estratégias de marketing
Estratégias de criação de valor
Estratégias competitivas
Estratégias "políticas"

Tecnologias da Informação

Informações de mercado
Informações de produtos
Informações de clientes
Informações de concorrentes

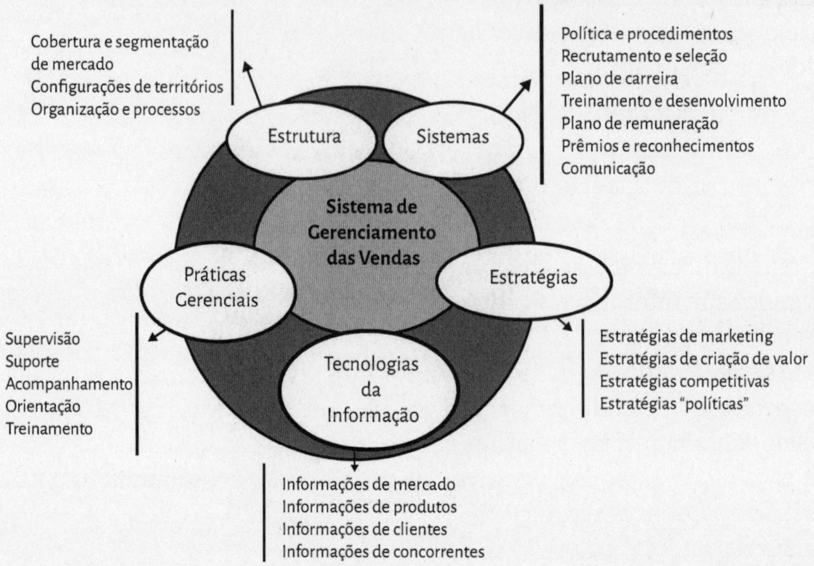

Fonte: Elaborado pelo autor.

4.1. ESTRUTURA

A *Estrutura* refere-se às configurações básicas e críticas para a área de vendas. É constituída pelos seguintes componentes:

- Cobertura e segmentação de mercado

Fundamental para se atingir os compradores atuais e potenciais, levando em conta as suas particularidades e similaridades. Este componente tem por objetivo compreender e estar o mais próximo possível dos compradores, em todas as etapas da venda. Avalie e escolha um modelo de cobertura e de segmentação de clientes adequado ao seu negócio, levando em conta seus objetivos comerciais, os recursos disponíveis e aspectos geográficos relacionados à localização dos compradores potenciais e atuais. Cidades, estados, bairros e locais de concentração dos compradores, bem como a sua capacidade de atingi-los, influenciam na arquitetura dessa cobertura. Muitas ofertas são específicas e especializadas, muitos compradores têm particularidades nos seus processos de compra e na utilização do que vai ser comprado, exigindo uma segmentação específica a partir das semelhanças e especificidades. Exemplos de segmentação: governo e empresas privadas, pequenas e médias empresas, residências num bairro determinado, indústria e comércio, indivíduos ou corporações. Uma boa segmentação de clientes permite potencializar a utilização dos recursos de vendas, focar e personalizar a sua atuação. Retorne à Parte 1 do livro e relembre sobre segmentação.

- Configuração de territórios

Para conseguir tornar a cobertura e a segmentação efetivas é necessário ter uma configuração adequada dos territórios de vendas, permitindo identificar o tamanho, o tipo e o perfil da sua força de vendas. Para vender e manter um tipo de comprador com perfil complexo é preciso saber que tipo de organização será capaz de atendê-lo, quantos clientes serão abordados por vendedor, o perfil do vendedor, a quantidade necessária de vendedores, gerentes, diretores ou representantes comerciais, as competências exigidas, as atividades necessárias, os suportes, a cadeia de valor para sustentar os tipos de venda e de comprador, as funções e as responsabilidade de cada componente da cadeia de valor, além da comunicação, subordinação e coordenação.

- Organização e processos

Envolve o esforço de organizar, padronizar, determinar funções e responsabilidades, estabelecer interações e subordinações, disponibilizar tecnologias, recursos materiais e humanos para garantir a operação comercial. Devem ser detalhados os procedimentos operacionais padrões internos e externos, contemplando o planejamento, execução e monitoramento do desempenho: viagens para prospecção, relatórios de visitas, modelo de propostas, análises de problemas, visualização e acompanhamento das metas, periodicidade das reuniões, modelos de arquivos e *e-mails*, tipo de cartões utilizados etc.

4.2. SISTEMAS

A segunda dimensão refere-se aos processos de informações que atendam às demandas e dinâmicas da venda, desenvolvidos com o propósito de garantir a funcionalidade e efetividade das atividades:

- Políticas e procedimentos

Estabelecimento da forma de atuação da força de vendas, com instruções claras e definidas sobre a atuação das diversas funções, papéis e responsabilidades para garantir e nortear um bom desempenho. Muitas organizações, por não terem orientações claras e explícitas, escolhem uma forma de atuar que nem sempre é a mais adequada, perdendo eficiência e tempo em razão do aprendizado pela "tentativa e erro". Aspectos como procedimentos éticos e pessoais também devem fazer parte desse componente, também conhecido por "Manual das Boas Práticas em Vendas".

- Comunicação

É fundamental um sistema de comunicação frequente e atualizado entre a força de vendas, por meios digitais e tradicionais, presenciais e a distância. Estudos recentes indicam que a má comunicação pode ser a causa das perdas de até 40% dos resultados de uma equipe! As informações que constituem esse componente são aquelas que têm impacto direto sobre o desempenho das funções comerciais, relacionadas a clientes e mercados: informações atualizadas sobre novos e atuais produtos, preços, promoções, formas de comercialização e pagamentos, categorias e segmentos de clientes, estratégias de *marketing* e vendas, campanhas publicitárias convencionais e nas redes sociais, quadros comparativos e ações dos concorrentes, estoque disponível e procedimentos recentes.

- Treinamento e desenvolvimento

Cada função de vendas exige conhecimentos, habilidades e atitudes específicas para o seu bom desempenho. É preciso identificar as necessidades de treinamento e desenvolvimento de cada uma das funções ou cargos, disponibilizando programas periódicos de treinamentos para aquisição, manutenção e aperfeiçoamento das competências requeridas. Atenção redobrada a uma das principais regras de ouro dos negócios: "a qualidade dos seus resultados será proporcional à qualidade das suas equipes"!

- Plano de remuneração

Considerado um dos pontos principais da gestão de vendas, em razão dos desafios para se desenhar um sistema de remuneração atraente e meritocrático. Como os vendedores precisam de fortes e constantes estímulos, a remuneração inadequada geralmente está entre os motivos principais dos problemas de desempenho. O ideal é que o salário dos vendedores tenha uma parte fixa, suficiente para atrair e reter, e complementarmente uma parte variável, para estimular a boa performance. De modo geral, um bom sistema deve ser flexível na parte variável, direcionando a venda de produtos que a empresa estrategicamente quer vender, em determinado momento e mercado. Dependendo do tipo de negócio, outras funções de apoio precisam ser incluídas no sistema de remuneração, para determinar e implementar de acordo com as necessidades do cliente: consultoria, apoio técnico e operacional específicos, treinamentos para utilização etc.

- Prêmios e reconhecimentos

Os resultados comerciais são muito sensíveis a outros estímulos, além da remuneração e comissionamentos, de modo que um sistema de premiação e reconhecimento atraente gera sempre bons resultados. Várias empresas divulgam, mensal ou trimestralmente, retratos dos seus campeões de desempenho, agradecimentos emocionados na intranet, relatos de casos de sucesso, elogios vindos dos clientes, reportagens positivas e *ranking* dos resultados, reconhecendo formalmente os melhores vendedores. Prêmios e reconhecimentos somados a ações de comemoração pela venda concretizada, como tocar sinos e cornetas, precisam fazer parte da sua cultura empresarial, aumentando a "garra" de vender! Os gestores que sabem aproveitar esses momentos geralmente conseguem maior comprometimento e motivação das suas equipes.

- Gestão de negócios

É necessário ter um método que permita acompanhar os resultados das atividades realizadas, a partir dos processos de tomada de decisão dos clientes e compradores e processos de vendas dos produtos e serviços. O primeiro desafio deste componente é entender como os compradores tomam suas decisões e quais atividades podem ser desenvolvidas para acelerá-las, contemplando as ações principais da força de vendas: identificação e abordagem do cliente, compreensão das necessidades e desejos, oferta e venda dos benefícios, desenvolvimento do relacionamento, fidelização, estímulo a novas compras, avaliação da satisfação e confiança.

Algumas ofertas passam por processos de compras simples e rápidos, outras passam por processos complexos e demorados, sendo preciso identificar cada etapa para se desenvolver um modelo de gestão eficiente e eficaz. A força de vendas precisa ser informada sobre esse modelo e compreender claramente o que precisa fazer, quais ações indutoras e apoiadoras precisa implementar para aumentar a probabilidade da venda final. Atualmente, tecnologias permitem a implementação de métodos abrangentes e confiáveis de gestão de negócios, usando redes integradas de tecnologias internas e externas. Alguns *softwares* e *sites* na Internet ajudam na compilação, análise, visibilidade e acompanhamento dos resultados, vinculados a programas de CRMs (*Customer Relationship Management* – gestão do relacionamento com o cliente).

- *Customer Relationship Management* (CRM)

Tem como diretriz a utilização das melhores práticas de gestão, processos e cultura organizacional direcionadas para os clientes, bem como os sistemas de tecnologia que permitam sua implementação. *Marketing* de relacionamento pode ser entendido como o processo contínuo de identificação, criação e disponibilização de valores específicos para clientes específicos, desenvolvendo uma relação de parceria e confiança ao longo do tempo – veja novamente a primeira parte, "Resultados em estratégia, reputação e *marketing*" sobre *marketing*.

- Avaliação de desempenho

Recrutar, selecionar, contratar, treinar, pactuar entregas de resultados, remunerar e manter vendedores são ações que envolvem fundamentais investimentos, dificultando as decisões, pois invariavelmente estão relacionadas a fatores empíricos, subjetivos e experienciais. Nesse sentido, um sistema de avaliação de desempenho objetivo e claro apoiará você a tomar decisões mais precisas e confiáveis, baseadas em fatos, dados e evidências! Normalmente, as empresas adotam sistemas de avaliações de desempenho para todos os funcionários, com o objetivo de premiações periódicas em função dos resultados entregues. Para vendas, em especial, a avaliação de desempenho deve ser constante e dinâmica, permitindo identificar imediatamente as lacunas de desempenho e suas causas, contemplando as competências exigidas dos diversos cargos de vendas e os resultados práticos obtidos pelos indivíduos, em determinado período. Partindo-se de um modelo padrão, determinando as competências exigidas e os resultados pactuados, será possível o rápido acompanhamento e gestão do desempenho técnico, relacional, mercadológico e de liderança.

Os gestores de vendas precisam se pautar em metas de desempenho, com indicadores claros e processos estruturados para gerenciar as suas equipes e tomar decisões acertadas, afinal de contas liderar é tomar decisões! Uma organização que não tem um sistema de avaliação de desempenho implementado e confiável perde na qualidade das suas decisões, errando mais e acertando menos, perdendo também dinheiro e talentos. Com a Internet não há desculpa para não fazer, pois uma quantidade ampla de soluções está à disposição para apoiar você no que for preciso.

4.3. ESTRATÉGIAS

Esta dimensão indica o seu planejamento e prioridades de resultados, funcionando como uma bússola direcionadora dos esforços e ações táticas, transformando intenções em resultados práticos:

- Estratégias de *marketing*

Devem ser informadas para a força de vendas de maneira clara e permanente, que por sua vez contribuirá para sua execução e aprimoramentos. Propositalmente repito, *marketing* e vendas são "gêmeos univitelinos", apoiam-se mutuamente e precisam ficar juntos numa mesma diretoria ou gerência: *Marketing* e Vendas. Caso estejam separados na sua empresa, não perca tempo e una-os o quanto antes, suas receitas agradecerão! Infelizmente, por ainda não estarem juntos em várias empresas, é comum encontrar equipes de vendas que não têm ideia da existência do planejamento empresarial ou de *marketing*, ou que nunca tenham participado deles. A área de *marketing* muitas vezes fracassa em suas estratégias exatamente porque vendas não tomou conhecimento delas e, portanto, não participou da sua implementação. Outras vezes, estratégias de produtos e promoções foram iniciadas sem a devida comunicação à operação comercial. Isso é inacreditável, mas infelizmente ainda acontece.

Os gestores de vendas proativamente precisam estar atentos às novidades e mudanças das estratégias de *marketing* para orientar as suas equipes e contribuir efetivamente para os aperfeiçoamentos. Essas estratégias são essenciais para os resultados comerciais e dependem da atuação comprometida da força de vendas, juntamente com *marketing*.

- Estratégias de criação de valor

Também chamadas de abordagem de vendas, são os benefícios e diferenciais competitivos que devem ser comunicados aos compradores, para serem valorizados. Seus vendedores precisam ter a capacidade de convencer os clientes de que a sua oferta é a melhor alternativa, encontrando a mais adequada, eficiente, eficaz e convincente abordagem. Para cada família de produtos e serviços, liste todos os atributos e características técnicas, evidencie os benefícios potenciais e use seletivamente nas abordagens, direcionando de acordo com o contexto e perfil dos clientes.

- Estratégias competitivas

Os mercados estão cada vez mais competitivos, com muitas alternativas de ofertas e fornecedores, pressões por redução dos preços, pouca diferença significativa e um nível cada vez mais alto de exigência dos compradores. Enfrentar fortes concorrentes é hoje uma situação normal, sendo assim estude os pontos fortes e fracos dos seus principais concorrentes e estabeleça estratégias competitivas para combatê-los, especialmente durante as oportunidades de vendas, pois o comprador é o decisor final desse confronto. Monitore a concorrência de perto: experimente periodicamente os seus produtos e serviços, entenda os preços praticados, converse com seus clientes e funcionários, monitore seus *sites* e redes sociais, acompanhe-os sem fazer alarde.

- Estratégias "políticas"

Cada vez mais as organizações estão convencidas de que o relacionamento com os clientes é uma poderosa vantagem competitiva, e estão investindo nesse sentido. O termo "político" refere-se à importância de se conquistar a confiança e o apoio das pessoas chave na estrutura dos clientes, usando suas respectivas influências e poderes para indicá-lo e escolhê-lo. Oriente a sua força de vendas para selecionar e manter relacionamentos fortes com as pessoas mais poderosas e influentes dos clientes, valorizando e reservando orçamento para ações desse tipo.

4.4. PRÁTICAS GERENCIAIS

Trata-se da operacionalização do modelo, da dinâmica resultante da atuação gerencial, onde as coisas de fato acontecem e o papel dos gestores é ponto crítico. O pilar dessa dimensão é o fator humano, pois o que foi planejado precisa ser executado.

As práticas gerenciais envolvem o entendimento dos objetivos estratégicos da organização, o desdobramento desses objetivos em metas de resultados para a área de vendas, o aperfeiçoamento dos procedimentos internos, o envolvimento de todos para se atingir as metas de resultados, a formação e supervisão das equipes, o uso de ferramentas profissionais de gestão, a cooperação com todos da equipe e das outras áreas, os *feedbacks* periódicos e as orientações para o alto desempenho. Supervisionar as atividades dos colaboradores nas suas rotinas significa, também, acompanhar a dinâmica do trabalho para verificar se os sistemas e as diretrizes estão sendo devidamente seguidos. Considerando-se que os problemas de desempenho da força de vendas devem-se, em grande parte, a falhas na execução das tarefas ou falta de conhecimento, os gestores devem ser capazes de identificar precisamente essas causas, pois as soluções serão específicas e complementares.

O papel do líder é determinante nessa dimensão, pois a liderança real se dá pelo exemplo, pelo cumprimento de tudo aquilo que se promete e divulga. O líder participa de tudo, ouve os colaboradores, pede contribuições, reconhece que errou e muda atitudes, toma decisões difíceis, está ciente dos acontecimentos e implicações, esclarece dúvidas, assume pessoalmente a responsabilidade, reformula pontos de vista e conquista admiradores. O perfil dos líderes de uma organização fala muito sobre ela: líderes fracos, organizações fracas, líderes fortes, organizações fortes. A propósito, como você está como líder? E como estão os seus líderes? Quais pontos fortes manteria? Quais pontos fracos aperfeiçoaria?

4.5. TECNOLOGIAS DA INFORMAÇÃO

Em um restaurante do Rio de Janeiro, o garçom faz o pedido do cliente, encerra a conta, registra uma breve pesquisa de satisfação e emite a nota fiscal usando um *tablet* conectado à Internet. Em São Paulo, o representante de vendas de uma grande cervejaria, antes mesmo de visitar seu cliente, tem informações sobre o perfil, suas últimas compras e orienta-o presencialmente sobre o pedido usando um aplicativo em seu iPhone. O vendedor de uma empresa de telefonia celular consulta a sua programação de visitas usando o *smartphone*, apoiado *on-line* pelo seu supervisor, que acompanha todo o trabalho da equipe de vendas e passa orientações específicas. Um vendedor de planos de saúde recebe uma mensagem no celular sobre um pedido de visita de um dos seus clientes. Pela Internet, um comprador tem informações sobre as alternativas de voos, decide e compra a sua passagem sem a emissão do bilhete físico tradicional, embarca e viaja sem problemas.

Cada vez mais a disponibilização de tecnologias para vendas está presente no mundo dos negócios, nas mais distintas plataformas, sendo prioridade para a eficiência comercial. Há vários anos, juntamente com meus associados e escolas de negócios onde atuo, analisamos e implementamos as melhores, listadas em meu *site*. O grande desafio para os profissionais de *marketing* e vendas é saber como utilizar e gerenciar essas ferramentas de forma efetiva e lucrativa, transformando o conhecimento em inteligência de mercado e decisões proativas que gerem mais negócios, mantenham os atuais clientes e evitem a perda de oportunidades.

4.6. INFORMAÇÕES PARA VENDAS

É necessário acompanhar e administrar informações sobre o seu mercado de atuação, clientes e compradores, ofertas próprias e dos concorrentes, processos e atividades de apoio a vendas e seus resultados. Trata-se de um universo infinito e dinâmico, um verdadeiro *big data* com inúmeras possibilidades de poderosas vantagens competitivas, permitindo o entendimento das conexões entre as atividades internas (fluxos dos produtos, serviços e tarefas de apoio) e atividades externas (fornecedores, canais, concorrentes e clientes), potencializando as oportunidades de diferenciação.

Ponto importante da gestão das informações de vendas é o modo como o comprador as utiliza no desenvolvimento do seu processo de compra, entendido por meio de uma ferramenta chamada *Customer in Action* (CIA) ou Cliente em Ação (CEA). Com ela é possível mapear o comprador como um sistema de uso, indicando a sequência, a inter-relação entre as etapas e atividades envolvidas com a sua decisão de compra, como vemos na tabela a seguir.

Tabela 4 – Cliente em Ação (CEA)

Procura	Compra	Usa	Desfaz
• Determina as suas necessidades • Decide características que o produto deve ter • Escolhe o produto/fornecedor • Justifica a compra	• Escolhe o produto/fornecedor • Faz o pedido • Paga pelo produto/fornecedor • Recebe o produto	• Verifica se o pedido está correto • Verifica a qualidade • Utiliza o produto/serviço adquirido • Modifica ou adapta para necessidades específicas • Aperfeiçoa ou valoriza o produto • Faz a manutenção do produto	• Decide substituir ou atualizar o produto/serviço • Descarta o produto/serviço através de descarte ou reciclagem • Passa adiante o produto/serviço para o próximo cliente/comprador

Fonte: Elaborado pelo autor.

O modelo Cliente em Ação (CEA) pode ser usado para descobrir as necessidades e desejos do cliente à medida que se alteram, desde o momento da compra até a finalização e descarte do produto ou serviço. Embora a importância de cada etapa dependa do tipo de produto, do serviço e sua utilização, o entendimento total das necessidades do cliente pode ajudar na adequação da sua oferta a essas necessidades, por meio do gerenciamento das informações de vendas.

Uma empresa que disponibiliza, em seu *site* ou rede social, informações sobre os seus produtos e serviços para que os compradores possam avaliar a aderência deles às suas necessidades e desejos, está tentando se diferenciar fornecendo informações no estágio de "Procura" do modelo CEA. Uma outra que oferece informações sobre a sua forma de pagamento facilitada e especial, está atuando no estágio de "Compra", favorecendo a decisão pelo pedido. Quando a empresa faz treinamentos para os seus clientes sobre como utilizar melhor os seus produtos, está dando informações no estágio "Usa". A organização que comunica aos clientes que aceita o produto antigo, como parte do pagamento de um novo, está tentando a diferenciação no estágio "Desfaz", facilitando o descarte.

Combine vários diferenciais e comunique em todos os estágios, para se destacar fortemente. Os exemplos mostram como é efetivo utilizar as informações de vendas para conseguir uma visibilidade qualificada, importante e valorizada!

Em termos práticos, nos exemplos anteriores, o garçom que utilizou o *tablet* para fazer o pedido do cliente usou uma solução de automação de informações operacionais, agilizando o estágio de "Compra" por meio de um aperfeiçoamento da conexão entre a venda (atendimento) e a produção (cozinha). O objetivo foi melhorar os processos internos e aumentar a produtividade. No exemplo do cliente que comprou a passagem pela Internet, foram utilizadas informações estratégicas que facilitaram a decisão de compra a partir de uma solução digital conectando as vendas da empresa aérea aos estágios de "Procura" e "Compra" do cliente. Isso certamente representou em ambos os casos uma diferenciação importante, valorizada pelo comprador. E quanto mais diferenciais, mais satisfação, quanto mais satisfação, maiores probabilidades de compra, quanto mais compras, maiores as suas receitas!

5. O GERENCIAMENTO DAS INFORMAÇÕES SOBRE A ATIVIDADE DE VENDAS

O aumento das receitas, por meio da atuação eficaz dos vendedores, é fator crítico de sucesso para todas as empresas. Identificar os porquês, as causas de algo estar dando certo ou errado é vital para se melhorar ou corrigir o desempenho – use a ferramenta de gestão Fato, Causas e Ações (FCA) –, especialmente quando se trata de vendas ativas, em que os vendedores tomam a iniciativa de procurar os compradores.

As vendas reativas, onde o comprador procura o vendedor em suas instalações, geralmente são mais simples de serem mapeadas, pois o ciclo de compras é mais rápido e imediato. O comprador entra em uma loja, é recebido pelo vendedor que identifica o que ele está procurando, o vendedor apresenta as alternativas dos produtos e serviços e tenta convencer o potencial cliente, se for bem-sucedido faz a venda, tipicamente de transação. Um sistema que permita quantificar os compradores que entraram na loja e as vendas feitas pelos vendedores, como uma taxa de conversão das vendas, já ajuda muito o gerenciamento comercial. Para as vendas ativas, no entanto, as coisas e os esforços são mais complexos, os vendedores muitas vezes surpreendem o cliente no seu processo de tomada de decisão de compra, influenciando e persuadindo, indo e voltando no ciclo, lidando com objeções infundadas, informações sobre os concorrentes, exigências consultivas etc.

Um modo confiável de gerenciar o desempenho das vendas por meio de informações é começar pelo tipo de venda que se pretende realizar, bem como os esforços necessários e o resultado final. Uma quantidade de esforços de qualidade e direcionados aumenta a probabilidade dos resultados positivos, sendo a base desse mapeamento a definição do processo de venda adequado para o comprador tomar a decisão de compra. Para as ofertas de transação, o processo pode ser representado em três etapas, conforme a próxima figura.

FIGURA 22 – PROCESSO DE VENDAS PARA CLIENTES DE TRANSAÇÃO

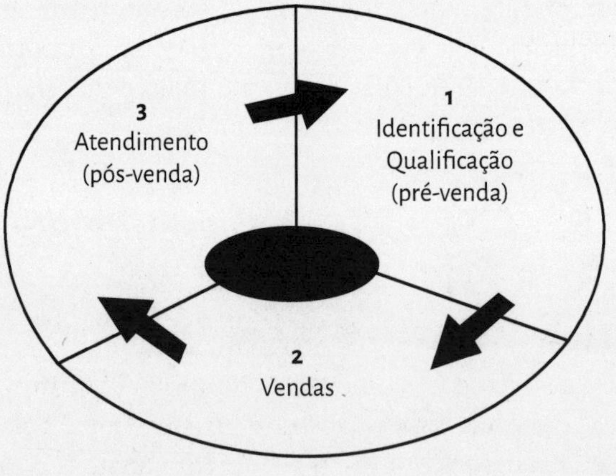

Fonte: Elaborado pelo autor.

- FASE 1: identificação e qualificação

Acontecem os esforços ou atividades desenvolvidas pelo vendedor para identificar os compradores, visualizar as oportunidades e selecionar as alternativas mais adequadas das ofertas dos produtos e serviços.

- FASE 2 : venda

Identificada as oportunidades e alternativas com maiores probabilidades de sucesso, o vendedor detecta com mais detalhes as necessidades e desejos, demonstrando os benefícios e vantagens das melhores alternativas de produtos e serviços, para estimular a compra. É quando o vendedor verdadeiramente vende!

- FASE 3 : atendimento

Após a venda, o vendedor acompanha o comprador para garantir sua satisfação com a compra, receber demandas de reparos, identificar novas necessidades ou desejos e fazer novas vendas.

As fases são em função do momento em que o comprador se encontra no seu processo de tomada de decisão, associadas também aos estágios de pré-venda, venda e pós-venda. Como na venda pessoal as atividades envolvem contatos entre vendedores e compradores, é possível estabelecer padrões de desempenho medindo a quantidade e a qualidade desses esforços: a quantidade em função do número de vezes que a atividade ocorreu e a qualidade como o resultado da efetividade da venda e satisfação captada.

O processo de vendas para clientes com perfil de relação exige mais esforços e recursos, com mais etapas como mostra a figura a seguir.

FIGURA 23 – PROCESSO DE VENDAS PARA CLIENTES DE RELAÇÃO

Fonte: Elaborado pelo autor.

- FASE 1: identificação e qualificação

Identificar e qualificar uma oportunidade para uma venda de relação exige mais esforços do que para uma de transação. Nesta fase estão atividades como levantamento das informações, do potencial do mercado, do perfil dos potenciais clientes, elaboração de listas, agendas para abordagem e preparação para lidar com os dificultadores da venda, dentre outras.

- FASE 2: análise de necessidades e desenvolvimento da solução

Entender as necessidades de um comprador de relação e desenvolver uma solução adequada exige esforços específicos: entendimento do momento, problemas enfrentados, expectativas de curto e longo prazos, experiências de sucesso e fracasso, compras anteriores, apoiadores dentro e fora da empresa etc.

- FASE 3: recomendação

Antes de tomar a decisão final, o comprador pedirá referências, certificados, casos de sucesso, comprovantes técnicos e materiais detalhados sobre a solução proposta, pois a decisão envolve maiores riscos. Nessa etapa estão os esforços do vendedor para endossar a oferta.

- FASE 4: compromisso

São atividades para que o comprador assuma o compromisso formal de compra: preenchimento de formulários, carta de compromisso, aprovação por escrito ou *e-mail*, assinatura no pedido e repetição elaborada das razões da compra – fatores positivos.

- FASE 5: instalação e consolidação

Essa etapa do processo contempla as atividades relacionadas à entrega e implementação do que foi adquirido, no prazo pactuado.

- FASE 6: atendimento e expansão

Inclui as atividades de pós-venda para avaliar e garantir a satisfação do comprador, receber solicitações de informações adicionais e reparos, desenvolver relacionamentos, fortalecer a confiança e identificar novas oportunidades de negócios.

Concluindo, para você implementar com sucesso a gestão das informações de vendas, determine primeiramente o perfil e processo de vendas, as atividades em cada etapa e o que é preciso para passar à etapa seguinte. Depois, identifique as informações que determinarão a dinâmica em cada etapa e as decisões pertinentes, para então escolher o aplicativo ou *software* que gerenciará tudo. Finalmente, automatize o sistema por meio das tecnologias disponíveis, permitindo o acesso para registro, armazenamento, análises, recuperação e conectividade.

6. INTELIGÊNCIA EM VENDAS

A clareza sobre os resultados buscados pelo seu negócio, perfil dos clientes, dinâmica dos mercados, metas de vendas e receitas totais, estrutura comercial, tecnologias da informação para vendas e gerenciamento para a tomada de decisões permitirá implementar a chamada inteligência em vendas, sempre com o apoio do *marketing*. Trata-se de um esforço contínuo para entender cada vez mais, coletar dados significativos, transformá-los em informações, analisá-las de acordo com as nuances do negócio, gerar conhecimento e usá-lo para decisões proativas: menos erros e mais acertos.

Respondendo os tópicos a seguir, será possível fazer um diagnóstico da situação da sua área de vendas e *marketing*, usando-o como guia para novos projetos e ações de melhoria:

- Como a nossa empresa é percebida pelos nossos clientes? O que elogiam e do que reclamam?

- Como e de quanto em quanto tempo sondamos o mercado para entender melhor o que querem os clientes e potenciais clientes?
- O que difere nossa abordagem de vendas da dos concorrentes? Como monitorar e aperfeiçoar essa evolução?
- Onde o nosso processo de vendas é melhor que o dos concorrentes? Quais ações preventivas estamos tomando, para sermos mais proativos?
- Como os nossos clientes percebem as diferenças entre a nossa proposta de valor (produtos, serviços, pessoas e experiências) e a dos concorrentes?
- O que é possível fazer para melhorar e inovar nossa proposta de valor, com relação aos concorrentes?
- Comunicamos periodicamente, de forma adequada, com todos os nossos clientes?
- Nossa presença na Internet e redes sociais atrai clientes e admiradores? É superior à dos concorrentes?
- Fazemos constantes *follow ups* (monitoramento da satisfação e retorno das reclamações) com os clientes?
- Fazemos constantes *follow ups* presenciais com nossos *Key Accounts* (clientes mais rentáveis)?
- Em que nossa logística e atendimento são superiores aos dos principais concorrentes?
- Nossa equipe está mais bem-preparada para vender do que a dos concorrentes? O que estamos fazendo para deixá-la sempre melhor?
- O que temos feito a mais que os concorrentes para garantir um relacionamento duradouro com os clientes e sermos indicados por eles?
- Quais ações de fidelização nos diferencia dos principais concorrentes?
- Quais são as nossas metas de vendas, indutoras e finalísticas, nos curto e longo prazos?
- Como interagimos em equipe para o aprendizado e auto superação constantes?
- Como está nossa atuação como líderes em ação, liderando pelo exemplo e formando outros líderes?

Responda com sinceridade, elabore ações de melhoria e siga firme para a sua grande meta: dobrar ou triplicar suas receitas!

DICAS PODEROSAS EM VENDAS, TIPOS DE CLIENTES E O PODER DA PERSUASÃO

Essa parte tem a finalidade de apresentar uma série de dicas práticas e modelos de atuação em vendas, para você utilizar e também treinar a sua equipe. Acesse o meu *site* e faça o *download* dos *templates* e conteúdos para usar na sua organização, atualizando-os sempre.

1. AS 7 ETAPAS DA VENDA

Seguem as 7 etapas para o seu sucesso comercial: planejamento (pré-venda), atuação (venda) e continuidade (pós-venda). Faça um autodiagnóstico sincero sobre os seus pontos fracos e pontos de melhoria e crie pelo menos 3 ações de aprimoramento e desempenho em cada etapa. Siga os modelos a seguir:

1.1. PREPARAÇÃO E QUALIFICAÇÃO

Momento de analisar oportunidades e definir o *target* (público-alvo), entender e sondar o mercado para saber sobre seus concorrentes, buscar informações dentro e fora da empresa, fazer uma lista dos candidatos a clientes e qualificá-los por ordem de relevância para serem abordados comercialmente.

Por exemplo, você pode definir como *target* empresas de pequeno e médio portes, com faturamento entre R$ 10 milhões e R$ 100 milhões, do setor de serviços, localizadas na região metropolitana de São Paulo e Belo Horizonte, com gestão familiar e em processo de conquista de mercado. Descubra que são seus concorrentes e faça uma análise SWOT (forças, fraquezas, oportunidades e ameaças) dos três concorrentes principais, para saber como sua oferta pode se destacar e vencê-los.

Mas se atente, radiografamos o mercado e identificamos quem é o potencial cliente, mas o cliente ainda não sabe que existimos. É preciso descobrir o máximo possível sobre o *target* e os concorrentes.

1.2. PLANEJAMENTO DA PROSPECÇÃO

Como continuidade da etapa anterior, agora é preciso definir os objetivos claros da abordagem: lista de potenciais clientes para ações de apresentação (visita, ligação, *e-mail*, acionamento via rede social etc.), setores prioritários, argumentos para persuasão, casos de sucesso, apresentação pessoal e da empresa.

Mas se atente, sabemos sobre o *target* e temos um plano para abordá-lo, mas ele ainda não foi abordado. Essa fase é de planejamento detalhado para atuar sobre os potenciais clientes.

1.3. ABORDAGEM - PROSPECÇÃO ATIVA

É o momento de colocar a mão na massa e agir de acordo com o que foi planejado na etapa anterior, executando as ações de abordagem com muito capricho.

Figura 24 – Ações de abordagem

Fonte: Elaborado pelo autor.

Mas se lembre , provocamos ativamente o momento para abordar e estreitar o relacionamento com o *prospect*. Como o vendedor se preparou anteriormente, saberá como proceder e sentirá a segurança que vem do preparo prévio.

1.4. APRESENTAÇÃO

Após ouvir com atenção e entender a realidade do potencial cliente, é o momento de apresentar as soluções, benefícios e vantagens dos produtos e serviços. Pode ser preciso comparar a sua oferta com a dos seus principais concorrentes, demonstrando porque a sua é melhor. A linguagem deve ser cordial (sempre peça por favor e agradeça), de fácil entendimento e é preciso se conectar com a realidade e dores do potencial cliente. Eis o "pulo do gato": quanto mais você conseguir criar conexão verdadeira e confiança, maior será a sua chance de concretizar a venda como um resultado natural dos seus esforços.

Um conselho é: use tudo que puder reforçar a sua argumentação, como folders, textos ou vídeos com depoimento de outros clientes, *sites* e redes sociais da empresa, material em Power Point, dados técnicos, estudos de fontes confiáveis, casos de sucesso etc. O potencial cliente precisa perceber e acreditar no seu diferencial!

1.5. SUPERANDO AS OBJEÇÕES (OBSTÁCULOS E RESISTÊNCIAS À VENDA)

A preparação prévia sobre como tratar as objeções trará segurança para você saber lidar com a situação. Liste, responda e estude todas as possíveis objeções, como "seu preço é caro", "sua equipe é muito nova", "sua empresa é pequena", "sua estrutura é menor que a do seu concorrente", "já estou satisfeito e não preciso de você", "meu fornecedor atual é amigo da família", "estou sem tempo para testar algo novo", "seu sistema de TI não conversa com o meu", "não tenho orçamento agora" etc.

Atenção aos 5 passos para tratamento das objeções:

1. *Ouvir atentamente:* concentre-se no que o cliente está falando, porque quando surge uma objeção você não pode estar pensando na comissão do mês, na vitória do seu time predileto etc.

2. *Demonstrar empatia:* as pessoas gostam de saber que foram compreendidas, use essas frases conectoras e poderosas para fazerem os clientes sentirem que você está do lado deles: "Sei como você se sente. Compreendo e sinto o seu desconforto. Se eu estivesse no seu lugar, pensaria da mesma forma. Eu compreendo a sua dor. Estou do seu lado e realmente me importo com vc."

3. *Devolver a objeção em forma de pergunta:* seja firme, pois na pergunta é transmitida confiança em querer descobrir o real motivo. Olhe nos olhos da pessoa e devolva a objeção acrescida de: "Por quê?", "Como assim?", "Poderia dar um exemplo?". Pergunte até descobrir o cerne da questão, aproveitando a resposta como um "gancho" para fortalecer a sua explicação, com segurança e autoconfiança.

4. *Responder a objeção:* é o passo mais simples, desde que você tenha "treinado" as respostas para as potenciais objeções.

5. *Prosseguir com a venda:* após tratar a objeção, mantenha o foco e vá para o fechamento. Poderá ocorrer uma nova objeção e o ciclo se iniciará novamente...

Uma observação é: a primeira objeção muitas vezes funciona como um mecanismo de defesa do cliente para se livrar da abordagem. Ele inventa qualquer coisa para "despachar" o vendedor: estou sem tempo, sem dinheiro, vou pensar, me liga depois... Evite lidar com a primeira objeção, pois normalmente ela é falsa, sendo assim como poderá tratá-la? No entanto, se a mesma objeção aparecer duas ou três vezes é um indicador que pode ser verdadeira. Nesse caso, aplique o conhecimento adquirido, trate-a e continue com a sua abordagem focada no fechamento da venda. Mantenha sempre o esforço de se conectar e gerar confiança, demonstrando que compreende a dor e está do lado do potencial cliente. Enfatize repetidamente os benefícios e vantagens da sua oferta, enfocando o que significa valor para ele.

1.6. FECHAMENTO

Após o aceite, resuma e reafirme as vantagens e benefícios comprados. Passe sempre muita segurança no agir e falar, reafirme que sempre estará ao lado do cliente, atuando ativamente para que tudo corra bem. Atenção: às vezes novas objeções podem surgir, trate-as com paciência e retorne ao fechamento.

Faça o cliente se comprometer formalmente pois assim cai a probabilidade de desistir: registro do aceite por *e-mail*, confirmação via *site* específico ou aplicativo e preenchimento de cadastro.

Lembre-se sempre que sucesso é quando tudo corre bem e o cliente segue firme, inclusive pagando o que comprou. Nunca relaxe nem aja como se a venda estivesse garantida.

1.7. ACOMPANHAMENTO

Após o fechamento, mostre interesse contínuo e compromisso com a satisfação do cliente. Transmita confiança e lealdade pelas suas palavras e atitudes, desenvolva uma parceria para relacionamentos duradouros, com novos projetos e vendas no futuro próximo. Explore o *networking* (rede de relacionamentos) do cliente, pois um cliente satisfeito traz mais clientes e mais receitas!

Observação: as bases das vendas presentes e futuras são a confiança, o bom relacionamento, a lealdade e a comunicação permanente.

A seguir um modelo para o diagnóstico, ações de aprimoramento e desenvolvimento:

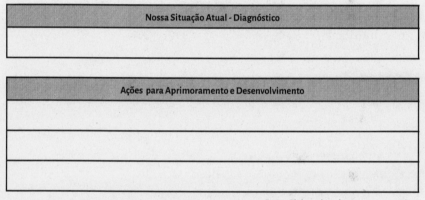

Figura 25 – Modelo para diagnóstico, aprimoramento e desenvolvimento

Fonte: Elaborado pelo autor e sua equipe.

Pesquisas, estudos recentes e a experiência prática indicam os seguintes pontos importantes para a proatividade e alto desempenho do vendedor:

1. Venda primeiro você para você mesmo!
  - a venda do "Consultor Proativo de Vendas" começa antes mesmo dele sair de casa;
  - ao acordar busque um estímulo mental positivo: mentalize as suas metas, evoque pensamentos positivos e que lhe façam bem, medite, ore e faça atividades físicas;
  - arme-se de um poderoso sorriso e comece a transmitir entusiasmo, conhecimentos e boas vibrações a todos que o rodeiam ao longo do dia;

- lembre-se sempre: os clientes compram primeiro sua imagem, a sua pessoa e depois o produto ou serviço que você está oferecendo.

Venda também a sua aparência, prestando atenção aos detalhes:

1. Homens:

- roupas e calçados limpos e combinando. Seus sapatos, óculos, cabelo e relógio falam sobre você!
- para não errar: meias da mesma cor dos sapatos;
- camisas somente com o primeiro botão de cima para baixo desabotoado, se for o caso;
- use produtos de higiene pessoal sem ou com pouco cheiro e de boa qualidade;
- atenção para o asseio e higiene pessoal, o que transmite uma boa impressão;
- cuide sempre da sua saúde física e mental.

2. Mulheres:

- use roupas adequadas para o ambiente profissional. Um estilo mais clássico na maquiagem também transmite maior credibilidade;
- cuide da sua imagem para causar uma boa impressão. Lembre-se que a imagem comunica e é a primeira coisa a ser vista;
- use perfumes leves e de qualidade;
- use o manequim correto e prefira cores neutras;
- acessórios conferem status e, se bem escolhidos, transmitem sucesso e prosperidade;
- atenção aos gestos, pois discrição e delicadeza impactam positivamente;
- cuide sempre da sua saúde física e mental;
- faça comentários inteligentes baseados em fatos, dados, evidências e boas notícias do mercado, da economia etc.;
- aprenda a ouvir: estimule o potencial ou atual cliente a falar, porque quando perguntamos estamos no comando da situação e esta é a posição ideal para conduzir e estimular as vendas.

Independente do seu sexo, responda e decore as "5 Perguntas de Ouro em Vendas". Os clientes, consciente ou inconscientemente, querem saber e são fortemente impactados pela sua segurança ao responder essas 5 perguntas a seguir:

1. Quem é você e qual a força da sua empresa?
2. Sua empresa e você pertencem a algum grupo ou marca grande e conhecida?
3. Qual é a sua oferta de VALOR, o que de bom você tem para mim?
4. Por que devo comprar de você e não do seu concorrente?
5. Quem compra de você, quais são os seus principais clientes?

Sempre que puder, conduza e reforce a percepção do valor sob o ponto de vista do cliente: conheça bem os seus produtos e serviços, faça uma lista das *características* de cada um, elabore todos os potenciais *benefícios* e *vantagens* e reforce o *valor* sob a perspectiva do cliente (foco "do" cliente). Veja o modelo a seguir:

Tabela 5 – Como transformar características em valores e benefícios

Características	Complemento	Acrescente o Benefício / Valor
Nosso hotel é o mais completo em termos de Infraestrutura, conforto, segurança e saúde.	Isto significa que...	Sua estada será prazerosa, sua alimentação será balanceada e deliciosa, sua família e funcionários se sentirão valorizados e protegidos.
Nossos projetos são conduzidos por equipes que trabalham de forma integrada e em parceria com o cliente. Nossa atuação alinha eficiência operacional e direcionamento estratégico para atingirmos os resultados superiores buscados pelos nossos clientes.	Isto significa que...	Sabendo o quê e como fazer, a eficiência na condução dos negócios aumentará sua lucratividade final.
		Lucratividade constantes e crescentes farão o negócio prosperar no longo prazo, com menor necessidade de endividamento.
		Sabendo o que é prioritário e como atingir os objetivos, uma maior segurança para decidir poupará tempo, saúde e recursos valiosos para a empresa...[5]

Fonte: Elaborado pelo autor e sua equipe.

---

5 Elaborar o benefício/valor de acordo com a realidade do seu negócio e perfil dos clientes.

- enfoque exemplos dos concorrentes ou empresas admiradas pelo seu cliente, que adquiriram a solução e obtiveram excelente satisfação e rentabilidade. Tenha sempre à mão depoimentos positivos de formadores de opinião sobre os seus produtos, serviços e experiências positivas. Nunca minta, quanto maior o número de histórias reais de sucesso, mais poderá usar esses argumentos;
- use sempre a "Técnica do Espelhamento" para aumentar a sinergia, confiança e afetividade: significa copiar de maneira sutil o comportamento da outra pessoa. Inclui postura corporal, gestos da mão, expressões faciais, deslocamento do peso, respiração, movimento dos pés, movimento dos olhos etc. Essa técnica faz parte do chamado "Rapport", palavra francesa que significa a capacidade de entrar no mundo de alguém, de fazê-lo sentir que você o entende e que vocês têm um forte laço em comum. É a capacidade de ir totalmente do mapa do seu mundo para o mapa do mundo do outro, sendo a essência da comunicação bem-sucedida. Quanto maior a sua capacidade de agir assim, maios a sua chance de fechar a venda!
- relembre sempre o pilar principal, o "pulo do gato" do sucesso em vendas: *"O vendedor de alto desempenho se conecta de verdade com a realidade do potencial cliente, demonstra que compreende as suas dores e está do lado dele, entende e fala a sua linguagem, enfocando os benefícios e a solução para seus problemas, fazendo com que ele se sinta importante e aliviado por comprar aquele produto ou serviço."*

2. OS 8 TIPOS MAIS COMUNS DE CLIENTES

A psicologia e a psiquiatria contribuem muito para o entendimento da personalidade humana, ajudando na forma de entender e lidar com as pessoas, de modo geral. Aplicando esses estudos aos negócios, podemos classificar os indivíduos no ambiente empresarial em 8 categorias principais, de acordo com o perfil mais preponderante da personalidade. No entanto, em razão de circunstâncias específicas como por exemplo crise econômica, problemas familiares, saúde abalada ou piora nos negócios, as pessoas tipicamente de um perfil podem estar momentaneamente em outro perfil, exigindo uma sensibilidade permanente por parte do vendedor. Fique alerta e nunca se acomode.

2.1. O TIPO "RACIOCÍNIO LENTO"

- quer sempre pormenores;
- vai aos mínimos detalhes;
- é meticuloso e ordenado;
- demonstra dificuldade em associar elementos;
- entende a piada cinco minutos depois que foi contada;
- pergunta sobre assuntos que já foram explicados no início da reunião ou interação.

Como vender e lidar:

- use associações de ideias claras e sucintas, para não o confundir ainda mais;
- fale de forma clara e simples;
- acompanhe sua capacidade de absorção;
- mantenha a atenção e a paciência;
- explore todos os seus sentidos na transmissão de uma ideia;
- use exemplos fáceis, para ilustrar a comunicação;
- convença-o com provas, documentos e declarações de outras pessoas;
- nunca o force, aceite o seu ritmo, dê-lhe o tempo que precisar;
- fale devagar e olhando-o nos olhos.

2.2. O TIPO "BEM-HUMORADO E AMIGÃO"

- adora desviar o negociador ou interlocutor do assunto principal;
- geralmente é simples, sem afetação;
- é muito simpático e bonachão;
- aprecia uma conversa agradável;
- gosta de falar sobre amenidades e questões pessoais.

Como vender e lidar:

- conduza o diálogo e mantenha-o focado;
- seja igualmente simples, simpático e bem-humorado, sem exageros;
- procure sempre retornar ao assunto principal;
- aja com naturalidade, sem demonstrar impaciência ou frustração;
- não se iluda, pois ele não é uma "venda fácil". Essa forma de agir como "amigão" geralmente enfraquece o foco do vendedor, e ele sabe disso...

2.3. O TIPO "IMPORTANTE E PRESUNÇOSO"

- dotado de terrível superestima, diferentemente de autoestima;
- geralmente é vaidoso e "pomposo";

- pressiona o interlocutor com argumentos e exemplos fúteis;
- não aceita opiniões alheias;
- procura desprezar as primeiras ofertas da venda;
- quer e precisa sentir que está dominando;
- deseja a sensação de poder;
- considera-se o "sabe tudo".

Como vender e lidar:

- dê valor às suas vaidades, para massagear o seu ego;
- nunca o menospreze, pois seria a pior coisa para ele, irritando-o profundamente;
- reconheça o seu prestígio, sem ser bajulador nem demonstrar medo;
- seja objetivo e meça as palavras, para não parecer uma disputa ou confronto;
- cause a impressão de que a boa ideia e decisão partiu dele;
- use as ideias e linhas de raciocínio dele para eliminar as argumentações fúteis;
- apresente sugestões e não conclusões, fazendo-o se sentir dominante;
- respeite-o em sua pretensa dignidade e superioridade.

2.4. O TIPO "DESCUIDADO E CONFUSO"

- faz seus pedidos e pede reuniões às pressas;
- às vezes anula os pedidos e reuniões em seguida;
- costuma fazer reclamações depois, sem causa aparente;
- demonstra incoerência, desorganização e insegurança;
- volta atrás, de supetão;
- faz considerações confusas e fora de contexto.

Como vender e lidar:
- tome cuidado sempre, medindo bem as palavras e atitudes;
- ajude-o a se organizar, sem torná-lo excessivamente dependente de você;
- desconfie dele, pois ele pode voltar atrás;
- procure ter certeza sobre o que combinaram, confirmando o acordo ou pedido;
- registre por escrito o combinado, com todos os detalhes.

2.5. O TIPO "DESCONFIADO E CURIOSO"

- desconfiado, demonstrando não acreditar facilmente;
- gosta de debater e raciocinar;
- é firme e está sempre com o pé atrás;
- suspeita de tudo, esperando que o pior aconteça;
- faz muitas perguntas, às vezes fora do contexto;
- quer saber tudo e os porquês;

Como vender e lidar:
- transmita-lhe confiança, olhando-o nos olhos, com tom de voz e com atitude firme;
- incentive-o a se expressar;
- seja firme, não hesite nem titubeie;
- forneça-lhe detalhes lógicos, dentro do contexto da interação;
- demonstre segurança ao expor seus argumentos, citando casos e dados reais;
- faça afirmações que possam ser provadas naquele momento, caso ele peça;
- evite dar muitas oportunidades para perguntas fora do propósito da interação.

2.6. O TIPO "BEM-PREPARADO E INTELIGENTE"

- bem informado e dedicado;
- sabe o que diz, pois estuda e se prepara previamente;
- não é facilmente influenciável;
- detesta argumentos fracos e "achismos";
- aprecia fatos, dados e evidências;
- tem muita confiança em si próprio, pois dedica-se ao auto aprimoramento;
- é altivo e equilibrado, sem ser arrogante pois escuta as pessoas;

Como vender e lidar:

- demonstre conhecimento sem irritá-lo, pois não se trata de uma disputa;
- deixe-o à vontade, ouvindo-o com atenção;
- seja firme, demonstre autoconfiança. Busque o diálogo e não o duelo;
- apresente fatos, dados e evidências, não opiniões infundadas ou "achismos";
- faça-o sentir que é o primeiro a receber as informações relevantes;
- nunca esconda informações, mesmo que elas não sejam boas;
- use a razão, o critério, o bom senso, a lógica.

2.7. O TIPO "TÍMIDO E CALADO"

- busca conselhos e opiniões;
- geralmente não demonstra o que pensa;
- deixa o interlocutor falando sozinho;
- gosta de falar pouco ou por monossílabas;
- tem medo de tomar decisões sozinho;

- demora a responder aos argumentos do interlocutor;
- não demonstra se impressionar com as vantagens da venda ou negociação.

Como vender e lidar:

- transmita-lhe confiança, olhando nos olhos e falando de forma assertiva;
- aconselhe-o quando identificar abertura para opinar;
- seja breve e argumente de forma sensata;
- nunca o pressione, respeite o tempo dele;
- faça-o demonstrar o que realmente quer, mantendo um semblante amigável e tranquilo;
- transmita-lhe segurança e coragem para decidir;
- force um diálogo através de perguntas que exijam respostas;
- aproveite as oportunidades em que ele demonstrou um ponto de vista.

2.8. O TIPO "BRIGUENTO E IRRITADO"

- nervoso e impaciente, demonstrando isso sem constrangimento;
- gosta de brigar e discordar, sem causa aparente;
- discute por qualquer coisa;
- não hesita em expor opiniões, de forma brusca;
- tem "pavio curto";
- costuma ofender, abordando questões pessoais e fora do contexto;
- critica o produto, a empresa, o vendedor, a concorrência, o governo, a sociedade e quem lembrar no momento...

Como vender e lidar:

- evite a postura de discussão áspera e atritos;
- saiba ouvi-lo, com calma;
- direcione-o para o bom senso, demonstrando os pontos comuns de interesse e resultados;
- jamais use o mesmo tom agressivo de voz dele;
- nunca use a "técnica do espelhamento", pois espelhar desarmonia reforça o distanciamento;
- mantenha-se calmo e cordial, usando um tom de voz normal;
- use as suas próprias ideias para convencê-lo e apaziguá-lo;
- procure criar um clima amistoso e "desarmado";
- seja paciente e tolerante.

Espero que esse roteiro objetivo ajude a identificar e saber lidar com as pessoas com as quais você precise argumentar, convencer e vender. Compreender que cada ser humano é um indivíduo único, com portas e janelas distintas para o mundo, é um grande passo na direção de saber entendê-lo, abordá-lo e acessá-lo adequadamente para construírem juntos grandes negócios.

3. A CIÊNCIA E O PODER DA PERSUASÃO: INFLUENCIE PODEROSAMENTE QUEM VOCÊ QUISER

Esse assunto poderá mudar a sua vida pessoal e profissional, concluindo nossa trajetória de aprendizado e dicas práticas com "chave de ouro"! Em especial, quatro livros extraordinários mudaram o meu entendimento sobre as pessoas e suas decisões, pois possibilitaram a compreensão sobre como o ser humano pensa e age, como pode ser influenciado e até mesmo manipulado, com base não apenas em suas interpretações individuais, mas também em um sofisticado mecanismo de "automatismo mental", desenvolvido ao longo de milênios de evolução. Ações que até então são consideradas racionalmente incoerentes, passaram a fazer sentido quando analisadas sob a força das emoções. Influenciar esse automatismo e provocar decisões a seu favor, de forma consciente e inteligente, pode ser a diferença entre o seu sucesso ou fracasso.

Os livros aos quais me refiro são: *Rápido e devagar* de Daniel Kahneman, ganhador do Prêmio Nobel de Economia; *As armas da persuasão* de R. B. Cialdini; *Sim: 50 segredos da ciência da persuasão* de R. B. Cialdini, N. J. Goldstein e S. J. Martin; e *Decifrar pessoas* de J. E. Dimitrius e W. P. Mazzarella. Todos são excelentes e recomendo a leitura.

Testei as recomendações desses estudos e evidências científicas por vários anos, nos meus próprios negócios e negócios dos meus clientes e alunos das pós-graduações, de modo que posso garantir que funcionam e trazem ótimos resultados se aplicados corretamente. Constantemente faço várias palestras, *workshops* e consultorias sobre esse tema para muitas organizações, de distintos portes e setores, com excelentes retornos. Tenho recebido vários *e-mails* agradecendo essas dicas e comprovando o aumento do sucesso nas vendas e receitas, com o índice de sucesso no fechamento das vendas e contratos muitas vezes dobrando em menos de 6 meses – com o mesmo esforço e equipes, faz-se o dobro dos resultados!

A seguir, apresento os principais tópicos sobre o tema e várias recomendações práticas. Inicialmente você precisa entender que a persuasão é a capacidade de influenciar e convencer alguém a acreditar ou estar favorável a determinada ideia, consciente ou inconscientemente. Gera comportamentos, consentimentos e pensamentos favoráveis a uma decisão, direção ou contexto específico. Não se trata de intuição ou "esoterismo" e sim de algo comprovado cientificamente por mais de 2.000 estudos conduzidos por décadas especialmente nos Estados Unidos e Europa, endossados por pesquisas psicológicas e comportamentais, fortes estatísticas controladas e evidências empíricas.

Vamos à essência da coisa: a mente humana é composta por dois sistemas.

- *Sistema 1:* Intuitivo e emocional. Relacionado ao automatismo rápido.
- *Sistema 2:* Racional e pragmático. Relacionado ao acionamento voluntário.

Ambos os sistemas se apoiam mutuamente, trocando milhares de informações o tempo todo. O Sistema 1 (intuitivo e emocional) envia percepções e padrões de análise intuitiva ao Sistema 2 (racional e pragmático), que por sua vez elabora e busca mais informações para formar um entendimento e decisão. Na ausência de informações complementares, o Sistema 2 acata o entendimento e decisões orientadas pelo

Sistema 1, de modo que o sistema relacionado à intuição e emoção na maioria das vezes influencia mais o entendimento e decisões que o sistema relacionado à razão e pragmatismo. Esses estudos reforçam a orientação sobre o comportamento do cliente nas ações de *marketing* e vendas: de modo geral 80% das decisões humanas são tomadas com base na emoção e apenas 20% na razão. Sendo assim, é preciso impactar primeiramente pela emoção!

O Sistema 1, emocional, captando uma quantidade gigantesca de informações a cada segundo, cria "atalhos" (automatismos) para os entendimentos e decisões. Ao entendermos como esses atalhos funcionam, podemos conscientemente provocar decisões e influenciar poderosamente qualquer pessoa.

Exemplos de "atalhos":

- Preço evidencia qualidade (*"você recebe pelo que paga"*):

Caro = Bom

Barato = Ruim

- Ao se pedir algo a alguém, forneça sempre um *motivo*:

A palavra *"por que"* desencadeia uma reação mais propícia ao consentimento, mesmo que o motivo não seja muito relevante. Use sempre a palavra *"por que"*!

- Palavra e opinião de *expert* têm muito peso:

"Se um especialista disse isso, deve ser verdade."

- O contraste cria uma "**âncora referencial**":

Algo parecerá menor, se você referenciar algo maior primeiro. Ofereça o artigo mais caro primeiro, pois ficará mais fácil vender o mais barato.

Exemplo na venda de carros: após fechar um valor final de milhares de Reais, a percepção do cliente em pagar R$ 300 por um acessório parecerá um valor muito menor. Ofereça cada item separadamente!

Exemplo no setor imobiliário: utilizar o chamado "imóvel de preparação". Mostre casas em péssimo estado e muito caras, pois isso servirá de "âncora perceptiva" para facilitar as outras vendas. Após verem o "imóvel de preparação", os clientes ficarão muito mais receptivos e favoráveis às boas condições e preços dos outros imóveis. Essa técnica aumenta a boa negociação e o nível de conversão da venda, por visitas realizadas.

Daqui para frente, tratarei de cada um dos 6 princípios da persuasão avançada. Reflita sobre quais dicas podem ser utilizadas no seu negócio e elabore as suas abordagens: (1) Reciprocidade, (2) Coerência e Compromisso, (3) Aprovação Social, (4) Afeição, (5) Autoridade e (6) Escassez.

3.1. RECIPROCIDADE

O sentimento de gratidão é um poderoso influenciador de ações positivas de retribuição, deixando quem recebe o favor com uma sensação de que tem para com seu benfeitor uma "dívida de retorno". Frustrar essa regra de retribuição quebra o pacto social e quem não retribui é excluído do processo. Provoca também uma sensação positiva para com o benfeitor, fazendo quem recebe gostar mais dele.

Dicas para melhorar suas vendas e decisões favoráveis:

- ofereça pequenos presentes ou amostras dos produtos;
- garçons recebem mais gorjetas quando oferecem balas ou bombons ao entregarem a conta aos clientes;
- ao solicitar algo a alguém, envie um pequeno presente mesmo que seja simbólico. O retorno favorável aumenta muito!

Pedidos de doação por carta, quando acompanhados de etiquetas adesivas personalizadas, provocam quase o dobro da taxa de resposta, aumentando o valor final doado.

- faça solicitações maiores, para conseguir o que você realmente quer. Quem pede mais, consegue mais! As pessoas evitam pedir porque a parte do cérebro que experimenta a rejeição é a mesma que experimenta a dor física, por isso a maioria das pessoas não quer correr o risco de receber um não e literalmente sentir uma dor no coração;
- uma concessão gera na outra pessoa uma força de reciprocidade para também fazer uma concessão;
- use a técnica de recuar para depois conquistar, também conhecida como "Técnica Porta na Cara"!

Se quer vender um ingresso de R$ 80, ofereça primeiro um de R$ 150 e, após a recusa ("Porta da Cara"), ofereça o de R$ 80. Se você quer vender um terno de R$ 500, ofereça primeiro um de R$ 1.000 e após a recusa ofereça o terno de R$ 500. Ofereça primeiro a garantia estendida de 3 anos e, em caso de recusa, será mais fácil vender a garantia de 1 ano.

- independentemente do resultado do seu esforço, nunca saia de mãos abanando, peça sempre indicações de amigos potencialmente interessados na sua oferta, para abordá-los futuramente;
- sempre que pedir algo pessoalmente, balance a cabeça com o movimento positivo, como se estivesse dizendo "sim";
- faça propostas com números específicos pois causam a sensação de esmero e dedicação. Por exemplo, o valor proposto de R$ 10.528,56 causa melhor impacto do que o valor redondo de R$ 10.000,00.

3.2. COERÊNCIA E COMPROMISSO

As pessoas desejam a sensação de serem e parecerem coerentes com o que já fizeram e disseram. Depois que fazem uma opção ou tomam uma posição, deparam-se com pressões pessoais e interpessoais exigindo que se comportem de acordo com esse compromisso. Essas pressões fazem os indivíduos reagirem de maneiras que justifiquem suas decisões anteriores, pois um alto grau de coerência costuma estar associado à força pessoal e intelectual. Manter compromissos coerentes poupa energia – atalho para o "automatismo mental".

Dicas para melhorar suas vendas e decisões favoráveis:

- instigue o compromisso de compra e frustre-a, para estimular compras futuras (*cuidado ao usar esta dica !!!*): o mercado de brinquedos, por vezes, faz publicidade de brinquedos específicos no natal mas coloca poucas peças para venda, fazendo os pais que prometeram esses brinquedos aos filhos comprarem novamente após o natal, caso não tenham conseguido comprar a tempo;
- faça os clientes se comprometerem por escrito, com registro, explicitamente.

Peça a assinatura dos clientes e a confirmação formal por *e-mail*, gravação de telefone ou uso de aplicativos e *sites* específicos.

- Faça os clientes dizerem coisas boas sobre si mesmos e sobre o seu negócio, depois ofereça o seu produto ou serviço.

Isso vale para todos os setores e pedidos de doações: inicie com "Tudo bem com o senhor?" "Como você está se sentindo hoje?"

- Após a venda, faça o cliente reforçar as boas razões e o compromisso da escolha feita.

"Você poderia me dizer exatamente por que optou por comprar esse produto/serviço de nossa empresa?"

- Ganhe uma negociação pequena e evolua para maiores. Essa técnica é conhecida como "Pé Na Porta"!

A estratégia inicial não é o lucro ou fechar o pacote completo da negociação, e sim a oportunidade de ganhar tempo para conquistar confiança e demonstrar que pode vender mais e melhor.

- faça o cliente, não o vendedor ou funcionário, preencher todo ou parte significativa do acordo de venda. As pessoas honram muito mais aquilo que escrevem!
- faça as pessoas falarem bem da empresa, dos produtos, das experiências e manifestarem apoio por escrito e explicitamente;
- faça concursos para completar com elogios a frase: "Gosto do produto X / Empresa Y porque...";
- também funciona como campanha interna, com seus colaboradores, pois melhora o clima e o apoio à própria empresa;
- exponha as metas de todas as áreas, as metas gerais da empresa e os resultados atingidos, dando visibilidade e gerando maior compromisso por parte de todos – gestão à vista!
- peça que a pessoa confirme a presença ou avise caso mude de ideia: "Você confirma o comparecimento na data tal?", "Você poderia nos ligar, por favor, caso mude seus planos?";
- instigue que o compromisso reforce a sua própria sustentação. Técnica da Bola Baixa (*cuidado ao utilizar esta técnica!!!*);
- consiste em oferecer um estímulo ao cliente para que tome uma decisão. Após algum tempo, o estímulo é retirado.

Exemplo das concessionárias de automóveis: o vendedor informa um preço menor que a concorrência, instiga o cliente a preencher os papeis da compra, providenciar as condições de financiamento, fazer *test drives* prolongados etc. Há uma supervalorização no valor do carro usado apresentado, como parte da troca para a compra do novo. Após algum tempo, no entanto, um "erro nos cálculos" aparece, o preço final é revisado para cima, mas o cliente já tomou a decisão, está emocionalmente envolvido e dificilmente recua. O alto envolvimento emocional é a condição ideal para que ele aceite pagar mais.

O cérebro humano faz em torno de 30.000 escolhas por dia, a maioria muito simples, o equivalente a quase 11 milhões de decisões por ano. Você precisa reduzir o esforço mental dos seus clientes, facilitando o processo de escolha e as decisões de compra. Seu desafio será equilibrar a quantidade de alternativas, nem muito nem pouco, tendo idealmente 3 opções para facilitar a vida de quem decide.

3.3. APROVAÇÃO SOCIAL

De modo geral, descobrimos o que é correto observando o que as outras pessoas acham que é correto. Consideramos um comportamento adequado, em dada situação, na medida em que o vemos ser seguido pelos outros. Esse princípio pode ser usado para estimular o consentimento de uma pessoa a um pedido, informando-a que vários outros indivíduos (quanto mais melhor) estão concordando ou já concordaram com aquela solicitação. Essa abordagem é mais poderosa sob duas condições: incerteza (insegurança ou ambiguidade) e semelhança (exemplos de pessoas parecidas).

Dicas para melhorar suas vendas e decisões favoráveis:

- para estimular a venda de um produto, informe que "é o que mais vende";
- você também pode dizer que "o produto está entre os 3 ou 5 mais bem avaliados pelos clientes da empresa";
- liste e apresente as pessoas que já aceitaram os termos do seu acordo ou contribuíram com dinheiro, numa campanha. Priorize os líderes e formadores de opinião;
- "tempere" suas ofertas com relatos de indivíduos que compraram os produtos e serviços. Use pessoas semelhantes ao potencial cliente, para fortalecer a persuasão;
- mostre vídeos com clientes satisfeitos comprando seus produtos e fazendo elogios à empresa;
- se quiser que os clientes tenham atitudes novas ou determinado comportamento, contrate atores para se passarem por clientes e agirem como gostaria que seus clientes agissem. Eles imitarão e aprenderão;
- solicite e coloque "depoimentos espontâneos" positivos de clientes, em textos ou vídeos, no seu *site* e redes sociais;
- ao abordar pessoas ou empresas para venda direta ou consultiva, use exemplos de clientes com características, setores da economia e perfis parecidos com os delas;

- use "gente como a gente" em suas campanhas, para aumentar o impacto;
- imagens bonitas e *design* agradável, com mensagens e apresentações objetivas, aumentam significativamente o impacto da sua persuasão;
- o "último ato" marca muito a percepção das pessoas. Capriche no encerramento das reuniões, palestras, conversas e negociações.

3.4. AFEIÇÃO

A mente humana é condicionada e prefere dizer *sim* aos pedidos de pessoas que conhece e gosta. Nesse sentido, a atratividade física igualmente aumenta a afeição porque gera o chamado "efeito halo" ou "efeito auréola": sensação de que onde há atração potencialmente há talento, gentileza, inteligência etc. A semelhança também aumenta a afeição e o consentimento, assim como os elogios sinceros (sem exageros!) e o senso de familiaridade, por meio do contato repetido em circunstâncias positivas com a pessoa ou objeto. Por isso, a associação de pessoas ou produtos com emoções e coisas positivas aumenta a afeição e o desejo de adquiri-los.

Dicas para melhorar suas vendas e decisões favoráveis:

- faça as pessoas gostarem e lembrarem de você: sorriso e cordialidade sempre! Projete levemente seu corpo na direção da pessoa, olhe diretamente nos seus olhos, demonstre interesse pelo que ela diz, balance a cabeça positivamente e faça perguntas sobre o assunto. Entre 50% e 80% do sucesso da comunicação estão ligados à linguagem corporal;
- peça aos seus clientes, conhecidos e familiares várias indicações de amigos que potencialmente poderiam gostar do seu produto ou serviço. Aborde-os inicialmente dizendo que foi indicação do amigo dele "fulano de tal";
- ofereça algo que encante, com preço justo e seja aquele de quem todos gostariam de comprar: sorriso, cordialidade, real interesse pelo cliente, promessas cumpridas;
- capriche sempre no visual, para aumentar sua atratividade física e provocar o "efeito halo": sensação de mais talento, gentileza, honestidade e inteligência. Os cinco primeiros segundos são cruciais para você causar uma ótima impressão. Estudos recentes demonstram que as avaliações sobre uma pessoa após cinco segundos e após uma hora eram quase idênticas!

- busque pistas para demostrar semelhança com os clientes: esportes, hábitos, hobbies, leituras, qualquer coisa. Faça-os falar e ouça com atenção, para identificar afinidades!
- espelhe (imite) discretamente a postura corporal, estilo, ritmo e tom de voz do cliente. Inconscientemente as pessoas gostam de pessoas parecidas com elas mesmas;
- elogie com sinceridade! Anote a data de aniversário, outras datas importantes e ligue para a pessoa felicitando-a e reforçando a sua estima. Todos gostam de se sentirem especiais, lembrados e "adulados". Evite mandar mensagens de texto, ligue e converse diretamente;
- apareça sempre e de forma adequada nas redes sociais e profissionais, eventos e locais onde seus clientes e pessoas que quer influenciar frequentam. Lembre-se que a familiaridade aumenta a afeição;
- associe conscientemente a sua imagem, produtos e serviços a coisas e emoções boas. Selecione atendentes com boa aparência física e mostre sempre imagens de cartões de crédito, pois estimulam o desejo de comprar mais;
- associe seus produtos, serviços e marcas ao que estiver ocorrendo de positivo no momento. Aproveite o "poder da mídia"! A associação não precisa ser lógica, basta que seja positiva;
- use na publicidade artistas, atletas e celebridades queridas para "emprestarem" o carisma ao que você quer vender ou apresentar;
- faça as pessoas comerem, pois estarão mais dispostas a gastar, gostar de você e das suas ofertas. A comida provoca uma sensação boa e favorável à venda;
- tenha sempre à disposição chocolates, balas, café e bebidas quentes. Esses alimentos deixam as pessoas mais propensas a concordar com suas argumentações coerentes. Bebidas quentes geram uma sensação boa de cordialidade para com os outros;
- chame as pessoas pelo nome, fazendo-as se sentirem lembradas e únicas! Essa afeição fará que as portas se abram mais facilmente para você em suas vendas;
- ao apertar a mão de alguém, toque levemente também o braço ou faça o aperto de mão duplo, segurando ambas as mãos. Esses contatos estimulam a liberação no cérebro do hormônio oxitocina, que estimula a empatia e interação social;.

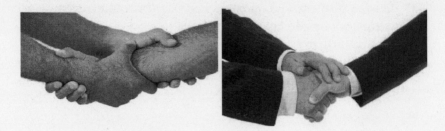

- para sentir-se melhor e ter boas ideias, caminhe em um ambiente novo ou deite-se de costas por dois minutos. Isso reduz os hormônios relacionados ao estresse, faz o cérebro esvaziar a memória de curto prazo e liberar espaço para assimilação de novas informações;
- anote suas ideias e pensamentos, pois o cérebro acalma e a ansiedade reduz quando está tudo escrito e você pode se lembrar com facilidade. O medo de esquecer é um gatilho para o início do estresse;
- a cor verde acalma. Quando sentir ansiedade, procure algo verde e olhe por algum tempo;
- a temperatura ideal para maximizar a produtividade do ser humano é em torno de 22° Celsius. Agora você tem uma referência para acabar com a antiga briga interna sobre qual é a temperatura ideal para o escritório!

3.5. AUTORIDADE

Há fortes pressões sociais e psicológicas para que as pessoas obedeçam aos pedidos de uma autoridade, pois costuma trazer bons resultados pelos níveis de conhecimento, sabedoria e poder que os especialistas detêm. Um sistema de autoridade complexo e aceito confere vantagens à sociedade: ganho de tempo, produção de recursos, comércio, defesa, expansão e controle social, transmissão de experiências e decisões acertadas. Em razão disso, as pessoas geralmente apresentam uma tendência a reagir automaticamente a símbolos de autoridade: títulos, postura do corpo, roupas e automóveis são os principais.

Dicas para melhorar suas vendas e decisões favoráveis:

- faça campanhas e peças publicitárias utilizando especialistas reais e atores consagrados por atuações como especialistas (atuação como médicos em documentários e séries, por exemplo), pois se mostraram eficazes para persuadir a audiência;

- mostre seus títulos, capriche nos trajes e símbolos de poder como automóveis, relógios, joias e acessórios de marca;
- aumente a sua altura, pois está relacionada à percepção de poder e autoridade. Use palmilhas especiais nos sapatos;
- use roupas elegantes para aumentar nas pessoas a sensação de autoridade. Sua aparência influencia decisivamente e será a base da primeira impressão que farão sobre você!
- reconheça uma falha ou defenda algo menor contra seus próprios interesses, para "provar" sua honestidade e imparcialidade. Ao verificar que realmente ocorreu um erro, assuma-o prontamente, peça desculpas e se comprometa a corrigi-lo imediatamente, dando algum benefício compensatório a quem foi prejudicado;
- use as chamadas "pressuposições persuasivas", palavras que pressupõem que tudo o que se segue é verdade ou se assume que é verdade. São poderosas porque são facilmente aceitas pelo Sistema 1 (intuitivo e emocional). Exemplos de pressuposições persuasivas: evidentemente, obviamente, naturalmente, seguramente, finalmente, certamente, repare e testemunhe. Como, por exemplo: *Seguramente*, você consegue ver o valor dessas informações e tomar a decisão necessária ainda hoje. Outra opção é: *Finalmente*, uma oportunidade valiosa para adquirir o conhecimento necessário para a aquisição de um serviço de alto valor agregado. *Naturalmente*, você consegue reparar o poder que tem para mudar os rumos da empresa, obviamente de acordo com a estratégia e testemunhando o seu próprio sucesso;
- em decisões ou negociações importantes, providencie pareceres de especialistas sobre o tema, para fundamentar a sua linha de raciocínio e força da abordagem;
- antes de um evento ou reunião, faça a "postura vitoriosa": braços levantados e peito estufado para frente. Faça também a "postura do super-herói", mãos na cintura, cabeça erguida, corpo bem ereto e pés separados. Essas posturas provocam o aumento dos níveis de testosterona (sensação de bem-estar) e redução dos níveis do hormônio cortisol (relacionado ao estresse);

- em reuniões, sente-se na ponta da mesa e um pouco distante dela. Esse lugar e postura causam a sensação de que você é o líder do grupo e tem mais autoridade;
- use frases que rimam, pois soam mais verdadeiras. Exemplos: "inovação sem execução é alucinação", "água mole em pedra dura, tanto bate até que fura", "feito é melhor do que perfeito" etc.

3.6. ESCASSEZ

As pessoas atribuem mais valor a oportunidades quando elas estão menos disponíveis, pois usam atalhos para a decisão: (1) as coisas difíceis de se obter são mais valiosas e (2) a menor acessibilidade provoca uma sensação de perda da liberdade de escolha, ocasionando uma reação de forte desejo pela reconquista da liberdade, juntamente com os bens e serviços associados. O chamado *princípio da reatância psicológica* é muito forte: as pessoas detestam qualquer tipo de perda e farão tudo para manter os benefícios conquistados! Importante: itens recém-escasseados são mais valorizados e quanto maior a competição pelo recurso escasso, maior a atração.

Dicas para melhorar suas vendas e decisões favoráveis:

- use a tática do "número ou quantidade limitada", onde o cliente é informado que certo produto ou serviço não pode ser garantido por muito tempo;
- use a técnica do "infelizmente vendi essa peça há menos de 20 minutos atrás e, se não me engano, era a última..." Os clientes ficarão loucos! Logo e seguida complemente com "mas de repente há alguma escondida no estoque, se eu conseguir encontrar você vai levar?" Volte com o produto e o pedido da venda;

- enfatize sempre as potenciais perdas e problemas, caso o cliente não adquira o seu produto ou serviço, fazendo-o sentir a angústia de uma situação ruim. Somente depois fale dos benefícios e ganhos potenciais. Lembre-se que todos detestam a perda!
- use a técnica do "tempo limitado" para uma oferta ou promoção. Exemplo: "essas condições são válidas apenas hoje ou apenas essa semana";
- informações exclusivas ou restritas tem mais valor. Quando de fato for alguma informação específica, diga explicitamente isso ao cliente!
- afirme que o seu produto ou serviço, antes muito disponível, está passando por alguma restrição. As pessoas consideram algo mais desejável quando se torna recentemente menos disponível do que algo que sempre foi escasso;
- diga que outros clientes estão interessados! A competição (perda para um rival) instiga fortemente o desejo de compra. Combine escassez com rivalidade, é tiro e queda;
- marque visitas com potenciais compradores no mesmo horário ou em horários onde possam se encontrar! Isso funciona mais para setores como vendas de automóveis, imóveis e produtos físicos. Quando um rival aparece, a decisão pela compra acelera...

Para todas essas dicas é fundamental você pensar no que funciona especificamente para o seu negócio. Estruture tudo, ensine suas equipes, treine bastante e aplique com disciplina. Provocar decisões a seu favor, de forma consciente e inteligente, pode ser a diferença entre o sucesso ou fracasso.

Como mensagem final, quero enfatizar que para aumentar permanentemente o sucesso você precisa manter seus conhecimentos atualizados e implementar com disciplina. Faça parte da nossa rede de excelência no Facebook e Instagram (carloscaixetaonline), Youtube (Carlos Caixeta), plataformas de *podcasts* e no site www.carloscaixeta.com.br, para aprender sempre mais e compartilhar suas experiências e aprendizados. Esses retornos positivos, vindos de todos que se empenham em perseguir a excelência, nos incentivam porque aprendemos e progredimos juntos. Convido também a ler o *bestseller* empresarial *Dobre seus resultados: implemente estratégia, alto desempenho, liderança e decisão profissional*, evoluindo de forma completa. Siga firme em frente e jamais desanime, estamos juntos!

REFERÊNCIAS

BAIN &COMPANY. Disponível em: www.bain.com. Acesso em: 9 mar. 2021.

BATESON, J. E.G; Hoffman, K. D. *Princípios do marketing de serviços:* conceitos, estratégias e casos. 4. ed. São Paulo: Cengage, 2015.

BUTLER-BOWDON, T. *50 grandes mestres da psicologia.* São Paulo: Universo do Livro, 2012.

CAIXETA, C. G. F. Competitividade brasileira: um estudo da reputação de empresas nacionais por meio das dimensões governança, desempenho e produtos e serviços. 2008. Dissertação (Mestrado em Administração) – Pontifícia Universidade Católica de Minas Gerais e FDC, Belo Horizonte.

CAIXETA, C. G. F. *Dobre seus resultados:* implemente estratégia, alto desempenho, liderança e decisão profissional. 2. ed. Belo Horizonte: Letramento, 2018.

CAIXETA, C. G. F. Foco estratégico, eficiência operacional e treinamento intenso em 2014. *Revista Dom* (Fundação Dom Cabral), v. 1, p. 118, 2014.

CAIXETA, C. G. F; CAIXETA, M. L. Memória e cultura organizacional nas decisões estratégicas. *Revista Dom* (Fundação Dom Cabral), v. 1, p. 72-79, 2014.

CAIXETA. C. G. F; CAIXETA, M. L. Empresas, clientes e mercados 3.0: desafios para a estratégia e o marketing. *Revista Dom* (Fundação Dom Cabral), v. 14, p. 16-23, 2011.

CARLOS CAIXETA. Disponível em: www.carloscaixeta.com.br. Acesso em: 9 mar. 2021.

CASTRO, L. T.; NEVES, M. F.; Cônsoli, M. A. *Administração de vendas:* planejamento, estratégia e gestão. 2. ed. São paulo: Atlas: 2018.

CHURCHILL, G. Marketing: *Criando valor para o cliente.* 3. ed. São Paulo: Saraiva, 2013.

CIALDIN, R.; GOLDSTEIN, N. J; MARTIN, S. J. *Sim! 50 segredos da ciência da persuasão.* Rio de Janeiro: BestSeller, 2009.

CIALDINI, R. B. *As armas da persuasão:* como influenciar e não deixar influenciar. Rio de Janeiro: Sextante, 2012.

COLLINS, J. *Como as gigantes caem:* e porque algumas jamais desistem. Rio de Janeiro: Campus, 2010.

COLLINS, J. *Empresas feitas para vencer.* São Paulo: HSM, 2008.

COLLINS, J.; HANSEN T. M. *Vencedoras por opção*: incerteza, caos e acaso, por que algumas empresas prosperam apesar de tudo. São Paulo: HSM, 2012.

COLLINS, J.; PORRAS, J. *Feitas para durar*: práticas bem-sucedidas de empresas visionárias. Rio de Janeiro: Rocco, 1995.

COUGHLAN, A. T. *et al. Canais de marketing.* Belo Horizonte: Pearson, 2012.

DAMÁZIO, L. F.; CAIXETA, C. G. F. Inteligência a serviço da estratégia. *Revista DOM* (Fundação Dom Cabral), v. 8, p. 8-13, 2009.

DIMITRIUS, J. E.; MAZZARELLA, M. *Decifrar pessoas*: como entender e prever o comportamento humano. 2. ed. Rio de Janeiro: Elsevier, 2009.

DRUCKER, P. *Marketing para o século XXI*: como criar, conquistar e dominar mercados. Rio de Janeiro: Ediouro, 2009.

ELLIS, J. *Perfected Mind Control*: The Unauthorized Black Book of Hypnotic Mind Control. [S.l]: Lulu, 2007.

FUNDAÇÃO DOM CABRAL. Disponível em: www.fdc.org.br. Acesso em: 9 mar. 2021.

FUTRELL, C. *Vendas*: fundamentos e novas práticas de gestão. São Paulo: Saraiva, 2003.

GITOMER, J. *A Bíblia de vendas.* São Paulo: MBooks, 2010.

HARVARD BUSINESS REVIEW. Disponível em: www.hbr.org. Acesso em: 9 mar. 2021.

HOOLEY, G. J.; SAUNDERS, J. A.; PIERCY, N. F. *Estratégias de marketing e posicionamento Competitivo.* 4. ed. São Paulo: Prentice Hall, 2011.

KAHNEMAN, D. *Rápido e devagar*: duas formas de pensar. Rio de Janeiro: Objetiva, 2011.

KARSAKLIAN, E. *Comportamento do consumidor.* 2. ed. São Paulo: Atlas, 2004.

KOTLER, P.; ARMSTRONG, G. *Princípios de marketing.* 15. edição. Belo Horizonte: Pearson, 2015.

KOTLER, P; KELLER, K. L. *Administração de marketing.* 15. edição. Belo Horizonte: Pearson, 2019.

MCKINSEY & COMPANY. Disponível em: www.mckinsey.com. Acesso em: 9 mar. 2021.

OGDEN, J. R; Crescitelli, E. *Comunicação integrada de marketing*: conceitos, técnicas e práticas. Belo Horizonte: Pearson, 2007.

PAYMENT, S. Navy Seals. Estados Unidos: ROSEN PUB GROUP, 2006.

RIEL, V.; CEES, B. M. *Reputação*: o valor estratégico do engajamento de stakeholders. São Paulo: Elsevier, Campus, 2013.

RIES, A; TROUT, J. *Posicionamento*: a batalha por sua mente. 2. ed. São Paulo: Makron Books, 2009.

ROBBINS, A. *Poder sem limites.* São Paulo: Best Seller, 2017.

WASDIN, H. E.; TEMPLIN, S. *Seal Team Six:* Memoirs of an Elite Navy Seal Sniper. Estados Unidos: St. Martin's Press, 2012.

ZENONE, L. C.; BUARIDE, A. M. R. *Marketing da promoção e merchandising:* conceitos e estratégias para ações bem-sucedidas. São Paulo: Pioneira Thompson Learning, 2005.

ANEXO I - HEDONISMO

Na Grécia antiga, epicuristas e cirenaicos baseavam suas teorias éticas na ideia de que o *prazer é o maior bem*. Esta doutrina considera o prazer como o único bem da vida e, sua busca, a finalidade do homem. Mas os epicuristas acreditavam que os homens devem buscar os prazeres da mente e não os prazeres do corpo.

Atualmente, o hedonismo tomou uma forma diferente: o homem deve buscar não só seu próprio prazer, mas o maior bem para o maior número de pessoas. *Encaram o bem em termos de prazer*.

Enquanto há povos com dificuldades de alimentação decorrente do alto nível de pobreza, a sociedade afluente tem apresentado uma tendência para o hedonismo. O termo vem de uma palavra grega com a mesma origem de *prazer*. Na antiga Grécia existiram duas importantes escolas hedonistas: os Cirineus (fundada por Aristipo), ou Hedonismo Egoísta, e os Epicuristas (fundada por Epicuro), ou Hedonistas Racionais. Ao pregar o prazer como o bem supremo da vida, os hedonistas influenciam o comportamento das classes médias de diversos países.

Apreciar um bom vinho, interessar-se por gastronomia, fazer massagem, viajar e conhecer novas culturas e povos. Unir a tranquilidade de uma praia ao conforto de um hotel cinco estrelas já está presente na imaginação e nos desejos de muita gente. As empresas já descobriram esse filão e preparam produtos e serviços para atender ao novo e rico segmento de mercado.

Vários hotéis de luxo chegam ao requinte de entregar ao hóspede um exemplar, do dia, do jornal de sua cidade natal. Para isto utilizam um equipamento capaz de reproduzir qualquer diário do mundo, em papel jornal.

As pessoas estão questionando valores e revendo o que vale a pena, dando mais importância ao prazer e ao tempo. O *workaholic* está ficando fora de moda. A mentalidade patrimonialista é questionada quando escolhe-se conhecer cem países ao invés de ter um apartamento maior.

A diretora de hospedagem do hotel Hyatt, em São Paulo, informa que é comum gente da própria cidade hospedar no hotel pelos mimos que receberão, como o SPA.

Saímos do mundo vertical, da era industrial, na qual os padrões eram muito definidos e hierarquizados, e passamos a viver em uma sociedade horizontal, globalizada, na qual não existe mais uma única forma correta de se portar. Essa falta de padrão abriu caminho para os prazeres. Isso pode ser uma ponte para uma livre escolha mais real e conflitos entre a ética do dever e a ética do desejo.

Marketing e vendas não podem ficar alheios a essas mudanças. Precisam focar nos atuais e novos desejos do consumidor, captando proativamente as mudanças para propor mais serviços, produtos e experiências que satisfaçam os desejos e o ego de clientes que não medem esforços financeiros para realizarem suas fantasias e prazeres.

ANEXO II – EPICURO

Epicuro, filósofo grego (Samos ou Atenas, 341 – m. 270 a.C.). Suas ideias sobre o prazer, a liberdade e a amizade exerceram grande influência no mundo greco-romano. A palavra epicurista origina-se do seu nome.

Ensinava que o prazer é o bem máximo, mas longe de o fazer consistir nos gozos materiais, Epicuro situava-o na cultura do espírito e na prática da virtude. Em consequência de uma falsa interpretação de sua doutrina, esse homem de conduta exemplar passou a ser considerado um libertino que buscava apenas os prazeres materiais.

Epicuro acreditava que a mente humana é perturbada por duas ansiedades principais: o medo dos deuses e o medo da morte. Achava que esses dois temores se baseavam em crenças errôneas e que podiam ser superados pela adesão a sua filosofia. Afirmava que os deuses existiam, mas não deviam ser temidos porque viviam separados do homem e de seu mundo, não se preocupavam com os assuntos humanos porque isso entraria em conflito com sua felicidade.

Afirmava também que a morte não devia ser temida, porque o bem e o mal estão nas sensações, e a morte priva a humanidade delas. Liberto destas ansiedades, o homem pode levar uma boa vida, buscando prazeres moderados e evitando a dor. Pode-se conseguir melhor o prazer vivendo segundo a prudência, a moderação, a coragem, a justiça e cultivando a amizade.

Epicuro dirigiu uma escola de filosofia em Atenas, de 306 a.C. até sua morte. Foi um escritor muito produtivo, mas, com exceção de três cartas que resumem seus ensinamentos, sua filosofia teve de ser reconstituída a partir dos fragmentos de seus diversos escritos e do poema *De Natura Rerum* ("Sobre a natureza das coisas"), de Lucrécio.

ANEXO III - GOSTO E AROMA

Experiências olfativas e gustativas são únicas, aponta recente pesquisa do Instituto Francês do Sabor. Por que algumas pessoas detestam o que outras pessoas consideram delicioso? Como sabemos, sabor e olfato, bem como a percepção do que seria beleza, variam de uma pessoa para outra. Os cientistas tratam de compreender os motivos dessas divergências de apreciação.

"Ninguém percebe os odores nem os sabores de uma mesma e única forma. Quando se sente um odor, a 'forma' da percepção depende tanto do produto cheirado quanto da pessoa que cheira", explica o neurobiólogo Patrick MacLeod, do Instituto Francês do Sabor, entidade que estuda a percepção sensorial humana em geral e os comportamentos alimentares em particular.

O sabor e o olfato são sensações percebidas de forma diferente da visão, da audição e do tato, que são mais ou menos similares para todas as pessoas e podem ser descritos por uma linguagem muito comum. "No campo da química, ou seja, nos casos do olfato e do sabor, nossos receptores são diferentes. Nem mesmo se pode fazer a descrição de um odor como a de um rosto", avalia MacLeod. Graças à apurada pesquisa científica, sabe-se agora por que uma sensação desagradável para uma pessoa pode ser considerada agradável para outras tantas. A explicação dessa diferença está tanto na genética quanto na cultura. De fato, o genoma de cada pessoa possui 347 genes olfativos (o que representaria apenas 1% do total), enquanto há só quatro para a visão, por exemplo.

Aproximadamente a metade desses genes é tida como polimorfa, ou seja, "tem um potencial de variação enorme entre os indivíduos", afirma o cientista. Como resultado disso, as experiências olfativa e gustativa são únicas, cada pessoa tem a sua própria. Por isso é algo tão difícil de descrever e, portanto, também tarefa muito árdua transmitir um saber a respeito.

A consequência disso para os setores alimentícios, vinícolas e de perfumaria não é nem um pouco pequena. É simplesmente inútil buscar um sabor que agrade a todo mundo. Além disso, é sumamente impossível descrever um odor – tanto que o vocabulário para definir sempre se limita a dizer: "gosto, ou não gosto". Esse aspecto fica restrito ao campo das preferências.

Apesar disso, observa Patrick MacLeod, "o sistema sensorial humano alcançou a máxima sensibilidade possível." Ele lembra que pobre é nossa capacidade de descrever os odores, mas nem tudo se explica pela biologia. A educação e a cultura desempenham um papel muito importante, uma vez que determinam o que percebemos como bom ou ruim. Em tese, não há odores ruins! Na primeira infância, por exemplo, o bebê não percebe como mau o seu odor fecal, é sobretudo a educação e o condicionamento que o transformam num odor considerado repulsivo.

No que se refere à gastronomia, no entanto, trata-se de um campo do qual participam absolutamente todos os sentidos. Por exemplo, basta ver o que se passa na relação do sabor com a tonalidade do vinho. A cor, que comporta uma informação visual, pode mudar a percepção do sabor da bebida, não se tratando de uma ilusão. Os estudos indicam que se pode provar um vinho de um copo negro que esconde de toda a cor e ainda assim se sentir o sabor. Se o vinho for artificialmente colorido, por exemplo um vinho branco que mudou de cor com pigmentos vermelhos, ao ser provado com essa cor seu sabor estará inexoravelmente mudado.

ANEXO IV – EMBLEMAS DE MARCAS FAMOSAS DE CARROS

Os emblemas dos fabricantes de automóveis são mais do que simples símbolos de identificação das marcas. A maioria deles traz embutidos diversos aspectos da história da marca, capazes de aguçar a curiosidade dos aficionados por carros.

Os logotipos acompanham o surgimento das primeiras fábricas de automóveis, no final do século passado. Como escuderias, agremiações esportivas e outras associações, os primeiros fabricantes de automóveis não dispensavam um símbolo de identificação do modelo, seguindo uma tradição surgida na Idade Média, como os brasões nobiliárquicos. Veja o significado dos que mais ficaram marcados na história do automóvel:

Audi: as quatro argolas unidas representam as marcas alemãs que formaram a Auto Union, fundada em 1947. São elas: Horch, Audi, Wanderer e DKW. No dia 1º de janeiro de 1985, a Auto Union passou a se chamar Audi AG, com sede empresarial em Nekarsulm, na Alemanha.

Alfa Romeo: o símbolo é composto pela bandeira com a cruz vermelha (brasão da cidade de Milão) e pela serpente devorando um homem (símbolo da família real milanesa). O nome do fabricante italiano, fundado em 1910, é a combinação da sigla A.L.F.A (Anonima Lombarda Fabbrica Automobili) com o sobrenome do engenheiro Nicola Romeo, fundador da marca.

BMW: representa uma hélice de avião, nas cores azul e preta. Foi criada depois que os irmãos Karl Rath e Gustav Otto conseguiram permissão do governo alemão para produzir motores de avião, em 1917. O primeiro carro a ter o símbolo da marca alemã foi o modelo Dixi

3/15, de 1928. BMW é a abreviatura de "Fábrica de Motores da Bavária" (Bayerische Motoren Werk).

Cadillac: marca famosa da General Motors, o seu emblema é derivado do brasão da família de Sir Antoine de la Mothe Cadillac, o fundador da empresa. Desperta muita admiração no mundo todo, com sua grinalda de plumas – um verdadeiro clássico!

Chevrolet: o logotipo em forma de gravata borboleta foi baseado na ilustração do papel de parede de um hotel em Paris onde um dos fundadores da marca, William Durant, teria se hospedado, em 1908. Durant guardou a amostra na carteira para usá-la como símbolo da marca de automóvel que fundou em parceria com o piloto Louis Chevrolet.

Chrysler: a antiga estrela de cinco pontas, formada a partir de um pentágono com cinco triângulos, representa a precisão da engenharia. O logo atual é um escudo com asas, que já havia sido foi adotado entre as décadas de 30 e 50.

Citroën: as duas letras "v" invertidas, conhecidos na França como "Deux Chevron" (Duplo Chevron), simbolizam a engrenagem bi helicoidal criada pelo engenheiro Andre Citroën, fundador da marca francesa.

DKW-Vemag: a fábrica foi inaugurada em 1955, pelo presidente JK. A antiga Vemag – Veículos e Máquinas Agrícolas dedicava-se, desde 1945, à importação de veículos Studbaker dos Estados Unidos, bem como à fabricação de tratores. Da união com a DKW alemã surgiu, em 1957, o primeiro veículo de passeio brasileiro, a camioneta Vemaguet, dotada de um barulhento, porém amado motor 3 cilindros de 2 tempos.

Dodge: o búfalo simboliza a cidade de Dodge, localizada no estado de Kansas (EUA), no oeste norte-americano.

Ferrari: o cavalo preto empinado sobre o fundo amarelo era usado no avião de Francesco Barraca, piloto de caça italiano morto na Primeira Guerra Mundial. A pedido da mãe de Barraca, o comendador Enzo Ferrari passou a adotar o emblema em seus carros a partir de 1923.

Fiat: a sigla em letras brancas sobre fundo azul significa Fábrica Italiana de Automóveis de Turim. Por algum tempo as 4 letras foram substituídas por 4 barras inclinadas (brancas ou cromadas) mas, atualmente, o símbolo remonta aos primeiros veículos fabricados pela Fiat.

Ford: o símbolo oval com a assinatura de Henry Ford permanece quase inalterado desde a fundação da empresa, em 1903. Hoje ele inspira o desenho das grades dos carros da marca.

Jeep: marca norte-americana cuja origem vem da pronúncia, em inglês, da sigla G.P. (General Purpose), utilizada para identificar os modelos destinados a vários tipos de uso.

Lamborghini: o touro que aparece no símbolo dos esportivos italianos é uma homenagem do fundador da marca, Ferruccio Lamborghini, às lutas de touro, pelas quais era fanático. Os carros da marca (Diablo e Murciélago) têm nomes de touros famosos.

Maserati: o logotipo da marca italiana representa o tridente de Netuno, símbolo da cidade de Bolonha. A fábrica foi fundada em 1919 pelos irmãos Carlo, Bindo, Alfieri, Ettore e Ernesto Maserati.

Mercedes-Benz: a estrela de três pontas representa a fabricação de motores para uso na terra, água e mar. Surgiu depois que Gottlieb Daimler enviou cartão postal para sua mulher, dizendo que a estrela impressa no cartão iria brilhar sobre sua obra.

Mitsubishi: um diamante de três pontas que remete à resistência e preciosidade. O símbolo veio do nome da marca: *Mitsu*, que significa três em japonês, e *Bishi*, diamante.

Nissan: a moldura azul (cor do céu e do sucesso na cultura japonesa) e um círculo vermelho ao fundo (que representam a luz do sol e a sinceridade) remetem ao provérbio "sinceridade leva ao sucesso". A palavra *nissan* significa indústria japonesa.

Peugeot: o leão estilizado, que representa a "qualidade superior da marca" e homenageia a cidade de Lion (França), é usado desde 1919. Desde então, o logotipo sofreu sete modificações.

Porsche: são dois brasões sobrepostos – o da região de Baden-Württemberg e o da cidade de Stutgartt (o cavalo empinado), sede da marca alemã. A marca adotou o símbolo a partir de 1949.

Puma: iniciou sua produção em 1964 usando a mecânica do DKW e, em 1967, mudou para a mecânica do Fusca. Os primeiros "Pumas", na verdade DKW-Malzoni, foram feitos para correr e, de fato, sempre brilharam em Interlagos. Foram exportados para diversos países, principalmente para os EUA, entre 1970 e 1980.

Quadrifoglio: o trevo de quatro folhas dos esportivos da Alfa Romeo é o amuleto usado pelo piloto Ugo Sivocci, considerado herói da marca depois de ter morrido em um acidente, em 1923, no circuito de Monza (Itália). A partir daquele ano, todos os carros de corrida passaram a ter esse logotipo na carroceria.

Renault: o losango parecido com um diamante foi adotado em 1925, para sugerir sofisticação e prestígio. Desde então, teve quatro mudanças de visual. O primeiro símbolo eram duas letras "r", de 1898, em homenagem aos irmãos Louis e Marcel Renault, fundadores da marca francesa.

Rolls Royce: as duas letras "r" do logotipo eram estampados em vermelho. Com a morte de seus fundadores, Charles Rolls (1910) e Frederick Royce (1933), as letras passaram a ser grafadas em preto, em sinal de luto.

Saab: uma das marcas sob controle da GM, a sueca Saab começou a fabricar aviões em 1938. O nome vem de Svenska Aeroplan Akteebolaget. A produção de automóveis começou em 1959. O logotipo circular tem um animal mitológico com cabeça de águia e garras de leão, símbolo da vigilância. O azul de fundo é a cor da marinha.

Subaru: na língua japonesa, *Subaru* tem o significado de "plêiade" (conjunto de estrelas). Isso explica a constelação adotada como logotipo da marca.

Volkswagen: um dos mais familiares símbolos entre as marcas de veículos, este círculo envolve um "V" e um "W", iniciais de *volks* (em alemão: povo) e *wagen* (vagão, veículo), ou seja: carro do povo. Foi encomendado pelo próprio governo alemão ao engenheiro Ferdinand Porsche. Por isso, ambos os veículos usavam motores refrigerados a ar até pouco tempo atrás.

Volvo: o logotipo da marca sueca é o símbolo da masculinidade. Por esse motivo já foi muito contestado por movimentos feministas na Europa.

editoraletramento
editoraletramento.com.br
editoraletramento
company/grupoeditorialletramento
grupoletramento
contato@editoraletramento.com.br

editoracasadodireito.com
casadodireitoed
casadodireito